三友会计论丛　第19辑

证监会随机抽查对公司违规的影响研究

班旭　著

东北财经大学出版社
Dongbei University of Finance & Economics Press
大连

图书在版编目（CIP）数据

证监会随机抽查对公司违规的影响研究 / 班旭著 . —大连：
东北财经大学出版社，2025.5. —（三友会计论丛·第19辑）.
ISBN 978-7-5654-5636-7

Ⅰ . F279.246

中国国家版本馆 CIP 数据核字第 20256UR996 号

证监会随机抽查对公司违规的影响研究
ZHENGJIANHUI SUIJI CHOUCHA DUI GONGSI WEIGUI DE YINGXIANG YANJIU

东北财经大学出版社出版
（大连市黑石礁尖山街217号　邮政编码　116025）

网　　　址：http://www.dufep.cn

读者信箱：dufep@dufe.edu.cn

大连图腾彩色印刷有限公司印刷　　东北财经大学出版社发行

幅面尺寸：170mm×240mm　　字数：227千字　　印张：15.5　　插页：1
2025年5月第1版　　　　　　　　　　　2025年5月第1次印刷

责任编辑：王　莹　　　　　　　　　　责任校对：何　群
封面设计：原　皓　　　　　　　　　　版式设计：原　皓

书号：ISBN 978-7-5654-5636-7　　　　　定价：82.00元

感谢河北经贸大学学术著作出版基金、河北经贸大学金融与企业创新研究中心、河北经贸大学校级课题（2024YB08）的资助。

随着我国以社会主义市场经济体制为取向的会计改革与发展的不断深入，会计基础理论研究的薄弱和滞后已经产生了越来越明显的"瓶颈"效应。这对于广大会计研究人员而言，既是严峻的挑战，又是难得的机遇。说它是"挑战"，主要是强调相关理论研究的紧迫性和艰巨性，因为许多实践问题急需相应的理论指导，而这些实践和理论在我国又都是新生的，没有现成的经验和理论可资借鉴；说它是"机遇"，主要是强调在经济体制转轨的特定时期，往往最有可能出现"百花齐放，百家争鸣"的昌明景象，步入"名家辈出，名作纷呈"的理论研究繁荣期和活跃期。

迎接"挑战"，抓住"机遇"，是每一个中国会计改革与发展的参与者和支持者义不容辞的责任。为此，我们与中国会计学会财务成本分会、东北财经大学会计学院联合创办了一个非营利的学术研究机构——三友会计研究所，力求实现学术团体、教学单位、出版机构三方的优势互补，密切联系老、中、青三代会计工作者，发挥理论界、实务界、教育界三方面的积极性，致力于会计、财务、审计三个领域的科学研究和专业服务，以期为我国的会计改革与发展做出应有的贡献。

三友会计研究所的重大行动之一就是设立了"三友会计著作基金"，用于资助出版"三友会计论丛"。它旨在荟萃名人力作及新人佳作，传播会计、财务、审计研究与实践的最新成果与动态。"三友会计论丛"于1996年推出第一批著作；自1997年起，本论丛定期遴选并分辑推出。

　　采取这种多方联合、协同运作的方法，如此大规模地遴选、出版会计著作，在国内尚属首次，其艰难程度不言而喻。为此，我们殷切地希望广大会计界同仁给予热情支持和扶助，无论作为作者、读者，还是作为评论者、建议者，您的付出都将激励我们把"三友会计论丛"的出版工作坚持下去，越做越好！

东北财经大学出版社

三友会计论丛编审委员会

　　资本市场是连接实体与资本、投资方与融资方的桥梁与纽带，上市公司则是市场经济发展的中坚力量。据CSMAR数据库统计，上市公司违规比率在2011—2016年呈现波动性上升的趋势，在2016—2020年逐年下降。为此，有必要探究近年来公司违规比率下降的原因。如何有效抑制公司违规行为，保护投资者利益，促进资本市场高质量发展，是公司财务领域重点关注的话题之一。

　　公司违规是公司内部治理体系不完善的重要表现，抑制公司违规有赖于完善的监管机制。证监会是资本市场中最重要的外部监管主体，核心职责在于维护资本市场平稳健康运行，以进一步推动资本市场高质量发展。为加强事中事后监管，证监会决定从2016年开始实施随机抽查制度，即随机抽取检查对象，随机选派执法检查人员，同时将抽查情况和查处结果及时向社会公开。该制度作为证券监管方式的一项创新举措，是政府治理机制与市场监管制度相结合的重大创新，其实施效果成为理论界和实务界所关心的问题。那么，证监会开展随机抽查工作是导致2016年以来公司违规比率下降的直接原因吗？为此，作者利用2011—2020年沪深A股非金融类上市公司数据，实证检验证监会随机抽查对公司违规的影响，并进一步探究二者的作用机制、异质性影响与经济后果。具体而言，有以下四点研究发现：

第一，证监会随机抽查抑制了公司违规，降低了违规严重程度。围绕这一结论，作者进一步作如下检验。首先，考察证监会随机抽查的三种效应对公司违规的影响，发现：就长期效应而言，证监会随机抽查能够抑制两年内的公司违规；就威慑效应而言，相较于非重复抽查组，在"有放回式"重复抽查组中，证监会随机抽查抑制公司违规的影响更显著；就溢出效应而言，证监会随机抽查能够降低同地区以及同行业的公司违规行为。其次，探究证监会随机抽查现场检查工作结束后，检查公告的细分特征对公司违规的影响，发现：（1）在随机抽查工作结束后，披露检查公告对公司违规的抑制作用更显著。（2）不同类型的检查公告对公司违规的影响表现出差异性，相对于监管函和警示函，证监会出具责令改正措施和行政处罚决定的公告更能抑制公司违规。（3）检查公告内容越详细、检查出公司不当行为的问题数量越多，证监会随机抽查对抑制公司违规的影响越大。（4）在检查公告中指出公司存在监管指引、内幕信息以及其他问题，对公司违规的影响有限；公告中如涉及信息披露、公司治理以及财务核算方面的问题，能够显著抑制公司违规。再次，进一步考察证监会随机抽查对公司违规的细分特征，发现：与公司领导违规相比，随机抽查能够显著抑制信息披露违规和经营违规；在考虑潜在违规的影响后，随机抽查抑制了公司违规倾向，提升了违规被稽查的概率。

第二，公司治理水平、信息披露质量以及大股东行为在证监会随机抽查影响公司违规之间存在部分中介效应，即证监会随机抽查通过改善公司治理水平、强化信息披露以及规范大股东行为三个方面抑制公司违规。具体而言，首先，随机抽查执法人员在现场检查过程中聚焦公司治理问题，指出内部治理不足，帮助公司及时整改，从而提升了公司治理水平，而良好的公司治理能够规范公司的生产经营，减少违规动机，抑制违规的发生。其次，证监会随机抽查能够强化公司信息披露，改善信息披露环境，提升信息披露质量，降低信息不对称程度，减少公司通过复杂且隐蔽的方式进行违规的行为，最终抑制违规倾向。最后，证监会随机抽查发挥了威慑效应，约束大股东寻求控制权私利行为，降低大股东的掏空动机，减少公司违规。

第三，证监会随机抽查对公司违规的影响因公司内部特征与外部环境的不同而表现出差异性。具体而言，基于公司内部特征视角发现，与大规模公司、独立董事监督能力强的公司以及两权分离度低的公司相比，证监会随机抽查对公司违规的抑制作用显著存在于小规模公司、独立董事监督不足的公司以及两权分离度高的公司中。基于外部环境视角发现，相较于市场化程度低的地区、监管距离较远以及交叉上市的公司，证监会随机抽查对公司违规的抑制作用显著存在于市场化程度高的地区、监管距离较近以及非交叉上市的公司中。

第四，考察证监会随机抽查对公司违规影响的经济后果发现，随机抽查抑制公司违规最终降低了公司风险、促进了公司发展。一方面，基于公司风险的视角发现，证监会随机抽查抑制公司违规能够降低公司的经营风险与股价崩盘风险；另一方面，基于公司发展的视角发现，证监会随机抽查抑制公司违规能够提升全要素生产率与公司价值。

本书的创新之处主要体现在以下五个方面：

第一，基于证监会随机抽查制度研究对公司违规的影响，能更好地识别二者的因果效应。由于各地证监局对抽查对象的选择是随机产生的，这种天然的外生性有效地缓解了研究的内生性问题。基于这一外生冲击，结合多期双重差分模型能够较为准确地检验证监会随机抽查的实施效果，能更好地识别出证监会随机抽查对公司违规影响的因果效应。

第二，为证监会随机抽查的直接影响效果提供了增量证据。现有文献对证监会随机抽查实施效果的关注较少，主要考察了随机抽查的间接后果，而随机抽查的首要目标在于加强事中事后监管，发现并遏制公司违规行为。本书探究了二者的关系，有助于进一步了解证监会实施随机抽查工作的直接效果，丰富随机抽查的研究成果。

第三，完善了公司违规影响因素的研究。大量文献主要从公司内部治理与外部监管视角探究了其对公司违规的影响。证监会实施随机抽查工作是创新事中事后监管的一项新举措，本书基于这一视角探究了其对公司违规的影响，拓展了公司违规影响因素方面的理论文献。

第四，厘清了证监会随机抽查影响公司违规的作用机制。围绕公司治理、信息披露以及大股东行为三个方面深入探究了证监会外部监管对公司违规的影响路径，打开了证券监管执法影响公司违规的"黑箱"，有利于厘清证监会随机抽查影响公司违规的逻辑链条。

第五，本研究具有较强的现实意义，尤其对于完善证监会随机抽查的制度设计有一定的启示。证监会对上市公司进行随机抽查，能够优化外部治理环境，提升监管效能，降低公司违规行为，促进资本市场健康发展。通过考察该制度的长期效应、威慑效应与溢出效应以及随机抽查工作结束后披露检查公告的细分特征对公司违规的影响，发现随机抽查工作的实施效果存在差异。这些发现将为证监会进一步完善随机抽查制度设计提供经验证据，也对监管机构加强监管有一定的政策启示。

本书的出版得到河北经贸大学学术著作出版基金、河北经贸大学金融与企业创新研究中心、河北经贸大学校级课题（2024YB08）的资助，在此深表谢意。

作　者

2025 年 3 月

目录

绪论

1.1 ————————研究背景与研究意义————————

1.1.1 研究背景

　　资本市场作为现代经济体系的重要组成部分，承担着资源配置、风险分散、投融资等多重功能。资本市场不仅是实体与资本之间的桥梁和纽带，还是投资者和融资者之间的对接平台。资本市场的有效运行，能够促进资金的合理流动，支持企业融资、扩大投资，推动经济结构的调整和优化。更重要的是，资本市场对资源的高效配置，有助于公司乃至社会经济的整体发展。

　　上市公司是资本市场的核心组成部分，它们不仅是资金的主要需求者，也是资本市场的重要供给者。上市公司作为市场经济的中坚力量，对国家经济的增长、产业结构的调整以及社会财富的创造具有深远的影响。作为资本市场的支柱和基石，上市公司是促进金融和实体经济良性循环发展的微观基础，影响资本市场对实体经济支持的深度与广度，其发展状况直接决定了资本市场能否健康运行。上市公司质量的提升，尤其是治理结构、信息披露规范性、财务透明度等方面的完善，对于资本市场的发展至关重要。可以说，上市公司整体质量的提高，能增强市场的整体透明度和公正性，提升投资者的信任度，促进更多的资本流入市场，最终形成良性循环。反之，如果上市公司出现治理结构不完善、财务信息不真实、生产经营行为不合规等问题，不仅会影响公司的长远发展和股东利益，严重时还可能引发资本市场的剧烈波动。

上市公司不仅是资本市场的参与者，也是资本市场发展的重要推动力。优质的上市公司通常具有良好的企业文化以及较强的盈利能力，这些因素能为企业持续发展和创新提供支持与保障。具备清晰的财务报告、规范的信息披露和稳健的治理结构的上市公司，能够赢得投资者的信任，吸引更多的资本进入市场。资本市场对上市公司的监管，也会促使公司改善其治理结构、提高生产经营的合规性，进而提高公司自身的竞争力和市场价值。

近年来，我国资本市场发展迅速，市场规模不断壮大，吸引了大量国内外投资者。然而，由于起步较晚，发展历史较短，我国资本市场监管制度和法律体系的建设仍处于不断完善的过程之中，依然存在一些结构性问题。具体而言，尽管我国资本市场在数量和规模上取得了显著进展，但在资源配置效率、市场透明度、公平性以及效率等方面仍存在较多短板。首先，监管体系不完善，相较于发达国家仍有较大的提升空间。我国资本市场的法律法规尚不完备，尤其是在经济多元化和金融产品多样化的背景下，监管的滞后性和不适应性问题日益显现。其次，市场参与者的主体结构较为单一。长期以来，中小投资者在资本市场中占主导地位，投资者的维权意识和法律意识相对较弱。加之资本市场中信息不对称问题严重，部分上市公司利用这一点进行违规操作。此外，监管手段和执行力度也未能与市场的快速发展同步，导致部分企业在信息披露、内部治理等方面存在较大缺陷，甚至出现了严重的财务造假行为。

上市公司违规行为，尤其是财务造假和信息披露不真实，已成为我国资本市场发展的顽疾。频繁的违规事件导致投资者的信心受到严重打击，市场的透明度与公正性逐渐受到质疑，长此以往会影响到资本市场的稳定性。表 1-1 显示了 2011—2023 年我国沪深 A 股上市公司的违规情况，可以看出，公司违规数量在 2011—2012 年呈现出增加的趋势，在 2013—2014 年逐渐下降，在 2015—2018 年呈现出增加的趋势，并在 2018 年达到最大值，有 823 家公司违规，随后在 2019—2023 年呈现出降低的趋势。总体来看，近年来上市公司违规数量表现出"增加—下降—再增加—再下降"的波动态势。由于近年来我国上市公司总数也在逐渐增加，因此，公司违规占比更能准确体现出违规情况的整体趋势。

表1-1　　　　2011—2023年我国上市公司违规情况分析表

项目	2011年	2012年	2013年	2014年	2015年	2016年	2017年	2018年	2019年	2020年	2021年	2022年	2023年
公司违规数量	364	426	410	400	526	636	713	823	738	683	687	616	474
上市公司总数	2 126	2 321	2 368	2 501	2 704	2 899	3 317	3 391	3 510	3 844	4 382	4 808	5 060
公司违规占比（%）	17.12	18.35	17.31	15.99	19.45	21.94	21.50	24.27	21.03	17.77	15.68	12.81	9.37

注：表中数据由作者根据CSMAR数据库整理。需要说明的是，2023年公司违规数量和违规严重的公司数量偏低的原因主要在于监管部门稽查公司违规往往需要2~3年的时间，导致样本统计期内公司可能发生违规但尚未被完全检查出来。

结合上市公司违规占比分析图（如图 1-1 所示）可知，我国上市公司违规占比在 2011—2012 年呈现出增加的趋势，在 2012—2014 年逐渐下降，随后在 2014—2018 年呈现出波动增加的趋势，但在 2018 年达到峰值后，公司违规占比逐年下降。那么，有必要深入探究近年来上市公司违规占比下降的具体原因。

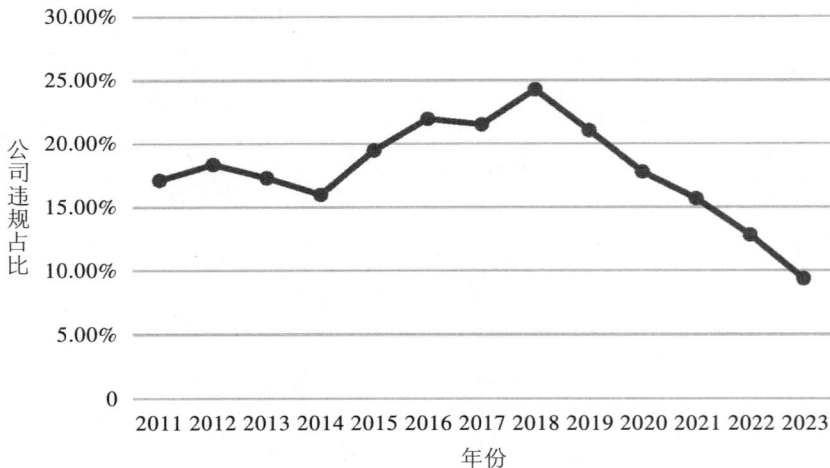

图1-1　2011—2023年我国上市公司违规占比分析图

如何及时发现并抑制上市公司不当生产经营行为，提升资本市场效率，成为我国监管机构面临的一个重要难题。对于资本市场的监管，可以从私人执法与公共执法两个方面考虑。私人执法主要依靠投资者的民事索赔实现权益保护，而公共执法则依靠政府监管机构通过监督、处罚等手段进行市场监管。不同于发达国家资本市场的情况，我国资本市场长期以中小投资者为主，这类投资者在自我保护上缺乏法律维权意识，主动寻求保护力度不足，在面对公司不当行为时，很难采取有效的自我保护措施，导致私人执法的效果欠佳。投资者往往缺乏必要的知识识别上市公司潜在的违法行为，同时，高昂的诉讼成本和信息不对称等问题也使得他们在遇到侵权行为时无法有效维权。因此，仅靠私人执法不足以为投资者提供完全的保护，依然需要政府部门主动进行公共执法，提升监管效力。政府监管机构可以通过加强信息披露监管提升上市公司的透明度，及时发现不当行为，保护投资者的合法权益。同时，监管机构还可以加强对违法行为的处罚力度，通过行政处罚、罚款等手段震慑不法企业，促使其自觉遵守法律法规，正常开展生产经营。

党的十九大报告指出，要完善市场监管体制，创新监管方式，促进资本市场健康发展，表明政府已经从顶层设计层面注意到资本市场监管在促进经济稳定和健康发展中的重要性。要想使资本市场更加健康有序地发展，必须在监管体制和方式上进行创新和完善，确保市场主体遵守法律法规，保护投资者的合法权益，提升市场整体效率。党的二十大报告进一步强调，要健全资本市场功能，依法规范和引导资本健康发展。这为资本市场的监管工作提供了明确的方向和框架，强调了资本市场在经济中有序运行的重要性，并指出了政府应该加强市场引导和监管，以防范系统性风险，提升市场的透明度和公正性。证监会作为我国资本市场的核心监管机构，肩负着推动资本市场健康发展的重要责任。为应对日益复杂的资本市场问题，证监会采取了一系列监管措施，力求遏制公司不当生产经营行为，确保资本市场的稳定性和公平性。比如，证监会加强了对上市公司治理的全面执法行动，旨在帮助上市公司完善治理结构，确保企业合规运营。此外，证监会还通过向公司发布监管问询函等方式，密切关注上市公司的日常经营活动。当发现公司有可能存在违法违规行为时，证监会可以通过问询函等形式及时追踪，要求公司进行整改或公开说明。通过这种方式，监管部门可以在事前介入，避免问题扩大化，有效防范市场风险。这些措施都是证监会对公司加强监管的积极实践，不仅有助于提升上市公司治理水平，增强投资者对市场的信任度，也能够有效避免资本市场出现财务造假、虚假信息披露等不当行为。

近年来，随着"放管服"改革的深入推进，证监会对市场的监管也发生了重要变化。为了规范市场执法行为，切实解决存在的执法不严、执法不公、执法过度等问题，证监会实施了随机抽查制度，以规范事中事后监管。证监会随机抽查制度即"双随机、一公开"的监管方式，是指随机抽取检查对象，随机选派执法检查人员，同时将抽查情况和查处结果及时向社会公开。实施随机抽查制度旨在提升监管效能，增强监管的公正性和透明度，避免监管人员的主观判断导致的偏差，确保对所有市场主体一视同仁，有效避免监管部门的"选择性执法"，保证监管活动更加科学、公正，提升了资本市场的法治化水平。同时，证监会随机抽查还能够增强市场主体的合规意识，降低企业寻租空间，形成有效威慑，约束企业不规范行为。在随机抽查制度下，企业无法预测和规避检查，因此更加重视合规性，主动遵守法律法规，增强自我约束力。这种监管方式的创新，能够在不增加企业负担的情况下，提高监管效率，发挥威慑效应，有助于实现事中、事后监管的精准化和规范化。

证监会随机抽查监管工作体现了我国监管机构在市场监管中的积极转变和创新。加强对上市公司治理的全方位监管、实施随机抽查等手段，不仅提高了监管的公正性和有效性，也增强了资本市场的透明度和可预见性，有助于建立更加健康、公平的市场环境。随机抽查这一创新性监管举措将为我国资本市场的健康发展提供强有力的保障，推动资本市场更加高效、透明和规范的发展，营造良好的营商环境。该制度自2016年实施以来，其实施效果如何，成为理论界和实务界重点关切的话题。

现有文献对证监会随机抽查监管效果的关注明显不足，仅探讨其对股价崩盘风险（汶海等，2020）、会计信息质量（刘瑶瑶、路军伟、宁冲，2021）、上市公司规范运作（滕飞、夏雪、辛宇，2022）、公司避税（班旭、姜英兵、徐传鑫，2023）、企业高质量发展（马永强、陈伟忠、张正懿，2024）、审计师谨慎性（刘红霞、李继峥、马云飙，2022）的影响以及从交易所和审计师视角考察该制度的监管溢出效应（刘金洋、沈彦杰，2021）。然而，证监会开展随机抽查工作的直接目的在于发现并找出公司治理以及信息披露等方面存在的问题，遏制公司违规行为。因此，探究证监会随机抽查对公司违规的影响具有重要的理论和现实意义。

会计造假与财务违规成为资本市场健康发展的"绊脚石"，公司违规现象突出，违规程度有所加重，特别是我国处于新兴加转轨的关键时期，资本市场也在不断完善过程中，外部监管机制相对不健全，内部公司治理体系尚不完善，在这种背景下，公司违规的动机较强。康得新、康美药业、獐子岛、辉山乳业等违规事件不仅损害了公司价值，也影响了投资者信心，甚至影响到资本市场的健康发展。如何防范公司违规成为监管机构面临的主要问题。证监会随机抽查作为创新监管方式的新举措，能否影响公司违规行为？如果有影响，作用机制又是什么？上述关系是否会因公司内部特征以及外部环境的不同而表现出差异性？最后，证监会随机抽查影响公司违规又会带来哪些经济后果？遗憾的是，目前尚无文献对上述问题进行深入探讨。对上述四个问题的回答，构成本书的核心研究内容。

1.1.2　研究意义

（1）理论意义

第一，继续深化法与金融理论在我国资本市场中的应用，丰富了法与金融学的研究领域，特别是证券法律法规对资本市场公司财务行为的影响。法与金融理论强调，健全的法律制度体系对于投资者保护、资本市场发展以及金融发展水平具有重要作用。法律的实施包括公共执法和私人执法两种机制，由于我国资本市场发展尚不完善，私人执法并不能发挥应有的效果，还需要公共执法作为保障。证监会主动执法对于促进资本市场发展、保障资本市场运行效率具有重要作用。证监会随机抽查制度是创新事中事后监管方式的重要举措，在资本市场中考察随机抽查的监管效果，深化了法与金融理论的应用，尤其是加强证券监管为完善投资者利益保护机制、维护资本市场稳定发展提供了新的监管思路。

第二，为证监会随机抽查的影响效果提供了增量证据。随着资本市场的不断发展，监管机构的作用愈发重要。在我国证券市场的改革与完善过程中，证监会随机抽查制度逐渐成为监管的一项重要手段。现有文献虽已涉及证券监管的诸多方面，但对于证监会随机抽查实施效果的研究关注较少，尚未有文献探究随机抽查对公司违规的影响。检验二者的关系，有助于进一步丰富随机抽查经济后果方面的研究，为检验证监会随机抽查工作对资本市场的影响效果提供了一定的理论解释和经验证据。

第三，证监会随机抽查制度提供了一个较为干净的准自然实验场景，基于随机抽查制度这一外生事件，能更好地识别因果效应。各地证监局对抽查对象的选择是随机产生的，这种天然的外生性有效地缓解了研究的内生性问题。基于这一外生冲击，将被随机抽查的公司作为处理组，未被抽查的公司为控制组，结合多期双重差分模型能够较为准确地检验随机抽查的效果，极大地缓解了实证研究中的内生性问题与样本选择偏误。

（2）实践价值

第一，证监会对上市公司进行随机抽查是打破传统监管执法的创新性尝试，考察随机抽查的监管效果具有重要的现实意义。传统监管方式存在随意检查和执法不公等问题，尤其对检查对象的选择具有较大的主观随意性，对执法重点的判断依据也缺乏统一标准，这种带有主观性的选择性监管执法往往因其缺乏科学性而遭到质疑（戴治勇，2008）。随机抽查制度是基于最优执法理论的科学设计，通过取代原有日常监管中的随意检查，保证了抽查对象选择的公平性，提升了监管效能。因此，对证监会随机抽查的深入研究有助于进一步了解抽查工作的实施效果。

第二，本书对于进一步完善证监会随机抽查的制度设计有一定的启示。随机抽查制度是政府简政放权，加强事中事后监管的重要举措。研究表明，证监会随机抽查制度作为一种外部治理机制，能提升监管效能，发挥威慑作用，降低公司从事不当生产经营行为的可能性，进而促进资本市场健康发展。但当前关于随机抽查的制度设计尚存在一些不足之处，通过研究证监会随机抽查的三种效应（长期效应、威慑效应和溢出效应）以及现场检查工作结束后披露检查公告的细分特征对公司违规的影响，可以进一步为证监会完善随机抽查制度的修订工作提供经验证据。

1.2 ——————研究目标与研究思路——————

1.2.1 研究目标

基于法与金融理论、最优执法理论、威慑效应理论、委托代理理论以及信息不对称理论等，在当前深化"放管服"改革，加强事中事后监管的背景下，系统检验了证监会随机抽查制度的有效性，重点考察证监会随机抽查对公司违规的影响，深入探究其中的作用机制、异质性影响与经济后果，并提出相应的政策建议。具体地，有如下五个研究目标。

目标一：考察证监会随机抽查对公司违规的影响。证监会随机抽查制度旨在提升监管效能，约束企业的不规范行为。因此，以公司违规为落脚点，重点研究证监会随机抽查对公司违规的影响。同时，进一步围绕随机抽查工作，检验该制度的三种效应（长期效应、威慑效应和溢出效应）以及现场检查工作结束后披露检查公告的细分特征对公司违规的影响，以期为证监会随机抽查制度的修订工作提供意见与建议。

目标二：分析证监会随机抽查影响公司违规的作用机制。证监会在随机抽查现场检查过程中，主要围绕公司治理以及信息披露等规范运作情况进行监督检查。另外，随机抽查原则还可以发挥威慑作用，约束大股东掏空动机。为此，从改善公司治理水平、提升信息披露质量以及规范大股东行为三个方面探究证监会随机抽查影响公司违规的作用机制，以清晰了解二者的影响逻辑。

目标三：考察证监会随机抽查对公司违规的异质性影响。证监会随机抽查对公司违规的影响可能会由于公司内部特征以及外部环境的不同而表现出差异性，为此，分别从公司内部特征（公司规模、独立董事监督能力和两权分离度）以及外部环境（市场化程度、监管距离和交叉上市）的双重视角，探究证监会随机抽查影响公司违规的异质性影响。

目标四：探究证监会随机抽查影响公司违规的经济后果。分别从降低公司风险（经营风险和股价崩盘风险）以及促进公司发展（全要素生产率和公司价值）视角，研究证监会随机抽查影响公司违规的经济后果，以期对该制度产生的经济后果有进一步的认识。

目标五：提供政策建议。基于研究结论和证监会随机抽查制度本身的特征，在制度修订层面，为证监会进一步落实、优化随机抽查制度提供相应的建议；在公司内部层面，从公司治理以及信息披露视角，提出降低公司违规的建议，以减少公司不当生产经营行为。

1.2.2　研究思路

基于我国资本市场的监管实践以及证监会随机抽查的制度背景梳理发现，证监会在资本市场领域实施随机抽查工作的主要目标是规范企业生产经营行为。因此，以公司违规为落脚点，结合法与金融理论、最优执法理论、威慑效应理论、委托代理理论以及信息不对称理论等，确定选题为证监会随机抽查对公司违规的影响研究。首先，实证检验证监会随机抽查对公司违规的影响，同时，进一步考察该制度的三种效应（长期效应、威慑效应与溢出效应）和现场检查工作结束后披露检查公告的细分特征对公司违规的影响以及探究证监会随机抽查对不同违规类型的影响。其次，围绕公司治理水平、信息披露质量以及大股东行为三个方面，深入分析证监会随机抽查影响公司违规的作用机制。再次，结合公司内部特征（公司规模、独立董事监督能力和两权分离度）以及外部环境（市场化程度、监管距离和交叉上市）视角，研究证监会随机抽查对公司违规的异质性影响。最后，从降低公司风险（经营风险、股价崩盘风险）以及促进公司发展（全要素生产率、公司价值）的视角考察证监会随机抽查对公司违规影响的经济后果。研究框架如图1-2所示。

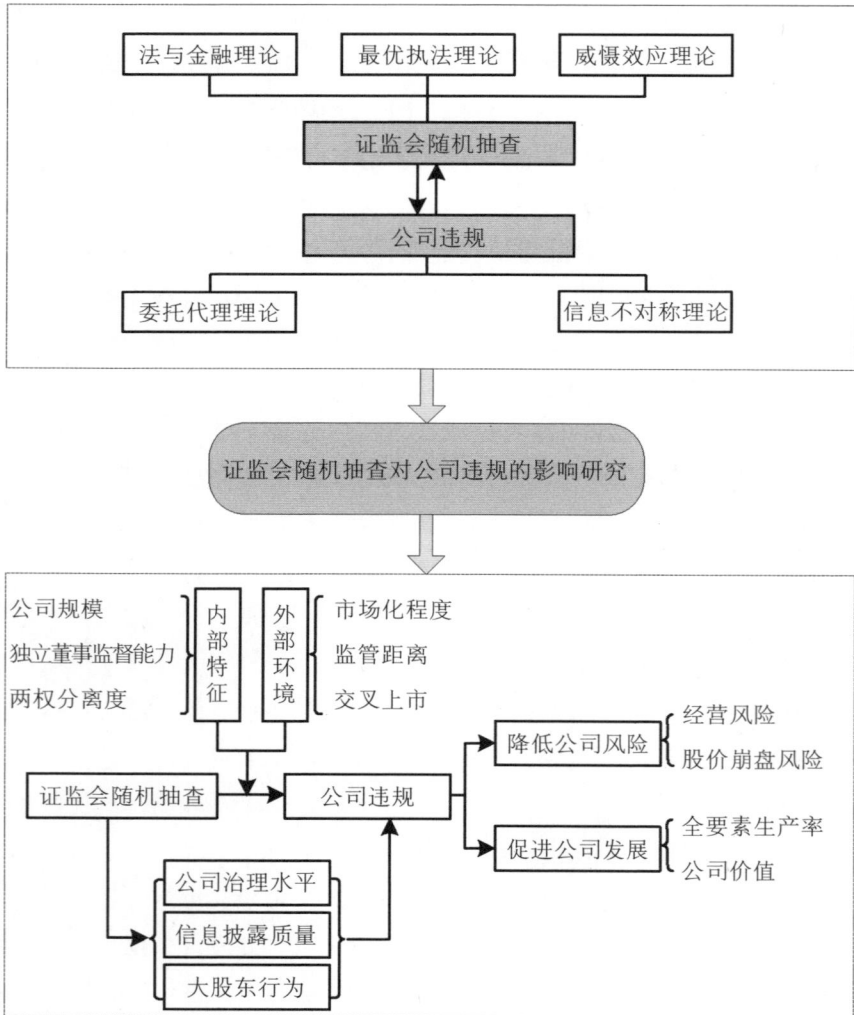

图1-2　研究框架图

1.3 ——————研究内容与研究方法——————

1.3.1 研究内容

本书在回顾和总结已有文献的基础上，基于法与金融理论、最优执法理论、威慑效应理论、委托代理理论以及信息不对称理论等，以证监会随机抽查制度的实施为准自然实验，系统考察了证监会随机抽查对公司违规的影响，并深入探究二者的作用机制、异质性与经济后果。具体的研究章节安排如下：

第1章是绪论，主要介绍研究背景与研究意义、研究目标与研究思路、研究内容与研究方法以及创新点等内容。

第2章是制度背景、理论基础与文献综述。首先，分析证监会随机抽查的制度背景，统计各地证监局年度随机抽取上市公司数量，以清晰了解随机抽查情况。其次，重点对法与金融理论、最优执法理论、威慑效应理论、委托代理理论以及信息不对称理论等进行阐述，并将上述理论与本书研究内容相结合，便于分析证监会随机抽查对公司违规的影响逻辑。再次，围绕研究主题对国内外相关文献进行梳理，包括证监会监管方式实施效果的研究、随机抽查的影响后果以及公司违规影响因素的回顾与总结。通过凝练文献述评，进一步突出本书的研究内容与框架。

第3章是证监会随机抽查影响公司违规的实证检验。本章主要研究证监会实施随机抽查工作对公司违规的影响，并进一步作如下检验：第一，考察随机抽查制度的三种效应（长期效应、威慑效应以及溢出效应）对公司违规的影响。第二，探究随机抽查现场检查工作结束后，披露检查公告的细分特征对公司违规的影响，具体从现场检查工作结束后是否披露检查公告、检查公告的类型、公告的详细程度、检查公告中提出问题的数量以及问题的具体类型五个维度检验对公司违规的影响。第三，研究证监会随机抽查对不同类型违规的影响，主要从违规类型、具体违规项目和处罚程度以及考虑潜在违规的影响等方面进行检验。

第4章是证监会随机抽查影响公司违规的作用机制。证监会在随机抽查事项清单中公布对上市公司抽查的内容，主要围绕公司治理、信息披露等规范运作情况对上市公司进行抽查，及时发现并指出公司内部治理以及信息披露方面存在的问题，从而提升治理水平、降低信息不对称程度，减少公司违规机会。另外，证监会随机抽查还可以发挥威慑效应，影响大股东的机会主义行为，减少违规动机，从而改进公司规范经营。为此，分别从公司治理水平、信息披露质量以及大股东行为三个方面深入探究证监会随机抽查对公司违规影响的作用机制。

第5章是证监会随机抽查影响公司违规的异质性分析。证监会随机抽查工作的实施效果可能会因为公司内部特征以及外部环境的不同而表现出差异化影响，为此，分别基于公司内部特征以及外部环境两个方面深入探究证监会随机抽查对公司违规的异质性影响。其中，公司内部特征主要包括公司规模、独立董事监督能力和两权分离度，外部环境包括市场化程度、监管距离和交叉上市。

第6章是证监会随机抽查影响公司违规的经济后果。本章对证监会随机抽查抑制公司违规行为能否降低公司风险、促进公司发展进行深入研究。具体地，从公司经营风险与股价崩盘风险视角考察随机抽查抑制违规导致公司风险降低的经济后果，从全要素生产率以及公司价值视角探究随机抽查抑制违规所带来的促进公司发展的经济后果。

第7章是研究结论与政策启示。首先，基于理论分析与实证结果，总结研究结论，并结合证监会随机抽查的制度背景，提出相应的政策性建议。其次，提出本书可能在研究设计与变量衡量等方面存在的局限性。最后，对未来进一步的研究内容进行规划。

具体技术路线详见图1-3。

1.3.2　研究方法

本书采用规范分析与实证研究相结合的方法，运用法与金融理论、最优执法理论、威慑效应理论、委托代理理论以及信息不对称理论等，分析证监会随机抽查对公司违规的影响、作用机制、异质性以及经济后果。其

研究流程	研究内容	研究方法

```
┌──────────┐      ┌─────────────────────────┐      ┌──────────┐
│  第1章    │  →   │    研究背景与研究意义     │  ←   │ 文献研读 │
│  绪论     │      │    研究目标与研究思路     │      │ 归纳演绎 │
│          │      │    研究内容与研究方法     │      │          │
│          │      │        创新点            │      │          │
└──────────┘      └─────────────────────────┘      └──────────┘

┌──────────┐      ┌─────────────────────────────────────┐      ┌──────────┐
│          │      │ 制度背景 │ 证监会随机抽查制度          │      │          │
│  第2章    │      │────────────────────────────────────│      │ 文献研读 │
│ 制度背景、│      │         │法与金融理论、最优执法理论  │      │ 归纳演绎 │
│ 理论基础与│  →   │ 理论基础 │威慑效应理论、委托代理理论  │  ←   │          │
│ 文献综述  │      │         │信息不对称理论              │      │          │
│          │      │────────────────────────────────────│      │          │
│          │      │         │证监会监管方式的实施效果    │      │          │
│          │      │ 文献综述 │证监会随机抽查的经济后果    │      │          │
│          │      │         │公司违规的影响因素          │      │          │
└──────────┘      └─────────────────────────────────────┘      └──────────┘

┌──────────┐      ┌─────────────────────────────────────┐      ┌──────────┐
│  第3~6章  │      │   证监会随机抽查对公司违规的影响      │      │ 假设推导 │
│ 实证研究  │  →   │ 证监会随机抽查影响公司违规的作用机制  │  ←   │ 模型构建 │
│          │      │ 证监会随机抽查影响公司违规的异质性分析 │      │ 实证检验 │
│          │      │ 证监会随机抽查影响公司违规的经济后果  │      │          │
└──────────┘      └─────────────────────────────────────┘      └──────────┘

┌──────────┐      ┌─────────────────────────┐      ┌──────────┐
│  第7章    │      │        研究结论          │      │          │
│ 研究结论  │  →   │        政策启示          │  ←   │ 归纳演绎 │
│ 与政策启示│      │        研究不足          │      │          │
│          │      │        未来展望          │      │          │
└──────────┘      └─────────────────────────┘      └──────────┘
```

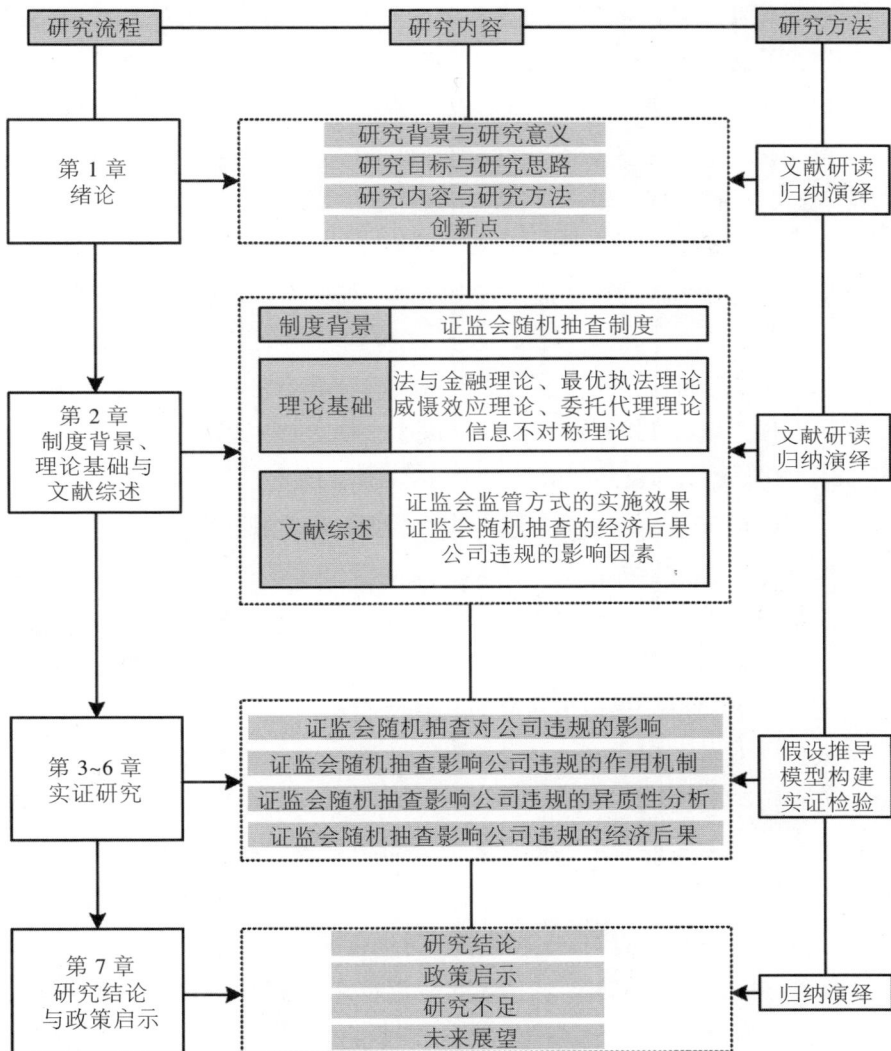

图1-3 技术路线图

中，制度背景、文献综述、理论分析与研究假设部分主要采用规范分析的方法；在实证研究部分，主要通过多期双重差分模型进行实证检验。

（1）规范分析法

第一，基于文献研究法，利用图书馆提供的网络资源，如中国知网、JSTOR、EBSCO、Elsevier、Wiley 等国内外数据库，广泛搜集并阅读与证监会随机抽查、资本市场监管、公司治理、公司违规等相关的学术论文，在系统回顾相关理论和已有研究文献的基础上，确定研究选题及研究视角。通过总结现有的研究思路，梳理研究框架，结合证监会随机抽查的制度背景以及资本市场实践，逐步形成本书的研究内容。

第二，基于归纳演绎法，通过理论推导与归纳演绎的方法，利用威慑效应理论、委托代理理论以及信息不对称理论等，分析证监会随机抽查对公司违规的影响、作用机制、异质性与经济后果，并提出一系列研究假设，提出证监会随机抽查在提升监管效率、减少公司违规行为方面具有显著作用。

（2）实证分析法

依据相关理论并借鉴已有文献，构建与假设相关的实证研究模型。利用 CSMAR 数据库以及手工搜集整理的数据，确定初始研究样本。运用 Stata 统计分析软件，进行样本筛选以及后续实证模型检验。

证监会随机抽查工作是由各地证监局逐年随机对上市公司进行抽取作为现场检查的依据，这提供了一个天然的准自然实验场景。为了准确评估证监会随机抽查的效果，通常会借助反事实框架，将被随机抽查到的公司作为处理组，未被抽查的公司作为控制组，二者之间的差异称为处理效应。双重差分法是估计处理效应中应用最广泛的计量方法，通过比较处理后与处理前的差异，利用处理组的前后变化减去控制组的前后变化，可得到双重差分后的处理效应。当被处理时间相同时，使用传统双重差分模型进行估计；当被处理时间不同时，使用多期双重差分模型进行估计。

证监会随机抽查制度自 2016 年起，每年都会按照 5% 的比例随机抽取上市公司进行现场检查，由于被纳入处理组的时间不同，因此使用控制公司以及年度固定效应的多期双重差分模型检验证监会随机抽查的实施效果。这既能缓解研究的内生性问题，也能更好地识别出证监会随机抽查对公司违规的因果效应。此外，在利用双重差分法对模型进行估计时，需要满足平行趋势假设，即处理组与控制组在处理前必须具有相同的变化趋势。在稳健性检验中，还采用平行趋势检验、安慰剂检验、替换相关变量衡量指标以及更改模型估计方法等进行实证检验。

1.4 ———————创新点———————

本书可能的创新点主要体现在以下五个方面：

第一，基于证监会随机抽查制度这一外生事件，能更好地识别因果效应。由于各地证监局对抽查对象的选择是随机产生的，因此这种天然的外生性有效地缓解了研究的内生性问题。基于这一外生冲击，将被随机抽查的公司作为处理组，未被抽查的公司作为控制组，结合多期双重差分模型能够较为准确地检验制度效果，更好地识别出证监会随机抽查对公司违规影响的因果效应。

第二，为证监会随机抽查的直接影响效果提供增量证据。现有文献对证监会随机抽查实施效果的关注较少，主要考察了随机抽查的间接后果，如随机抽查对股价崩盘风险（汶海等，2020）、会计信息质量（刘瑶瑶、路军伟、宁冲，2021）、上市公司规范运作（滕飞、夏雪、辛宇，2022）、审计师谨慎性（刘红霞、李继峥、马云飙，2022）的影响以及对交易所和审计师的监管溢出效应（刘金洋、沈彦杰，2021）。而证监会随机抽查工作的首要目标在于加强事中事后监管，发现并遏制公司违规行为。因此，检验证监会随机抽查与公司违规之间的关系，有助于进一步了解实施随机抽查工作的直接效果，丰富随机抽查的相关研究成果。

第三，完善了公司违规影响因素的研究。大量文献主要从公司内部治理与外部监管视角探究对公司违规的影响。证监会作为外部监管主体，对公司违规行为进行了事前预防性监管（陈运森、邓祎璐、李哲，2019）与事后处罚性干预（Chen et al.，2005），而随机抽查工作是创新事中事后监管的新举措，本书基于这一视角拓展了公司违规领域的研究。

第四，厘清了证监会随机抽查影响公司违规的作用机制。围绕公司治理、信息披露以及大股东行为三个方面深入探究证监会外部监管对公司违规的影响路径，打开了证券监管执法影响公司违规的"黑箱"，有利于厘清证监会随机抽查影响公司违规的逻辑链条。

第五，本研究具有较强的现实意义，尤其对于完善证监会随机抽查的制度设计有一定的启示。证监会对上市公司进行随机抽查能够优化上市公司外部治理环境，提升监管效能，发挥威慑作用，从而约束公司违规行为，促进资本市场健康发展。通过考察随机抽查的三种效应（长期效应、威慑效应与溢出效应）以及随机抽查后披露检查公告的细分特征，发现随机抽查工作的实施效果存在差异。这些发现将为证监会进一步完善随机抽查制度的修订工作提供经验证据，也对监管机构加强监管具有一定的政策启示。

制度背景、理论基础与文献综述

2.1 —————————制度背景—————————

制度是指国家行政部门为维护正常的生产生活秩序，依照法律、政策制定的具有法规性、指导性与约束性的条文。2014 年 9 月，李克强总理考察天津新港海关期间，工作人员展示了"双随机"抽检方式，即对需要开箱验货的物品以及具体负责抽检的海关工作人员都要由计算机随机抽取。这样一来，过关的企业不知道自己是否会被抽查，也不知道由谁负责抽查，大大压缩寻租空间，达到监管效果。随后国务院常务会议决定推广随机抽查制度，以创新事中事后监管形式，营造公平的市场交易环境。

为进一步落实简政放权、放管结合、优化服务的要求，创新政府管理方式，规范市场执法行为，切实解决检查任性、执法不公、执法不严等问题，营造公平竞争的发展环境，2015 年 7 月 29 日，国务院办公厅出台了《关于推广随机抽查规范事中事后监管的通知》，要求在市场监管领域推广"双随机、一公开"的监管方式，即随机抽取检查对象，随机选派执法检查人员，同时将抽查情况和查处结果向社会公开，并在总体上阐述了实施随机抽查制度的具体措施，主要包括以下四点内容：第一，制定随机抽查事项清单。法律法规规章没有规定的，不得擅自开展检查；对法律法规规章规定的检查事项，要大力推广随机抽查，不断提高随机抽查在检查工作中的比重。要制定随机抽查事项清单，明确抽查依据、抽查主体、抽查内容、抽查方式等。第二，建立"双随机"抽查机制。要建立随机抽取检查对象、随机选派执法检查人员的"双随机"抽查机制，通过摇号等方式分别从市场主体名录库和执法检查人员名录库中随机确定抽检对象与抽检人员。第三，合理确定随机抽查的比例和频次。既要保证必要的抽查覆盖面和工作力度，又要防止过度抽查。对于投诉举报多、列入经营异常名录或者存在严重违法违规记录等情况的市场主体，要加大随机抽查力度。第四，加强抽查结果运用。对抽查发现的市场主体违法违规行为，要依法依规加大惩处力度，形成有效的震慑效应，增强市场主体守法的自觉性。该文件还明确了要加快配套制度机制建设。抓紧建立统一的市场监管信息平台，及时公开监管信息，形成监管合力；推进随机抽查与社会信用体系相衔接，将随机抽查结果纳入市场主体的社会信用记录，让失信者一处违规、处处受限；探索开展联合抽查，对同一市场主体的多个检查事项，原则上应一次性完成，提高执法效能，降低市场主体成本。

为深化"放管服"改革，加快转变政府职能，减轻企业负担，优化营商环境，创新事中事后监管，2019年1月27日，国务院发布《关于在市场监管领域全面推行部门联合"双随机、一公开"监管的意见》，再次提出要在市场监管领域全面推行"双随机、一公开"监管。实行抽查事项清单管理，避免多头执法、重复检查，既能够规范执法行为，提高监管效能，又能够减轻企业负担，强化信用支撑，进一步营造公平竞争的市场环境和良好的营商环境。要将"双随机、一公开"作为市场监管的基本手段和方式，对于所有的行政检查，原则上应采用随机抽查的方式进行，通过取代原有的巡查制和随意检查，形成常态化管理机制，进而强化企业主体责任，以监管方式创新提升事中事后监管效能。该文件进一步明确了七项重点任务：第一，统筹建设监管工作平台，为抽查检查、结果集中统一公示和综合运用提供技术保障。第二，实行抽查事项清单管理，明确抽查依据、主体、内容、方式等，将随机抽查事项分为重点检查事项和一般检查事项。其中，重点检查事项针对涉及安全、质量、公共利益等领域，抽查比例不设上限；一般检查事项针对一般监管领域，抽查比例应根据监管实际情况设置上限。第三，建立健全随机抽查"两库"，具体包括检查对象名录库和执法检查人员名录库，要根据抽查对象以及执法检查人员的变动情况进行动态调整与管理。第四，统筹制定抽查计划，实现"进一次门，查多项事"。同时，要合理确定、动态调整抽查比例、频次、被抽查概率，既要保证必要的抽查覆盖面和监管效果，又要防止任意检查和执法扰民。第五，科学实施抽查检查。通过公开、公正的方式从检查对象名录库中随机抽取检查对象，并根据实际情况随机匹配执法检查人员。涉及专业领域的，可以委托专家工作，也可运用信息化手段提高发现问题的能力。第六，强化抽查检查结果公示运用。将抽查检查结果与社会信用体系相衔接，对于抽查检查结果，可以通过国家企业信用信息公示系统和全国信用信息共享平台等进行公示，形成有力震慑，增强市场主体守法自觉性。第七，做好个案处理和专项检查工作。对于发现的违法违规个案线索、普遍性问题以及市场秩序存在的突出风险，要开展有针对性的专项检查，确保不发生系统性、区域性风险。

"双随机、一公开"制度自2016年以来连续4年被写入《政府工作报告》，体现了政府部门规范市场监管执法行为的决心。2016年《政府工作报告》指出，要创新事中事后监管方式，全面推行"双随机、一公开"监管，随机抽取检查对象，随机选派执法检查人员，及时公布查处结果。2017年《政府工作报告》有两处谈到随机抽查监管，一处是在2016年工作总结中，另一处是在2017年重点工作任务中，指出要完善事中事后监管，实现随机抽查监管范围全覆盖，推进综合行政执法。2018年《政府工作报告》同样有两处提到随机抽查监管，一处是在过去五年工作总结中，另一处是在2018年工作任务中，指出要全面实施"双随机、一公开"监管。2019年《政府工作报告》依然有两处提出随机抽查监管，一处是在去年工作总结中，另一处是在当年具体工作任务中，指出要推进"双随机、一公开"跨部门联合监管，推行信用监管和"互联网+监管"改革，优化环保、消防、税务、市场监管等执法方式，对违法者依法严惩，对守法者无事不扰。

实施"双随机、一公开"制度的目的主要是解决日常监管的问题。在政府层面，旨在深化"放管服"改革、加快转变政府职能。通过取代原有的随意检查和任意监管，形成常态化管理机制，提升事中事后监管效能。在企业层面，随机抽查可以减少监管部门对企业正常生产经营活动的干预，减轻企业应付重复监管的负担。通过随机选择抽检对象，对企业形成一种震慑，提升了企业的自我约束力，降低寻租交易空间，实现了对违法者"利剑高悬"，对守法者"无事不扰"的效果。

随机抽查制度作为一项监管制度创新，是监管方式的重大改革，实施"双随机、一公开"制度具有重要意义。一方面，随机抽查制度实现了政府部门在监管资源有限情况下的最优化配置，提升了监管的公平性、规范性和有效性，有效解决了随意检查、执法不公、执法不严等问题，达到事半功倍的效果，也适应了商事制度改革的新形势。另一方面，随机抽查制度完善了事中事后监管环节，减少了监管部门对市场主体的干预，减轻了企业负担，减少了权力寻租，优化了营商环境。表2-1是针对上述分析对随机抽查制度的概述。

为落实《关于推广随机抽查规范事中事后监管的通知》的有关精神，多个部门均已制定相应的随机抽查工作细则，实施了随机抽查制度，如财政部对财政收支、政府采购的随机抽查，司法部开展的司法鉴定机构随机抽查，生态环境部对污染源的日常随机监管等，而本书主要关注的是证监会对上市公司的随机抽查。实际上，财政部、证监会等多部门也对公司会计信息披露、生产经营决策以及财务行为等进行例行检查，如财政部会计司对会计制度实施情况的日常监管，财政部监督评价局对会计信息质量的检查，证监会会计部对上市公司执行会计准则、内部控制规范和财务信息披露规则等的监管。但监督主体多元化的监管模式、多层多头重复监管执法不仅给企业带来了负担，也增加了政府的监管成本，降低了政府的监管效能。为此，从2016年开始，各部门全面实施"双随机、一公开"监管，同时推进跨部门综合执法、联合监管，实现"进一次门、查多项事"，既实现了高效监管，又最大限度地减少对企业经营的干扰。聚焦到上市公司层面，证监会的随机抽查工作尤其具有代表性。

2 制度背景、理论基础与文献综述

表2-1 随机抽查制度

项目	具体内容
来源	天津新港海关"双随机"抽检验货
内容	随机抽取检查对象，随机选派执法检查人员，及时公开抽查情况及查处结果
措施	①制定随机抽查事项清单 ②建立"双随机"抽查机制 ③合理确定随机抽查的比例和频次 ④加强抽查结果运用
分类	①一般检查事项 ②重点检查事项
发展	①2014年9月，决定推广随机抽查机制 ②2015年7月，国务院办公厅出台《关于推广随机抽查规范事中事后监管的通知》，要求大力推广随机抽查。2015年11月，证监会发布公告称，自2016年起全面开展随机抽查工作 ③2019年1月，国务院发布《关于在市场监管领域全面推行部门联合"双随机、一公开"监管的意见》，提出在市场监管领域全面推行"双随机、一公开"监管 ④2021年1月，证监会重新修订《中国证监会随机抽查事项清单》 ⑤2024年4月，证监会发布《关于修改〈中国证监会随机抽查事项清单〉的决定》 ⑥自2016年起，"双随机、一公开"制度连续4年被写入《政府工作报告》
目的	①在政府层面，深化"放管服"改革，创新政府市场监管方式，提高监管效率 ②在企业层面，减少对企业重复监管，对企业形成震慑，降低寻租空间
意义	实现监管效能最大化、监管成本最优化、对市场主体干扰最小化，适应了商事制度改革的新形势与加强事中事后监管的新要求

注：资料由作者整理得到。

证监会随机抽查对公司违规的影响研究

证监会作为资本市场的监管部门，根据《关于推广随机抽查规范事中事后监管的通知》的有关要求，为推进证券期货监管领域随机抽查工作，规范事中事后监管，2015年11月发布公告称，自2016年起全面开展随机抽查工作，并制定了《中国证监会随机抽查事项清单》（以下简称《随机抽查事项清单》）。该清单明确指出要对上市公司信息披露、公司治理等规范运作情况进行监督检查，具体抽查方式为摇号、机选等方式，也可由各个地方派出机构根据实际情况自行确定，抽查比例为5%，抽查频次为每年1次。同时，对于抽查结果要在国家企业信用信息公示系统上进行公示。证监会各个派出机构按照该清单的相关要求以及属地情况，严格落实随机抽查制度。抽查工作完成后，及时在各证监局官网公布抽查结果，随后安排现场检查工作。需要指出的是，证监会除了对上市公司进行随机抽查外，还对保荐机构和财务顾问机构、会计师事务所、资产评估机构等进行抽查。

2021年1月，为贯彻落实新《中华人民共和国证券法》（以下简称《证券法》）及"放管服"的有关要求，证监会对有关制度文件进行修订，包括对《随机抽查事项清单》的修订。在修订的文件中，对所列抽查事项进行动态调整，删除"私募基金管理人检查""律师事务所从事证券法律业务检查""信息技术系统服务机构从事证券基金服务业务检查"，增加"首发企业检查"，同时对部分抽查事项名称、抽查依据、抽查内容、抽查方式、抽查比例进行修改。具体地，将上市公司抽查比例修改为"不低于2%"，抽查方式为"结合日常监管情况，以问题和风险为导向，通过抽签、摇号等方式确定"。2024年4月，证监会再次修改《随机抽查事项清单》，此次修改并未对上市公司随机抽查相关内容做出实质性修改。

表2-2是各地证监局2016—2023年随机抽取上市公司的数量统计表。统计结果显示，近年来，证监会随机抽取上市公司数量在2016—2020年呈现出逐渐增加的趋势，在2021—2023年明显减少，这主要是因为2021年修订《随机抽查事项清单》，将抽查比例改为2%。截至2023年，共抽取1 211家上市公司。近年来，累计抽取数量最少的3个省、自治区、直辖市分别为宁夏（5家）、青海（5家）、西藏（8家），抽取数量最多的3个省、自治区、直辖市分别为广东（201家）、浙江（137家）、江苏（123

家），造成抽查数量出现差异的原因主要在于与宁夏、青海、西藏等地相比，广东、浙江、江苏辖区内上市公司数量较多，因此，按照一定比例统一抽取的被检查对象也较多。

表2-2　　　　　　各地证监局年度随机抽取上市公司数量统计表

省、自治区、直辖市	2016	2017	2018	2019	2020	2021	2022	2023	合计
安徽	5	5	6	6	6	4	3	4	39
北京	14	15	17	16	18	8	9	9	106
福建	7	6	8	8	8	4	3	5	49
甘肃	1	2	2	2	2	0	0	1	10
广东	23	25	40	31	31	18	16	17	201
广西	2	2	2	2	2	1	1	1	13
贵州	1	1	1	1	2	1	1	1	9
海南	2	2	2	2	2	1	1	1	13
河北	3	2	2	2	3	2	2	2	18
河南	6	4	4	4	5	2	2	2	29
黑龙江	2	2	2	2	2	2	1	1	14
湖北	5	5	5	6	6	3	3	3	36
湖南	5	5	6	6	6	4	5	3	40
吉林	0	2	2	2	2	1	1	1	11
江苏	15	17	18	20	21	10	10	12	123
江西	1	2	2	3	3	2	2	2	17
辽宁	2	5	5	5	5	3	1	2	28
内蒙古	2	2	2	2	2	1	1	1	13
宁夏	1	1	1	1	1	0	0	0	5
青海	1	1	1	1	1	0	0	0	5
山东	9	10	11	11	11	5	6	6	69

省、自治区、直辖市	2016	2017	2018	2019	2020	2021	2022	2023	合计
山西	2	2	2	2	2	1	1	1	13
陕西	3	3	3	3	3	0	0	0	15
上海	11	10	11	12	13	7	8	8	80
四川	5	6	6	6	6	4	6	3	42
天津	2	3	3	3	3	2	2	0	18
西藏	1	1	1	1	1	1	1	1	8
新疆	2	3	3	3	4	2	2	2	21
云南	0	2	2	2	2	0	1	1	10
浙江	15	18	22	22	23	11	12	14	137
重庆	3	3	3	3	3	0	2	2	19
合计	151	167	195	190	199	100	103	106	1 211

注：资料由作者整理得到。

为进一步贯彻落实新《证券法》的规定以及国务院深化"放管服"改革的有关要求，2021年1月，证监会决定对部分制度文件进行修改与废止，其中包括对《随机抽查事项清单》进行重新修订。修订内容重点体现在两个方面：一方面，对抽查事项进行动态调整。删除对"私募基金管理人员"的检查，增加对首发企业、律师事务所从事证券法律业务以及信息系统服务机构从事证券基金服务三项检查内容。同时，对检查事项的名称、抽查依据与内容、抽查方式与比例等进行部分修改。另一方面，为确保抽查工作做到完全随机，此次修订版删除"除有初步证据或线索证明明显涉嫌违法、依法立案查处以及以问题和风险为导向安排专项检查外，均须通过摇号、机选等方式进行随机检查"的表述。删除这一表述表明证监会随机抽查工作有了重大突破，在抽查对象的选择上更倾向于完全随机。

随机抽查制度在证券监管领域中的运用，是对传统监督检查制度的一种创新，是新时期监管执法模式的一项重要举措。以证监会随机抽查上市公司为背景，考察随机抽查制度的实施效果，其好处在于：一方面，抽查基数明确。由于上市公司数量是一定的，在建立检查对象名录库时，将所有上市公司纳入，再按照5%的抽查比例随机抽取，既保证了抽查数据的准确性，又便于采用大样本进行实证检验。另一方面，也是更为重要的一点，随机抽查制度提供了一个较为干净的准自然实验场景，将样本天然地区分为处理组和控制组，这种外生性极大地缓解了实证研究中的内生性问题与样本选择偏误，为我们准确地评估随机抽查监督效果提供了研究机会。

2.2 ——————理论基础——————

2.2.1 法与金融理论

法与金融理论是20世纪末法学和金融学相结合形成的一门新兴的、交叉型学科，是法律经济学在金融领域的应用与发展。La Porta 等（1997）发表的《外部融资的决定因素》与 La Porta 等（1998）发表的《法与金融》两篇论文，被认为是研究法与金融理论的开山之作。两篇论文通过构建立法和执法的相应指标研究法律制度对金融体系的影响，从法律的视角解释了金融发展的差异，四位作者（La Porta R.，Lopez-de-Silanes F.，Shleifer A.，Vishny R. W.）也成为法与金融领域典型的经济学家组合，简写为 LLSV。法与金融理论的一系列重要文献均表明，金融市场并非仅由市场机制和参与者的行为决定，金融市场的效率、资本的流动性以及投资者保护等问题都受到不同法律体系和法律执行效果的影响，即法律不再仅仅被视为一种外部的约束力量，而是与金融市场的功能和效率高度相关的一项重要因素。

法与金融理论的相关研究可归纳为两个部分：

一是经济增长的法律理论，即法律稳定金融发展，促进宏观经济增长。La Porta 等（1998）研究发现，英美法系对投资者保护力度最强，法国法系最弱，介于二者之间的为德国法系与斯堪的纳维亚法系。从法律的实施质量看，法国法系的实施质量最弱。另外，法律对投资者的保护程度

25

与资本市场发展显著正相关。英美法系国家的资本市场通常表现出更高的活跃度、更透明的信息、更低的融资成本以及更强的投资者保护机制。虽然大陆法系在某些国家中也能提供稳定的法律框架，但研究发现，这些国家的金融市场在透明度、投资者保护等方面可能不如英美法系国家，大陆法系国家的金融市场可能面临更多的监管滞后和信息不对称问题。

二是公司治理的法律理论，即法律促进投资者保护，改善微观企业治理。投资者保护是法与金融理论的重要体现。法律是加强投资者保护的有效途径，法律对投资者保护的力度越强，越能维护国家的金融发展水平，降低金融市场的运行成本与公司代理成本，促进经济发展。具体而言，一个有效的法律框架能够提供必要的法律保障，确保投资者特别是小股东的利益不被大股东或管理层利益侵占，而这正是公司治理研究的主要议题之一。La Porta 等（2002）利用27个富裕经济体的539家大型公司样本实证发现，在少数股东得到更好保护的国家和控股股东拥有更高现金流的公司中，对中小股东利益侵占的可能越低，公司估值越高，这表明加强投资者法律保护对促进金融市场发展至关重要。如果法律体系缺乏对投资者的保护，投资者可能会由于信息不对称、管理层的不当行为等问题而遭受损失，从而减少对资本市场的投资兴趣，进一步影响资本市场运行效率。

法与金融理论深刻地揭示了法律与金融市场之间的互动关系，强调了法律体系在金融市场中的基础性作用，尤其是在投资者保护等方面。法律制度的健全与金融市场的高效运作是相辅相成的，建立完善的法律体系不仅能有效保护投资者权益，还能促进资本市场的长远发展。因此，推动法律改革和提高法律执行力，保障投资者权益，尤其在发展中国家，是促进金融市场健康发展的关键。

近年来，我国资本市场逐步发展，经济持续增长，已跃升为世界第二大经济体，相关的法律法规等制度体系不断完善，典型代表为新《证券法》的颁布与实施以及政府创新事中事后监管方式提出的随机抽查制度等，都是我国逐渐加强对外部投资者等利益相关主体的法律保护制度。在资本市场上，相关法律正在逐步完善的过程中，为促进金融发展与经济增长奠定了良好基础。

2.2.2　最优执法理论

最优执法理论是与选择性执法相区分的，选择性执法具备专项整治、集中检查、专项执法等特征。选择性执法是指由监管部门选择执法时间、集中检查力量，采用特定的执法方式，对执法对象进行的一次特殊执法活动，其核心特点在于"选择性"。选择性执法是执法部门享有自由裁量权的充分体现，执法的灵活性使其存在一定的合理性，但其弊端日益显现，尤其是对检查对象随意执法，往往因"选择性"导致权力寻租，违背了法律面前人人平等的原则（戴治勇，2008；李和中、刘孆毅，2015）。

鉴于选择性执法的弊端，学者开始探索执法的最优化问题。最优执法理论最早由Becker（1968）提出，该理论认为，如果执法部门对所有的违法行为均进行执法，就会导致执法成本远高于违法损害，但如果执法是随机的，按照执法概率的倒数相应提高违规惩罚，则法律威慑力并不会降低，这样一来，就可以在不影响执法效果的前提下降低执法成本（Becker，1968；Becker and Stigler，1974；Stigler，1970）。也就是说，最优执法将会在减少损害量与增加执法成本量的边际上获得。最优执法理论的核心理念是，在执法过程中，必须通过合理的资源配置和成本效益分析，确保执法活动能够最大限度地减少社会成本，以提高社会福利。该理论旨在找到一个平衡点，使执法机关的资源投入与实际的社会效益相匹配，从而在最大限度上减少违法行为的发生，确保社会秩序与公共利益的最大化。

根据最优执法理论，执法机关应权衡违法行为成本与执法成本。在不同类型的违法行为中，执法机关应根据违法行为的社会危害性、可能造成的损失及其可检测性等因素，评估不同违法行为对社会的危害程度，同时需要考虑执法过程中的直接成本与间接成本，从而决定执法的力度和方式。如果过度执法，就可能导致执法机关的资源浪费，引起社会对执法活动的反感。过度执法可能对轻微违法行为过度打击，增加了无谓的成本。如果执法不力，未能有效制止违法行为带来的损失，就会引发市场扭曲，破坏社会秩序。为此，执法机关应通过成本效益分析，合理配置有限的执法资源，确保这些资源能够达到最大化的社会效益。

尽管在实际操作中面临信息不对称等方面的挑战，但最优执法理论依然为制定和实施有效的执法政策提供了一个科学的决策框架。在实际生活中，最优执法理论广泛应用于多个领域。其中，在金融领域，最优执法理论帮助监管机构决定在监管和处罚方面的投入，确保金融市场的稳定运行，同时避免过度干预或放任不管的情况。证监会随机抽查制度正是基于最优执法理论的逻辑设计而来。

最优执法理论的运行机理主要表现在三个方面：第一，执法过程随机。证监会在随机抽查过程中会随机选择执法对象，随机选择检查人员，防止执法对象进行贿赂，出现执法腐败的情况。第二，执法过程公平。在随机抽查过程中，先建立上市公司主体名录库和抽检人员名录库，再由计算机完全随机抽取，最大限度地保障执法公平。第三，实现执法程序的公开。对抽查情况和抽查结果及时向社会公布。

2.2.3　威慑效应理论

威慑理论最早起源于古典犯罪学派，该理论认为，企业或者个体在做出行为决策时，不仅会考虑行为本身的成本和收益，还会考虑违反法律或规章制度可能遭遇的惩罚程度及其发生的概率。如果感知到违法行为的惩罚成本过高或被发现的概率过大，那么，他们将倾向于遵守规则，从而产生威慑效应，有效地遏制潜在的违规行为。强有力的威慑通过对心理因素施加影响，改变人的主观思想与客观行为，发挥"不战而屈人之兵"的作用（魏建、宋艳锴，2006）。威慑功能具有广泛的社会性，不仅会对犯罪者产生影响，而且会对社会上其他人员产生影响。当一个人因害怕受到刑法制裁而放弃实施刑法禁止的行为时，刑法就对其产生了威慑效应。

威慑理论由贝卡里亚（2005）提出，后来由于犯罪经济学的兴起，威慑理论才得到广泛关注。他指出，刑罚的目的主要是威慑，威慑的作用体现在两个方面：一方面，阻止已经犯罪的人不再犯罪；另一方面，阻止企图犯罪的人不想犯罪。边沁（2000）认为，"惩罚最广泛、最明确的目的，是在可能和值得的范围内防止所有罪过，不论它们是什么"，即设定刑罚的主要目的在于能够预防犯罪行为的发生。另外，他还指出，过度残酷的刑罚可能没有价值，反而有害。后来，Becker（1968）借助数学模型，对古典执法理论中犯罪者的理性选择进行分析，详细阐述了不同情况下的最优惩罚概率和最优惩罚严厉程度，发现当不考虑执行成本时，二者具有可替代性，当考虑复杂因素时，则会影响二者的关系。具体而言，威慑效应理论强调通过两种主要手段预防不正当行为的发生。一种是惩罚的严厉性，即违规行为一旦被发现，所施加的惩罚的严重程度。惩罚越严厉，越能震慑潜在的违规者，降低其违法的可能性。另一种是惩罚的可能性，是指违法行为被发现并受到惩罚的可能性。即使惩罚本身不是最严厉的，但如果违规行为被发现并受到相应惩罚，也能有效降低违规行为的发生。

在资本市场监管领域，威慑效应显得尤为重要。上市公司在编制财务报告时，可能会出现盈余管理、虚假报告或隐瞒信息等行为。然而，如果公司意识到违规行为可能带来的严厉法律后果（尤其是新《证券法》出台后面临的高额罚款、行政处罚），那么威慑效应会促使企业更加严格地遵循会计准则，确保财务信息的真实、准确与公正，减少违规行为的发生。政府和监管机构可以设计并制定有效的政策、制度，通过严格的法律法规和监管机制，强化威慑效应，增加企业违规的成本和风险，促进企业合规行为。美国安然、世通公司发生财务欺诈后，出台《萨班斯-奥克斯利法案》（Sarbanes-Oxley Act），要求公司建立严格的内部控制体系，加大了违规惩罚力度，显著减少了上市公司财务舞弊事件的发生。在我国，证监会随机抽查工作对检查对象与执法人员随机抽取，公司事先不知道是否会被抽查，也不知道由谁抽查。因此，随机抽查对公司形成一种有效的威慑作用，公司只能遵守相关规章制度，正常生产经营，最终达到"让曾经发生违规的公司不再违规，让尚未违规的公司不敢违规"的目的。

2.2.4　委托代理理论

委托代理理论是公司治理理论中重要的组成部分。在现代企业制度中，所有权与经营权逐步分离，产生了委托代理关系。委托人是指那些委托任务或责任的人，通常是公司股东或所有者，而代理人是代表委托人利益行事的人，通常是公司的经理或高层管理人员。委托人将决策权或管理权授予代理人，期待代理人能够以委托人的最大利益为目标做出决策。也就是说，股东拥有公司的所有权，却将经营权交给聘请的职业经理人代为经营，职业经理人负责公司经营管理并享有决策权，这就在股东与经理人之间产生了委托代理关系。基于理性经济人假设，委托人和代理人都会追求个人自身效用最大化，使得二者的目标函数不一致，利益导向也存在差异，加之不确定性与信息不对称的存在，代理人可能会偏离委托人的利益函数，采取不符合委托人利益的行为，为追求自身利益而产生机会主义动机（如谋求私利、追求在职消费等），侵占股东权益，从而产生代理问题（Jensen and Meckling，1976）。现有学者将委托代理问题分为由管理层和股东利益冲突导致的第一类代理问题，以及由控股大股东和中小股东利益冲突产生的第二类代理问题。

由于委托代理问题的存在，委托人必须通过有效的激励机制与监督机制来约束代理人的行为，以降低代理成本，减少代理问题，让代理人的行动尽可能与委托人的利益保持一致。就激励机制而言，核心是让经理人在实现个人利益最大化的同时，最大限度地与所有者利益最大化保持一致，从而减少代理冲突。例如，高管薪酬激励、股权激励、职位晋升等方式都是解决代理问题的重要激励机制。就监督机制而言，委托人可以采取监督措施，确保代理人按预期行事。例如，公司内部加强董事会建设等内部治理，以及外部监管、法律法规等都会约束代理人行为。证监会随机抽查在现场检查过程中直接指出公司内部治理存在的问题，有助于抑制代理人追逐私利的动机，降低代理问题，减少公司违规的发生。

2.2.5 信息不对称理论

传统微观经济学的经典理论大都建立在信息环境高度透明的前提下，即每个个体在经济活动中都掌握完全的信息。然而，在现实生活中往往存在一些摩擦，导致各交易方产生信息不对称的现象。信息不对称主要是指市场参与者在交易过程中各自掌握的信息存在差异，即一部分人比另一部分人拥有更多的信息，拥有较多信息的人更熟悉信息，处于信息优势地位，可能做出不当决策，损害那些拥有较少信息的人的利益，从而导致决策的不完全性、市场失灵，影响资本配置效率。信息不对称理论最早由Akerlof（1970）提出。他发现，在二手车交易市场上，买卖双方之间存在信息不对称。相较于买方，卖方会掌握更多的与车辆有关的信息。买方则会通过压低价格来弥补信息缺失造成的风险。面对较低的价格，卖方不会提供与原有价格相当质量的汽车，最终导致更好的二手车不会在市场上交易，一些质量较低的二手车充斥市场，从而形成低效的二手车市场。

信息不对称的产生主要来源于两个方面。一方面是获取信息的多少以及信息质量的优劣程度。通常来说，拥有的信息越多，信息质量越好，越能体现信息优势。另一方面是获取信息的及时性。对于相同的信息，获取越及时，信息优势越明显。

按照时间的先后顺序，可将信息不对称划分为两类。一类是事前的信息不对称导致的逆向选择，引发"劣币驱逐良币"的不良情况。逆向选择是指外部市场参与者对组织内部的信息不了解，具有信息优势的组织会操纵信息，有意地向对方隐瞒关键信息，进行选择性的信息披露，交易的另一方可能会做出错误的决策。例如，在金融市场中，借款人比贷款方更了解自身的偿还能力，银行难以判断哪些借款人的偿还能力较强，哪些可能会违约，从而可能出现高风险的贷款决策。另一类是事后信息不对称引发的道德风险。道德风险是指市场上一方参与人能够认识到自己的行为带来的不良影响而有意为之，但另一方参与人无法进行有效监督，最终导致一方侵害另一方利益的现象。例如，在保险公司为投保人提供保险保障后，投保人可能会因为有了保险保障而采取更多的冒险行为，这种行为的变化无法通过合同或监控机制进行预防，最终保险公司可能会承担额外的风险。

在上市公司中，所有权与经营权分离，导致公司内部管理者与外部股东之间存在严重的信息不对称。管理层作为公司内部人员，能够充分掌握与公司生产经营相关的信息，可能会为追逐私利而做出有损于投资者利益与公司价值的行为，甚至出现违规行为。而外部投资者很难了解公司内部的经营情况，使得监督难度增加。因此，公司内部信息对外披露就显得至关重要，而且披露质量也不容忽视，只有这样才能缩小投资者与公司之间的信息差距。具体到本研究，证监会随机抽查通过对上市公司进行随机现场检查，重点关注公司的信息披露情况，一旦发现信息披露不健全、不准确，便会要求公司及时整改，以改善公司信息披露环境，提升信息披露质量，降低公司违规的可能性。

2.3 ——————————文献综述——————————

2.3.1　证监会监管实施效果的相关研究

近年来，我国资本市场逐步完善，严监管成为维护资本市场健康发展的重要手段之一。证监会在资本市场监管中扮演越来越重要的角色，负责领导上海证券交易所和深圳证券交易所对上市公司信息披露情况、公司违规行为进行监管。证监会的监管方式主要分为行政处罚性监管与非行政处罚性监管。

现有文献关于行政处罚性监管效力的研究尚未达成一致意见。

一类文献认为，证券监管机构对上市公司进行有效监管的可能性较弱，其事后处罚性监管效力较低。宋云玲、李志文和纪新伟（2011）认为，证监会监管处罚过程中存在选择性行为，惩罚力度弱，此类因素导致证券监管部门的处罚效果并不理想。王兵等（2011）以证监会处罚会计师事务所为研究样本，发现被证监会处罚的事务所或受处罚的注册会计师，其审计质量没有发生变化，表现在操纵性应计利润没有显著降低，盈余稳健性没有显著提高，并且行政处罚力度的差异对审计质量变化也无明显影响。

另一类文献发现，处罚性监管表现出强有力的监管效果。证监会作为上市公司的重要监管部门，负责对公司生产经营行为进行监管，核心职责在于维护资本市场健康发展，推动资本市场平稳运行。Chen 等（2005）研究发现，证监会在宣布对违规公司的执法行动后，公司股价下跌 1%~2%，这一结论与吴溪和张俊生（2014）的研究基本一致，他们发现证监会处罚公告带来的市场反应为−2%，而立案公告带来的市场反应更强，为−6%。上述结论表明，证监会有很强的影响力，为投资者传递了重要信息。Firth，Rui 和 Wu（2009）同样发现，证监会的监管处罚具有一定的监管效力，但应该及时公布执法信息，否则受处罚的公司会利用这一延迟披露机会实施重大交易等机会主义行为。Ke 和 Zhang（2021）考察了证监会 2007 年公共执法活动的实施效果，发现该项执法活动显著改善了公司治理水平，表现为盈余管理程度下降与经营绩效提升。于博、林龙斌和安邦（2022）基于监管强化动态视角，考察证券监管处罚对公司违规再犯的影响，发现证券监管部门（证监会和证券交易所）监管处罚力度的提升对公司违规再犯产生了较强的短期震慑效应，但长期威慑影响有限。作为资本市场上重要的监管者，证监会十分重视监管信息公开。通过搜集并整理证监会各派出机构监管信息公开数据，李文贵和邵毅平（2022）研究发现，监管信息公开得越多、越详细，公司违规的可能性越低，违规次数越少，并且上述效应在民营企业中更显著。褚剑和方军雄（2021）则考察了证券监管机构监管处罚的威慑效应，发现处罚程度越严重，对减少财务错报的作用越明显。

非行政处罚性监管也是证监会和交易所对资本市场进行监管的重要方式之一，主要手段是对监管对象发出相关函件，如监管函、问询函和关注函。其中，问询函是两大交易所的主动行为，尤其是发现公司披露出现瑕疵或对公告内容存疑时，会要求公司对相关信息做出进一步补充与解释。现有文献主要以证券交易所发出的监管问询函为主，探究这种预防性监管的经济后果。陈运森、邓祎璐和李哲（2018）从财务报告问询函的收函与回函两个角度分析了问询函发布引发的市场反应，研究发现，资本市场对收函与回函公告的反应不同，具体地，当收函公告发布时，市场反应为负，当回函公告发布时，市场反应为正。这表明问询函具有信息含量，在信息披露监管方面发挥了重要作用。Bozanic，Dietrich 和 Johnson（2017）探究了美国证券交易委员会的监管问询函对公司信息披露的影响，发现问询函能够增强公司的信息披露，提高公司信息透明度，但在高科技行业以及研发活动较多的公司中，限于技术保密性，上述关系会削弱。陈运森、邓祎璐和李哲（2019）深入探究了问询函监管的有效性，发现公司收到监管问询函后，盈余管理程度显著降低，并且问询函总数越多或者对同一财务报告问询次数越多，公司的盈余管理程度越低。石昕、陈文瑞和刘峰（2021）研究发现，交易所问询函有助于提升被问询公司的会计稳健性，且问询力度越大，会计稳健性越高。问询函监管除了具有信息效应外，还表现出一定的公司治理作用，能够提高公司内部控制质量，改善公司治理水平（聂萍、潘再珍、肖红英，2020；万华林、胡浔、方宇，2022）。另外，交易所问询函还有一定的溢出效应，能够对被问询公司的独立董事产生警示效应，提升独立董事履职的勤勉性和谨慎性（何卓静、王新、曾攀，2021）。

为进一步提升资本市场监管效率，在事中事后监管领域，证监会实施"双随机、一公开"制度。作为监管理念和方式的重大创新，证监会随机抽查制度提升了监管效能，但现有文献较少关注该制度的经济后果。

一方面，证券监管主体通过对上市公司进行随机抽查，能够直接影响公司的生产经营行为。

一类文献表明，证监会随机抽查能够抑制盈余管理，提升资本市场信息效率，改善信息质量。刘瑶瑶、路军伟和宁冲（2021）研究发现，证监会随机抽查能够显著抑制应计盈余管理和真实盈余管理，表明该制度在改善会计信息质量方面具有显著效果。这与柳光强和王迪（2021）基于财政部会计信息质量随机检查研究政府会计监督能够降低上市公司盈余管理的结论基本一致，这种抑制作用对于在检查公告中披露具体违规数据以及被抽查后整改积极的公司而言更显著。汪昌云等（2023）认为，双随机现场检查具备全面性和深入性，导致上市公司难以隐藏不规范行为，一旦发现公司存在违法违规行为，将使其面临较大的整改压力，增加违规成本。因此，对随机抽中的公司进行现场检查，发挥了威慑效应，减少了企业的盈余管理行为，尤其是对负向盈余管理的边际效力影响更显著。周冬华和曾庆梅（2024）分析了证监会IPO随机现场检查的监管效应，发现随机现场检查有助于IPO企业更正前期会计差错，促使被抽中的IPO企业会计信息质量提升，具体表现在IPO随机现场检查显著抑制被抽查公司的盈余管理。通过构建多期DID模型，武龙、周杨和杨柳（2023）实证研究发现，证监会随机抽查可以直接或者间接降低股价同步性，具体作用机制在于既能够提高市场关注度（媒体关注度和投资者关注度），直接促进公司私有信息在股价中的反应，还能通过发挥监督效应，影响信息披露质量和公司治理水平，间接提高资本市场信息效率。此外，证监会随机抽查可以优化被抽查公司管理层业绩预告质量（包括准确性和及时性），当面临较强的外部监督力量和较高的诉讼风险时，上述效果更明显（姚强强、王满，2024）。

　　另一类文献认为，证监会随机抽查会影响公司的生产经营行为。证监会对上市公司进行随机抽查能够与问询函监管形成联动效应，通过强化公司治理并改善信息披露显著抑制大股东的"掏空"行为（马惠娴等，2024）。滕飞、夏雪和辛宇（2022）检验了证监会随机抽查对上市公司规范运作的影响，有如下研究发现：首先，研究证监会随机抽查制度的市场反应，发现当证监会随机抽查制度发布时，市场给予积极反应，而当公告抽查对象时，被抽查公司的市场反应显著为负。其次，考察随机抽查的监管治理效应，发现证监会随机抽查显著抑制了公司盈余管理水平，改善了信息披露质量。同时，该制度还促使公司整改内部控制缺陷，降低以后再次发生内部控制缺陷的概率。另外，在证监会随机抽查后，公司的违规概率显著降低。证监会随机抽查还能够优化企业投资效率，促进企业创新，推动企业高质量发展。刘金洋（2024）指出，随机抽查制度作为证监会行政监管举措的重要创新方式，通过提高会计信息质量和公司治理水平从而优化企业投资效率，既能抑制过度投资，又能缓解投资不足。当二次抽查时，随机抽查对投资效率的影响更显著。马惠娴、刘文欣和吴烨伟（2024）认为，证监会随机抽查既可以发挥治理效应，缓解委托代理问题，也可以发挥信息效应，改善信息披露质量，从而促进企业创新。进一步研究证监会随机抽查对双元创新的影响，发现随机抽查既能促进企业突破式创新，又能增加企业利用式创新。马永强、陈伟忠和张正懿（2024）基于监管执法公平视角考察证监会随机抽查对企业高质量发展的影响，发现随机抽查通过改善会计信息质量、发挥违规惩戒效应提升了上市公司的全要素生产率，并且这种效应主要来自随机抽查的"随机性"与"公开性"特征。此外，班旭、姜英兵和徐传鑫（2023）认为，证监会随机抽查制度发挥了重要的外部监管治理作用，研究发现，证监会随机抽查通过改善公司治理水平、提升信息披露质量减少了公司避税行为，并且在内部治理不完善以及税收征管强度较低的地区，随机抽查对公司避税的抑制作用更显著。李建发等（2023）利用财政部会计信息质量随机检查的准自然实验，得到了同样的研究结论，即政府财会监督（财政部会计信息质量随机检查）通过抑制盈余管理、改善企业内部控制减少了企业避税。Kong，Liu和Ye（2023）基于"双随机、一公开"的准自然实验，采用双重差分法考察了行政监督对政府补贴的影响。研究发现，证监会随机抽查通过有效减少政府与企业的联系，缓解企业寻租和信息不对称造成的补贴扭曲，显著减少政府对上市公司的补贴，减少幅度约［10.24%，26.03%］。在公司内部治理较差、政策负担较轻、财务风险较高的公司中，证监会随机抽查对政府补贴的降低效应更为显著。此外，证监会的行政监管具有区域和行业溢出效应，与被检查公司处于同一行业和地区的公司将获得重新分配的补贴资金。

另一方面，证监会除了以上市公司为检查对象对相关审计项目进行延伸检查外，还会对会计师事务所进行全面检查以及在审计项目上进行专项检查，从而影响审计行为。归纳起来，有如下三点：

第一，证监会随机抽查对审计收费的影响。刘红霞、李继峥和马云飙（2022）探究了随机现场检查对审计师谨慎性的影响，发现在随机抽查现场检查的强监管威慑效应下，审计师会对被抽查的审计客户保持更严谨的态度，出具负面的审计意见，以避免审计失败导致的不良经济后果。刘金洋和沈彦杰（2021）分别基于交易所和审计师的视角，考察了证监会随机抽查制度的监管溢出效应，发现随机抽查工作显著增加了被抽查公司收到交易所问询函的概率，同时也提升了审计师收取的审计费用。郑国坚、陈巧和马新啸（2023）基于政府会计监督视角，考察了财政部会计信息质量随机检查制度对审计定价的影响，发现随机抽查通过降低企业风险，降低审计师的审计风险和审计投入，最终降低审计定价，而且这种监督治理效应具有行业溢出效应和监管替代效应。

第二，证监会随机抽查对审计质量的影响。余海宗、朱慧娟和何娜（2023）基于证监会公告〔2025〕25号文探究地方证监局一线监管对审计师执业质量的影响，发现地方证监局"双随机、一公开"现场检查作为监管方式的创新举措，优化了被监管审计师的执业质量，并且审计师行业专长水平越高，这种效应越明显。此外，随机抽查还具有震慑效应和溢出效应，能够改善同省份其他企业的审计质量。冉明东、喻丽端和王佳媛（2023）揭示证监会专门对会计师事务所进行随机检查能否提升审计质量。研究表明，与没有接受证监会全面检查的事务所相比，接受全面检查的事务所被检查后，审计质量明显改善，从而证实了随机抽查中全面检查的积极效果。肖土盛、金泽宇和阳杰（2024）另辟蹊径，基于联结审计师视角考察随机抽查制度的监管溢出效应，发现当审计师的客户公司被抽中后，审计师审计其他客户公司的审计质量有所提高，尤其在抽查比重较高的城市与行业中更显著。作用机制在于随机抽查提升审计独立性、强化风险感知能力，进而改善审计质量。周冬华和曾庆梅（2024）同样基于审计联结视角，考察了IPO随机现场检查的审计质量溢出效应。研究发现，IPO随机检查通过提高审计师风险感知水平和审计师执业能力改善了会计师事务所审计联结企业的审计质量，并最终有助于提升被抽中的IPO企业成功上市的可能性。

第三，证监会随机抽查对审计客户的影响。证监会还会对会计师事务所进行随机抽查，从而间接影响审计客户的行为。汶海等（2020）以证监会随机抽查会计师事务所为契机，研究发现证监会随机抽查能够降低其客户企业的股价崩盘风险，主要作用机制在于随机抽查能够提升财务报告质量，降低信息不对称水平。证监会随机抽查制度是基于最优执法理论的科学设计，通过取代原有日常监管中的随意检查，形成常态化管理机制，既创新了政府市场监管方式，提高了监管效能，又保证了抽查对象选择的公平性，克服了随意检查，但现有考察证监会随机抽查监管效果的文献依然不全面。

2.3.2　公司违规的含义及相关研究

（1）公司违规的含义

公司违规主要是指公司在生产经营过程中违反国家法律法规或证券监管部门的部门规章，从事不当生产经营行为，被证监会及下属机构、上海证券交易所和深圳证券交易所以及财政部等政府监管部门处罚并公开披露的违法违规行为。公司违规是管理者认为违规收益大于违规成本的情况下有意为之的结果。这种违规不仅损害了公司价值，也影响了投资者信心，甚至影响到资本市场的健康发展。

常见的违规类型包括虚构利润、虚列资产、推迟披露等。陆瑶、朱玉杰和胡晓元（2012）将违规类型分为信息披露违规、经营违规和公司领导违规三种，具体分类方式为：将虚构利润、虚列资产、虚假记载（误导性陈述）、推迟披露、重大遗漏、披露不实（其他）和一般会计处理不当，归类为信息披露违规；将出资违规、擅自改变资金用途、占用公司资产、违规担保以及其他，归类为经营违规；其余违规类型归类为公司领导违规，包括内幕交易、违规买卖股票、操纵股价。上述违规类型均属于显性违规，即由监管部门发现并披露出来的违规，还有一些违规情况属于公司已经发生但尚未被监管部门发现的隐性违规，依然需要监管部门加强监管。监管部门一旦发现公司违规行为，会进行相应的处罚，包括批评、警告、谴责、罚款、没收非法所得、取消营业许可（责令关闭）、市场禁入、其他。

（2）公司违规的相关研究

①公司违规识别的相关研究

Beneish（1999）利用相关财务数据构建 Mscore 模型，用于识别公司违规行为。该模型基于八项指标（应收账款指数、资产质量指数、折旧率指数、财务杠杆指数等）计算 Mscore 得分。该值越大，表明公司出现违规的可能性越大；反之，该值越小，表明公司出现违规的可能性越低。在 Mscore 的基础上，Dechow 等（2011）建立了 Fscore 模型，用于预测重大财务错报，具体是从应计质量、财务指标、非财务指标、表外业务以及市场信息五个维度识别财务错报企业的特征。Fscore 值越大，公司存在重大财务错报的可能性越高。

在西方资本市场上常用的财务造假识别模型——Mscore 和 Fscore 模型——的基础上，钱苹和罗玫（2015）创建了适合我国资本市场的可靠性和真实性模型——Cscore 模型，发现经营应计项、现金销售率、股票换手率波动率、股权集中度、机构投资者持股比率、其他应收款、公司当年是否亏损、是否再融资和股市周期等变量反映了我国财务造假公司的基本特征，该模型显著优于 Mscore 和 Fscore 模型，为监管部门和资本市场利益相关者识别财务造假提供了更为可靠的方法。何瑛等（2024）则基于高阶梯队理论、公司治理理论等，利用公司特征以及高管个人特征构建公司违规行为的预测模型，发现与高管个人特征相比，公司特征（信息透明度、总资产净利率、资产负债率、高管团队持股比例、业绩波动、分析师关注度）对预测违规行为产生的影响更大，这为监管部门加强监管、投资者优化投资决策提供了经验证据。除了关注财务信息外，非财务信息披露有助于识别公司财务舞弊行为。叶康涛和刘金洋（2021）研究发现，财务指标增长率（营业收入增长率）与非财务指标增长率（生产力、销售量与库存量的增值率）之间差异的绝对值越大，越有助于识别财务舞弊。财务指标增长率与非财务指标增长率之间的正向差异与企业操纵性收入显著正相关，负向差异与真实盈余管理活动显著正相关。

②公司违规影响因素的相关研究

公司作为市场参与主体，其违规行为不仅影响自身健康发展，也对新常态下市场秩序重塑和市场生态建设产生一定的危害。如何抑制公司违规成为公司治理领域研究的重要问题之一，国内外学者主要通过公司内部特征与外部环境两个视角研究公司违规的影响因素。

基于公司内部特征视角，现有文献主要围绕管理层特征（董事会结构特征、监事会特征、高管个人特征）、内部员工举报行为以及股权结构与激励等视角研究其公司违规的影响。

第一，基于管理层特征研究其对公司违规的影响。

首先，基于董事会结构特征研究其对公司违规的影响。董事会是现代公司治理的核心，负责做出重大的政策决定，监督经理的经营活动，确保公司正常生产经营运作。因此，董事会对财务舞弊与公司违规有直接的影响，这种影响与董事会自身特征密切相关。Chen等（2006）从外部董事比例、董事会会议次数以及董事长任期等视角考察了对公司违规的影响，有如下三点研究发现：其一，外部董事能够监督管理层，以更有效的方式履行职责，维护中小股东权益，为此，增加董事会中外部董事的比例有助于减少违规。其二，董事会会议的频率可能会在公司财务困难、业绩不佳或经营决策有争议时增加，实证结果显示违规的公司会频繁召开董事会会议。其三，董事长任期较短与公司违规的发生率密切相关，因为短暂的任期表明董事长缺乏对公司的了解，难以阻止违规的发生。蔡志岳和吴世农（2007）从董事会规模、独立董事比例以及两职兼任的视角研究对违规的影响，发现董事会规模、独立董事比例可以在一定程度上约束公司不当生产经营行为，董事长与总经理两职兼任的公司发生违规的可能性较低、违规的程度较轻。董事会会议次数与公司违规发生的概率正相关，可能从侧面表明公司因遇到问题而被迫追加会议的频率，这一点与 Chen 等（2006）的研究保持一致。杨清香、俞麟和陈娜（2009）研究了董事会特征与财务舞弊之间的关系，发现董事会规模与财务舞弊之间表现出"U"形关系，董事会持股比例越多，公司越容易出现违规，而董事会领导权结构与董事会的稳定性均会抑制财务舞弊行为。但实证结果并未发现独立董事比例、审计委员会以及董事会会议频率对违规具有显著影响。梁上坤、徐灿宇和王瑞华（2020）对多样化的董事会特征进行整合，并将相似特征重新划分，分析董事会断裂带对公司违规的影响，发现董事会断裂带通过增加违规成本和提高董事会监督能力抑制公司违规，降低了违规倾向，提高了违规被稽查的可能性，增加了违规被发现的概率。不同于董事会断裂带的研究，基于高管团队断裂带考察对违规倾向和违规被发现概率的影响，发现了不一样的研究结果。陈华和王壮（2024）研究表明，高管团队断裂带显著增加了违规倾向，降低了违规被稽查的概率。在将断裂带细分为表层断裂带（性别、年龄等特征）和深层断裂带（学历、社会资本、任期等特征）后，发现表层断裂带对公司违规的影响更显著。

在董事会中，非正式治理机制能弥补董事会决策过程中正式治理机制的缺陷，董事会非正式层级就是其中的一种典型。非正式层级本质上是董事之间个人影响力的差异导致高层级董事支配低层级董事的表现形式。董事层级越高，表明其社会资本越强。通过提升董事会决策效率，可以减少决策失误引起的违规行为。此外，层级较高的董事还拥有强烈的监督动机和监督意愿，可以降低董事会的机会主义行为，抑制公司违规（刘振杰、顾亮、李维安，2019）。

在董事会治理结构中，独立董事制度是公司治理结构中的一项重要制度安排，能够提升公司治理水平，保护股东权益，通过发挥监督作用来达到抑制公司违规的效果。Xiang 和 Zhu（2023）以 2007—2017 年中国上市公司为样本，考察了学术独立董事对公司违规的影响。研究表明，当学术独立董事在董事会任职时，能够显著抑制公司舞弊行为，且当学术独立董事具有较高的声誉或具有法律和会计背景时，这种抑制作用更强。这表明，在外部监督和执行力度不够的情况下，学术独立董事可以被视为公司治理监督的一种替代手段。Kong 等（2019）发现，本地具有政治关联特征的独立董事发挥了自己的财务会计与法律专长背景，能够更好地进行监督，从而显著降低公司违规行为。杜兴强、殷敬伟和赖少娟（2017）主要关注独立董事任期届满后离职，经"冷却期"后再次被上市公司返聘对违规的影响，发现在独立董事返聘期内，公司违规显著降低。

但是，由于绝大多数独立董事由控股大股东或管理层提名选出，因而其"独立性"往往受到质疑。陆瑶和李茶（2016）研究发现，公司当年新增独立董事比例、非独立董事与新增独立董事的比例越高，公司违规的可能性越大。另外，CEO对董事会的影响力越大，违规被稽查的可能性就越低，监管稽查所用的时间也越长。戴亦一、陈冠霖和潘健平（2014）基于独立董事辞职视角，考察对重大财务报表重述和严重违规行为的影响，发现独立董事提前辞职的公司财务报表重述以及违规的概率会显著增加，说明独立董事能够提前感知公司的潜在风险，为避免声誉受损，选择提前辞职，也向外部利益相关者传递出公司治理存在严重缺陷的信号。与独立董事直接辞职相比，在换届后，独立董事未连任可能传递出公司治理存在问题。刘思敏等（2021）发现，在独立董事换届未连任的公司中，换届当年以及下一年发生违规的可能性显著增加。具有不同专业背景知识的董事加入董事会，会对公司生产经营行为产生影响。公司在聘任具有法律及财务会计背景的独立董事与执行董事时，更容易发生违规行为（车响午、彭正银，2018）。这主要是因为独立董事由大股东聘任、获取信息困难、独立性不高，导致具有法会背景的独立董事容易与管理层合谋，参与公司的违规行为，而执行董事也会受到管理层的压力被迫参与违规。

其次，基于监事会特征研究其对公司违规的影响。张逸杰等（2006）研究发现，监事会能够起到财务监督的作用，监事会中的监事越多，对盈余管理行为的监督力度越强。周泽将、马静和胡刘芬（2019）从监事会经济独立性视角考察监事会的治理功能，发现监事会经济独立性显著抑制了违规行为发生的概率，降低了违规程度，并且这种作用主要是通过监事会主席的经济独立性推动的。

再次，基于高管个人特征研究其对公司违规的影响。随着高阶梯队理论的发展，研究高管个人特征对公司违规的影响也逐渐丰富，越来越多的文献发现高管个人特征对公司的生产经营、管理决策、财务政策选择以及公司业绩产生重要影响。卢馨、李慧敏和陈烁辉（2015）基于高管梯队理论研究了高管人员的背景特征与财务舞弊之间的关系，发现高管团队的平均年龄小、男性成员多、平均学历低以及任期短等特征会加剧公司违规的可能，并且高管团队的平均学历越低，越容易发生严重的舞弊行为。Jia、Lent 和 Zeng（2014）研究了男性 CEO 面部特征与财务违规之间的关系，发现男性面孔的 CEO 会表现出更多的阳刚行为，导致公司财务误报发生的概率增大，这与鱼乃夫和杨乐（2019）的研究结论基本一致。Rijsenbilt 和 Commandeur（2013）认为，自恋的 CEO 往往会追求富有挑战性和风险的活动，会给组织带来潜在的不利影响，加大公司违规的可能。Troy、Smith 和 Domino（2011）发现，年轻的、没有职业经验的 CEO 会导致更多的财务违规，而具有较高商业教育背景的 CEO 会做出更精细化的决策，因此会降低公司违规的可能性。CFO 性别也会影响财务舞弊。Liao、Smith 和 Liu（2019）利用 2003 年至 2015 年的中国上市公司数据，研究发现拥有女性首席财务官（CFO）的公司从事会计欺诈的可能性显著降低，说明女性 CFO 能够对公司会计相关决策提供有效的监督。理由在于：第一，中国女性必须达到比男性更高的效率标准，才能获得高管职位；第二，女性 CFO 在财务决策上比男性更加内向、谨慎和规避风险。因此，女性 CFO 有强烈的动机避免违反会计准则。

另外，董事长的党员身份、高管纵向兼任以及薪酬差距等也能够发挥公司治理的作用。戴亦一等（2017）从民营企业董事长的党员身份视角研究了对公司违规的影响，发现董事长是党员的民营企业会减少财务报表造假等违规行为。郑登津、袁薇和邓祎璐（2020）同样基于党组织嵌入民营企业视角分析发现，党组织嵌入民营企业，会促使高管担任党委书记，积极参与党组织的活动，受党组织理念的影响，他们会更加自律，减少了高管与党组织价值追求相悖的违规行为。高管纵向兼任特征也会对公司违规产生影响。乔菲、文雯和徐经长（2021）研究发现，董事长或总经理在控股股东单位任职，可以发挥较好的治理作用，降低管理层的代理成本，最终抑制公司的违规倾向，减少违规次数。此外，高管薪酬差距也是影响公司违规的重要因素。Haß、Müller 和 Vergauwe（2015）从锦标赛激励视角考察了高管薪酬差距对公司违规的影响，研究发现 CEO 与副总裁薪酬中

42

位数的差距越大，公司从事违规的可能性越大。朱沛华、李方方和李军林（2024）利用沪深 A 股民营上市公司数据，考察了高管外部薪酬差距对企业违规的影响，得到了同样的结论，即外部薪酬差距加剧了企业违规的可能。进一步探究二者的影响机理发现，薪酬差距引发管理层出现机会主义行为，表现在严重的在职消费、关联交易、掏空以及盈余管理。而完善的内部控制、管理层股权激励可抑制薪酬差距的激励扭曲效应。

除了高管自身特征外，高管的个人经历也会影响公司违规行为。一是基于高管从军经历的视角。具有从军经历的高管有更强的道德感，对其经营的公司更加专注和忠诚，较少追求个人私利。Benmelech 和 Frydman（2015）发现，与未服兵役的 CEO 相比，服过兵役的 CEO 显著降低了公司违规概率，平均下降幅度近 70%。进一步比较高管具有 MBA 教育与从军经历的特征后发现，从军经历与较少的公司违规相关，而 MBA 教育对公司违规的影响不显著。Koch-Bayram 和 Wernicke（2018）研究发现，退伍军人成为 CEO 后依然会服从相关规则与条例，不太可能涉及财务不端行为，并且严格的董事会监督会强化上述关系。二是基于高管在工作场所以外表现出的行为视角。Davidson，Dey 和 Smith（2015）研究了高管是否有过违法违规行为记录以及是否拥有奢侈品对公司违规的影响，发现有过违法违规行为记录的 CEO 和 CFO 更有可能实施违规欺诈行为，但实证检验并未发现拥有奢侈品的高管有更强的违规倾向。

第二，基于内部员工举报行为研究其对公司违规的影响。对于公司来说，员工作为利益相关者，同样能够发挥内部监督治理的作用。Dyck，Morse 和 Zingales（2010）利用美国大型公司报告的违规欺诈案件数据，发现在公司中不拥有剩余索取权且通常不被认为是公司治理领域重要参与者的员工，在发现公司违规中起关键作用。员工能够识别并揭露违规的样本占 17% 左右，远高于审计师、分析师、媒体、卖空者以及行业监管机构所发挥的作用。Call，Kedia 和 Rajgopal（2016）同样给出了间接证据，发现当公司发生财务报告违规时，在违规年份会授予更多的普通股票期权，这一发现与管理层阻止员工"吹哨"的动机是一致的。Call 等（2018）进一步检验内部员工吹哨和证监会及司法部门对财务误报执法结果之间的关系，发现员工"吹哨"导致违规公司受到的货币处罚更严重。Kaptein

（2011）还发现，公司良好的道德文化对于鼓励员工纠正观察到的错误行为至关重要，能够激励员工采取积极行动进行举报，如向管理层报告或拨打道德热线电话，而非不采取行动。Wiedman 和 Zhu（2023）利用美国非金融类公司样本，实证研究发现《多德-弗兰克法案》引入的美国证券交易委员会举报者计划能够降低公司财务报告欺诈发生的概率。主要原因在于公司改进了内部举报者计划，增强了员工内部举报的动机。同时，公司也聘请了具有财务专长的成员，强化了审计委员会的财务监督能力。陈良银、黄俊和陈信元（2024）借助我国资本市场的实践，从企业内部机制设计的视角，考察内部人举报制度对公司违规的影响，发现内部人举报制度抑制了公司违规，并且在内部控制质量差、分析师跟踪程度低以及媒体报道少的公司中更显著，表明内部人举报制度与内外部其他治理机制之间存在替代效应。

第三，基于股权结构与激励研究其对公司违规的影响。不同于西方国家高度分散的股权结构，我国上市公司股权结构相对集中，普遍表现出"一股独大"的特征。Chen 等（2006）探究发现，法人持股、个人持股以及外资持股对公司违规倾向的影响不显著。王敏和何杰（2020）基于夏普利权力指数测算的我国上市公司大股东控制权数据，检验发现大股东控制权显著降低了公司违规的可能性，提升了违规被稽查的概率。陈国进、林辉和王磊（2005）认为，第一大股东持股比例高，会导致控制权与现金流权的差值缩小，从而降低内部人与外部投资者之间的利益冲突，最终表现为公司违法违规的概率下降。除了关注第一大股东"天使"的一面，也不能忽视其"魔鬼"的一面。换言之，第一大股东既可以控制公司，解决委托代理问题，也可以利用控股大股东的优势，"掏空"上市公司。唐跃军（2007）实证研究发现，第一大股东持股比例与公司违规被查处的可能性显著负相关，表明第一大股东有动机也有能力掩盖公司的违法违规行为。然而，其他大股东往往会表现出监督、制衡的作用，可以利用自身的信息优势与外部监管者合作，降低信息不对称，及时查处控股股东的违法违规行为。Shi，Aguilera 和 Wang（2020）还探究了国有产权对公司违规的影响，发现国家作为控股股东不太可能对管理者施加财务业绩压力，导致管理者不会从事不当行为，从而抑制公司违规。Ding 和 Wu（2014）考察了美国小型公司的家族所有权对公司不当行为的影响，发现家族企业更倾向于考虑继承计划，没有追求短期目标的动机，因此具有较强的商业道德意识，较少出现违规行为。

股权激励可以缓解所有权与控制权相分离导致的委托代理问题，能够使管理层与股东的利益保持一致，从而激励管理者做出长远的投资决策，推动公司长期发展。然而，公司进行股权激励也会产生未预期的影响效果。大量文献探讨了股权激励与公司违规之间的关系，认为管理人员的股权激励是影响公司违规的潜在原因。Johnson，Ryan和Tian（2009）发现，实施公司违规的高管面临较大的财务激励。其中，非限制性股票是违规公司高管最大的激励来源，公司违规的可能性与非限制性股票激励显著正相关，违规公司高管在违规期间通过出售较多的非限制性股票来从中获取更多的私利。Hass，Tarsalewska和Zhan（2016）考察了董事会与监事会的股权激励对公司违规的影响，研究表明管理层股权激励会助长公司违规。与非国有企业相比，在国有企业中，上述关系更显著。但是，并未发现监事会的股权激励与公司违规之间存在显著的负向关系。不同于上述研究，Armstrong，Jagolinzer和Larcker（2010）基于倾向得分匹配法，利用公司和经理层面的特征，配对形成了具有相似环境但CEO股权激励水平不同的公司，实证检验CEO股权激励水平与会计违规行为发生率之间的关系。研究结果表明，在CEO拥有相对较高股权激励水平的公司，会计违规行为发生的频率较低。这一结果更符合股权激励降低财务报告代理成本的观点，而不是股权激励导致管理者操纵报告收益的解释。除了对高管进行股权激励外，公司也可将股票授予员工，实施员工持股计划。员工持股计划通过让员工持有股票，充分调动其参与公司治理的积极性，通过发挥内部监督作用，提升内部控制质量，约束高管机会主义行为，降低公司违规的概率（张学志、李灿权、周梓洵，2022），这一结论与于连超、刘强和毕茜（2022）的研究基本一致，同样发现员工持股计划对公司违规具有监管治理效应。

公司违规不仅取决于内部治理机制与治理结构，还与自身的战略类型密切相关。孟庆斌、李昕宇和蔡欣园（2018）发现，聚焦于新兴行业的进攻型公司需要打破传统经营方式，不断探索与尝试新的经营模式，在相关法律法规尚不完备的情况下，进行违规的倾向更高，违规次数更多。而专注于传统行业的防御型公司，拥有成熟的业务流程，在外部法律法规的强监管下，进行违规的可能性较小。

除了公司内部特征对公司违规产生重要影响外，外部监管主体与相关政策制度也会影响公司违规。具体地，外部监管视角主要包括新闻媒体、审计师、证券分析师、机构投资者以及政府监管等。

第一，新闻媒体作为一种有效的信息中介，在帮助公众获取公司相关信息方面有着促进作用。Miller（2006）研究发现，新闻媒体发挥了会计舞弊监督者的角色，并且相对于转载信息来说，基于自行调查的原始资料分析会向市场提供更多的信息，更有利于识别公司违规。周开国、应千伟和钟畅（2016）也考察了媒体监督的外部治理作用，发现媒体监督降低了公司违规概率。

第二，审计师是保证财务报告质量的重要外部监督者，审计监督是一种有效的外部治理机制。审计师可以强迫违规公司进行修改或重述财务报告来纠正公司不当行为，抑制违规的发生，但 Chen 等（2006）并未发现国际"五大"会计师事务所对公司违规的影响高于非五大会计师事务所。然而，Lennox 和 Pittman（2010）利用美国上市公司的违规数据进行实证研究发现，在聘请国际"五大"会计师事务所的审计师的情况下，上市公司具有显著更低的违规欺诈的可能性，并且这种现象不随时间的变化而改变，具有一定的稳定性。高质量的审计师为了避免声誉受损以及陷入高昂的法律诉讼，会执行更严格的审计监督，能够有效识别并约束管理层进行关联交易的机会主义行为，减少公司违规（魏志华等，2017）。周静怡、刘伟和陈莹（2022）认为，具有行业专长的审计师拥有专业知识、技能和丰富的经验，可以发挥监督作用。考察对公司违规的影响后发现，审计师行业专长通过降低代理成本和信息不对称程度显著抑制公司违规倾向，并且提升了违规被稽查的概率。Ghafoor，Zainudin 和 Mahdzan（2019）基于审计师变更视角发现，公司频繁更换外部审计师表明其违规的可能性增加。

第三，证券分析师作为重要的信息中介，能够在公司经营信息的收集与处理中发现并抑制管理者的违规行为（Healy and Palepu，2001）。Chen

等（2016）认为，证券分析师比个体投资者拥有更多的专业知识和经验，通过持续追踪公司相关信息，能够较为准确地识别异常经营模式，提早发挥预警作用，甚至可以作为举报人向证券监管部门举报公司的不当生产经营行为，有助于遏制公司违规。郑建明、黄晓蓓和张新民（2015）检验了分析师对管理层盈利预测行为的监督作用，研究发现分析师跟踪显著降低了上市公司业绩预告违规的概率，并且有明星分析师跟踪以及来自高声誉券商的分析师数量越多，这种治理效应越显著。上述研究表明，证券分析师可以发挥外部监督作用，有效减少公司欺诈行为，分析师关注度越高，公司的欺诈倾向越低，但是分析师也具有遮掩效应，就既成事实的违规欺诈事件而言，分析师的关注度越高，违规事件被曝光的可能性越低，即证券分析师与公司违规之间存在"护犊"现象（马奔、杨耀武，2020）。

第四，机构投资者在预防和打击上市公司违规方面发挥重要的作用。机构投资者持股比例越高，监管上市公司的积极性越大，公司违规被稽查的可能性越高，违规倾向越低（陆瑶、朱玉杰、胡晓元，2012）。卜君和孙光国（2020）从投资者实地调研能够发挥信息效应与治理效应的视角分析了对抑制公司违规的影响，研究结果表明，投资者实地调研能够在事前抑制公司违规行为，在事后提升违规被稽查的概率。文雯和乔菲（2021）考察了具有政府背景的机构投资者（即"国家队"持股）对公司违规的影响，发现"国家队"持股通过强化公司内部控制、约束管理者机会主义行为以及提升信息透明度三条路径抑制公司违规，并且"国家队"持股比例越高，对公司违规的治理效果越明显。

第五，部分文献还探究了政府监管对公司违规的治理效应。辛宇等（2022）基于问责视角，探究了经济投资问责对国有企业规范运作的事前威慑效应与事后惩罚效应，发现经济投资问责通过提升内部控制质量和缓解管理层短视倾向进而降低国有企业高管违规行为，国有企业面临的压力越大，问责对高管违规的抑制效应越明显。不同于政府监管，行政机关通过施加压力或者采用激励措施促使公司整改，发挥公司内部治理与自我监管作用，称为合规监管。合规监管通过缓解经营压力、强化董事会监督、降低管理层风险偏好三种途径抑制公司违规，规范公司生产经营运作（袁春生、白玮东，2024）。

另外，外部相关政策和法律法规等正式制度也会制约公司违规。基于相关制度的研究认为，公司的生产经营行为总是处于特定的制度环境中，公司所在地区市场化程度高，表明法治化水平以及经济发展水平较高，一旦违规，公司声誉将受到影响。因此，良好的法律制度环境会减少公司违规（何轩、朱丽娜、马骏，2019）。曹春方、陈露兰和张婷婷（2017）检验了法官异地交流对上市公司违规执法力度的影响，发现司法独立性的提升有助于增加违规被查处的概率。孙德芝和郭阳生（2018）发现，党的巡视监督能够缓解党外监督制度的缺陷，通过把高管权力"关进制度的牢笼"中，发挥威慑效应，抑制公司违规。吴世农等（2021）利用党的十八大后国家加大反腐倡廉力度的准自然实验，研究发现，在党的十八大后，社会资本较高地区的公司相比于社会资本较低地区的公司，违规下降幅度更大。作为国有企业改革的重点，混合所有制改革的效果值得关注。梁上坤、徐灿宇和司映雪（2020）基于 A 股国有上市公司数据考察了混合所有制的治理效果，发现混合所有制能够显著抑制公司违规，并且混合所有制程度越高，信息披露违规越少，严重违规概率越低。另外，与资本市场相关的制度改革也会影响公司违规。邹洋等（2019）以我国"沪港通"开通为准自然实验，发现资本市场开放制度通过改善公司信息环境以及优化公司治理结构抑制公司违规行为。孟庆斌、邹洋和侯德帅（2019）以我国融资融券交易制度为试点，发现卖空机制的引入降低了公司的违规倾向，提升了违规被稽查的概率。

当然，除了正式制度外，一些非正式制度也会影响公司违规行为。Liu（2016）利用美国上市公司数据考察高管腐败文化与公司不当行为的关系，发现高管的平均腐败程度对盈余管理、会计欺诈、期权回溯和内幕交易等企业不当行为具有显著的正向影响。经济意义显示，高管腐败文化每增加一个标准差，企业不当行为的可能性就会增加2%~7%。儒家文化作为中华优秀传统文化的主流文化，经过几千年的传承和洗礼，成为规范和约束社会伦理生活的一种非正式制度。李文佳和朱玉杰（2021）通过构建儒家文化强度的距离模型与区域模型，检验了儒家文化对公司违规的影响，发现儒家文化通过发挥声誉机制和代理机制抑制公司违规行为。程博、熊婷和林敏华（2018）同样发现，受儒家传统文化影响较大的公司，管理者会严格地遵守道德规范与法律基础，显著降低公司违规行为发生的概率。社会信任通过强调诚信意识与道德观念，也会发挥制约高管不当行为的作用。马德芳和邱保印（2016）认为，在一个普遍高度信任的社会网络中，如果公司高管采用欺诈的手段谋取不正当利益，则会产生高昂的失信惩罚成本。因此，公司处于高度信任的社会网络中，会减少违规行为，并且在控制公司内部治理特征以及外部法律执行因素后，上述关系依然成立。Dong等（2018）基于社会规范和网络理论研究发现，社会信任会影响管理者行为，能够降低不当行为发生的可能性，可以抑制公司违规。高管之间的关系作为一种非正式制度也会直接影响公司决策的制定与执行，对公司业绩与违规行为产生重要影响。陆瑶和胡江燕（2016）检验了CEO与董事间的"老乡"关系对公司违规的影响，发现高管间的"老乡"关系越强，公司的违规倾向越高，违规被稽查出的概率越小。Khanna，Kim和Lu（2015）实证研究发现，CEO通过任命决策与高管和董事建立的关系导致高管层和董事会的制衡不足，从而滋生了欺诈行为，同时，延长了欺诈被发现的时间，降低了发现欺诈后强制CEO离职的可能性，减少了开展非法活动所需的协调成本。也就是说，这种任命决策关联增加了公司欺诈的可能性，降低了违规被发现的可能性。这表明，首席执行官（CEO）任期内被任命的高管和董事会成员的比例是评估公司从事不法行为可能性的一个关键因素。革命文化与长征精神也会引导企业行为。位于长征相关景点地区或者在长征沿线的企业，其违规概率更低，主要是因为伟大的长征精神影响企业文化和投资者期望抑制违规行为（吴武清、洪振瀚，2024），该研究为坚定文化自信，弘扬革命文化，深入探索中国特色社会主义文化发展道路提供了重要参考。

除此之外，外部环境也会影响公司行为。营商环境是实现经济高质量发展的重要基础。营商环境能够激发市场主体活力，通过缓解融资约束、降低企业税负、改善内部控制以及强化外部监督，降低违规发生的概率，但不会增加违规被稽查的概率（吴世农、陈韫妍、王建勇，2023）。法治环境作为重要的外部治理机制，是企业平稳运行的重要保障。法治环境的改善能够抑制公司违规行为（胡海峰、白宗航、王爱萍，2022）。滕飞、辛宇和顾小龙（2016）探究了产品市场竞争对公司违规行为的影响，发现

49

公司所处行业的产品市场竞争提升了公司进行违规的动机，诱发了违规行为，加剧了公司违规倾向，降低了违规被稽查的可能，并且产品市场竞争对经营违规的诱发效果尤为显著。宏观经济政策也会对微观企业行为产生重要影响。经济政策的不确定性会使公司面临复杂的外部环境，影响公司生产经营决策。陆超和王宸（2022）发现，经济政策不确定性增加了公司违规的倾向与违规次数。

③公司违规的经济后果研究

上市公司违规存在着显著的地区同群效应（陆蓉、常维，2018），同一地区的上市公司违规行为增加了该地区其他公司发生违规行为的概率，在信息披露型违规的公司中更明显。蒋赛楠、杨柳勇和罗德明（2023）基于大股东联结的视角考察违规行为的溢出效应，发现关联公司的违规行为提高了股东联结公司的违规概率，尤其在非国有企业、享受政府补贴的企业以及市场化程度高的企业，这种溢出效应更显著。公司财务造假还会影响独立董事声誉。在公司出现财务欺诈诉讼之后，独立董事并未出现异常的离职情况，但他们在其他公司担任董事的职位显著减少。当公司欺诈指控更为严重以及独立董事在监督欺诈方面承担的责任更大时，这种董事职位减少的幅度更大（Fich and Shivdasani，2007）。这种董事职位减少与独立董事承担的声誉损失相一致。上市公司违规还会影响家庭参与股票市场的行为。被揭露的公司违规事件每增加1个标准差，家庭退出股票市场的可能性就会增加7个百分点。经历过的公司欺诈事件越多，家庭持有股票的比例越低。股权需求的减少可能会增加非欺诈公司的资本成本，削弱它们筹集股权的能力，从而对它们产生负外部性（Giannetti and Wang，2016）。Jiang，Zhang 和 Cheng（2024）利用上市公司违规数据库研究发现，即使与违规行为无关并带有积极情绪的新闻报道也会放大公司违规行为对股价的影响，尤其是在信息透明度低的公司更显著。

2.3.3　文献述评

通过对上述文献进行梳理，可以发现：

一方面，现有文献对证监会随机抽查的关注不足，缺少对随机抽查工作实施效果的考察。证监会随机抽查制度作为政府治理机制与市场监管制度相结合的重大创新，是加强事中事后监管的一项重要举措。但现有文献仅从股价崩盘风险（汶海等，2020）、会计信息质量（刘瑶瑶、路军伟、宁冲，2021）、上市公司规范运作（滕飞、夏雪、辛宇，2022）、审计师谨慎性（刘红霞、李继峥、马云飙，2022）以及对交易所和审计师的监管溢出效应（刘金洋、沈彦杰，2021）等角度考察了证监会随机抽查的经济后果。证监会随机抽查能够提升监管效能，降低企业寻租空间，以形成有效威慑，约束企业不规范行为，最终营造良好的营商环境。但尚未有文献检验随机抽查最直接的目的，即证监会随机抽查是否能够发现并遏制公司违规行为。

另一方面，现有文献围绕管理层特征（董事会结构特征、高管个人特征、监事会特征）与股权结构和激励的视角，以及外部监管者（新闻媒体、审计师、证券分析师、机构投资者）和相关政策、制度环境（正式制度与非正式制度）等方面探讨了对公司违规的影响，但较少从证券监管主体视角研究证监会监管执法活动对抑制公司违规的影响。证监会对上市公司进行随机抽查是在政府简政放权的背景下提升监管效能，创新事中事后监管方式的重要举措。并且，随机抽查所表现出的随机性的优点可以缓解实证研究中的内生性问题与样本选择偏误，更好地识别出证监会随机抽查对公司违规影响的因果效应，为准确评估证监会随机抽查监管效果提供了研究机会。

证监会随机抽查影响公司违规的实证检验

3.1 ——————问题的提出——————

　　传统监管方式可能存在随意检查、执法不公、执法不严等问题，这种带有主观性的选择性监管执法往往因其缺乏科学性而遭到质疑（戴治勇，2008）。近年来，政府逐渐深化"放管服"改革，创新市场监管方式。随机抽查制度作为政府治理机制与市场监管制度相结合的重大创新，是加强事中事后监管的一项重要举措。该制度是基于最优执法理论的科学设计，通过取代原有日常监管中的随意检查，形成常态化管理机制，既创新了市场监管方式，提高了监管效能，又保证了抽查对象选择的公平性，克服了检查的随意性。在资本市场领域，证监会积极落实国务院办公厅相关文件要求，及时制定《随机抽查事项清单》，按照5%的比例，每年随机抽取上市公司进行监管。自2016年实施以来，随机抽查制度的实施效果成为理论界和实务界所关心的问题。

　　通过梳理文献发现，现有研究对证监会随机抽查监管效果的关注明显不足。证监会在资本市场中对上市公司进行随机抽查的直接目的在于发现并找出公司治理以及信息披露等方面存在的问题，遏制公司违规行为。但现有文献尚未回答证监会随机抽查是否会抑制公司违规，因此，探究二者的关系具有重要的理论和现实意义。

上市公司违规现象突出，违规程度愈发严重。大量的违规行为不仅损害了公司价值，也影响了投资者信心，甚至影响到资本市场长远发展。防范公司违规是证券监管机构面临的主要任务。随机抽查制度作为证监会创新监管方式的新举措，能否抑制公司违规？这成为本章研究的核心内容。回答这一问题不仅在理论上丰富证监会随机抽查经济后果的研究，完善外部监管与公司合规行为的理论框架，而且在实践中对于了解证监会随机抽查的监管效果，防范公司违规行为具有重要的实践价值。有鉴于此，本章重点考察证监会随机抽查对公司违规的影响，以期在监管制度层面拓展抑制公司违规的相关文献。

3.2 ————————理论分析与研究假设————————

证监会随机抽查制度作为一项外部监管制度，有效提升了监管效能，对抑制公司违规发挥积极作用。理论上，证监会对上市公司进行随机抽查可在以下三个方面影响公司违规。第一，证监会随机抽查制度是基于最优执法理论的科学设计，避免选择性执法行为。通过随机检查上市公司，发挥威慑效应，提升公司违规被稽查的概率以及加大对违规的处罚力度，从而增加公司的违规成本。另外，根据违规的成本收益权衡模型分析，证监会随机抽查可以减少公司违规的预期收益，降低违规倾向。第二，证监会随机抽查工作能够吸引外部利益相关者的关注，公司任何微小的不合规行为都会被过度聚焦，增加了外部群体的监督作用。外部监管主体通过挖掘特质信息，能够为证券监管执法人员提供线索，可以提升随机抽查的监管效果。第三，根据舞弊三角理论分析，证监会随机抽查通过强化信息披露与改善公司内部治理水平降低公司的违规动机、减少违规机会，规避公司找合理化借口从事不规范行为，最终减少违规的发生。下面具体展开分析。

受限于执法资源的有限性，执法机构拥有一定的自由裁量权，对执法时间、执法对象与执法强度进行选择性执法（戴治勇、杨晓维，2006），表现为专项执法、集中整治以及对同一种违法情况表现出不同的执法方式。选择性执法因其灵活性而拥有存在的合理性，但缺点也不容忽视，往往因"选择性"导致权力寻租现象，违背了法律面前人人平等的原则（戴治勇，2008；李和中、刘孆毅，2015）。为避免选择性执法，随机抽查制度应运而生。随机抽查制度是基于最优执法理论的科学设计，既体现了合理执法，又实现了高效执法的目的。最优执法理论最早由Becker（1968）提出，该理论认为，如果执法部门对所有的违法行为均进行执法，则会导致执法成本远高于违法损害，但如果执法是随机的，按照执法概率的倒数相应提高违规惩罚，则可以在不影响执法效果的前提下降低执法成本（Becker，1968；Becker and Stigler，1974；Stigler，1970）。

随机抽查制度是最优执法理论的有效应用，证监会在开展随机抽查工作时，对上市公司违规监管发挥威慑作用。根据威慑效应理论（Becker，1968），假设违规者也是追求期望效用最大化的理性人，其效用大小由净收入（Y_i）决定，且假定收入的边际效用为正数。令违规公司被稽查概率为p_i，并按照f_i予以处罚（这种处罚包括但不限于警告、罚款或者没收非法所得等形式）。那么，违规公司的期望效用被定义为：

$$EU_i = p_i U(Y_i - f_i) + (1 - p_i)U(Y_i) \tag{3-1}$$

容易求出其一阶条件为：

$$\frac{\partial EU_i}{\partial p_i} = U(Y_i - f_i) - U(Y_i) < 0 \tag{3-2}$$

$$\frac{\partial EU_i}{\partial f_i} = -p_i U'(Y_i - f_i) < 0 \tag{3-3}$$

因此，由（3-2）式与（3-3）式可知，被稽查概率（p_i）以及处罚力度（f_i）的提升，均会导致违规公司的边际效用下降，从而减少公司的违规行为。

从上述理论模型发现，提升被稽查概率以及加大处罚力度都可以降低公司违规。

一是基于被稽查概率（p_i）的分析。第一，证监会对上市公司进行随机抽查要求各地证监局选派专业素质过硬、执法检查经验丰富的人员纳入抽检人员名录库，负责对上市公司进行现场检查，鉴于其较强的专业胜任力，能够对被抽查公司进行良好的监督、检查，提高违规被发现的概率。第二，证监会开展随机抽查工作会吸引外部监管主体的关注（包括但不限于媒体、机构投资者、审计师与证券分析师），他们不仅会对随机抽查工作进行全方位、多角度调查，还会深度挖掘被抽查公司以往的经营情况，以降低信息不对称程度，促使公司披露更多的信息，从而提高违规被发现的概率。

二是基于处罚力度（f_i）的分析。证监会通过随机抽查发现被检查公司出现违规行为后，除了进行传统的处罚（如批评、谴责、警告、罚款或者没收非法所得）外，更重要的是将抽查结果公开并与社会信用体系挂钩。各地证监局会及时将抽查情况和抽查结果向社会公布，如果在随机抽查过程中发现违法违规行为，则会加大惩罚力度并记入市场主体诚信档案，从而将随机抽查结果与社会信用体系相衔接，形成有效震慑，最终达到"让曾经发生违规的公司不再违规，让尚未违规的公司不敢违规"的目的。

与传统监管方式相比，证监会随机抽查的优势在于执法检查的随机性，这种随机性所表现出的威慑效应还体现在随机抽取的形式上。一方面，抽查对象与抽检人员随机确定。抽查对象与执法检查人员的选择是通过计算机摇号方式，分别在上市公司主体名录库和抽检人员名录库中产生，这一过程完全随机。既避免了证监会监管部门的选择性执法，提高监管的威慑效力，也阻止了企业贿赂执法人员，降低寻租交易空间。另一方面，对被抽中公司进行现场检查。在各地证监局开展随机抽查工作之前，上市公司既不知道是否会被列为抽查对象，也不知道由谁检查，只能遵守相关规章制度，正常生产经营。对于被抽中的上市公司，各地证监局将围绕公司治理以及信息披露等情况进行现场检查，一旦发现问题，就会出具责令改正报告，要求上市公司整改。

违规行为是公司进行成本收益权衡后做出的决策，因此，公司违规（Z）取决于违规成本（c）与违规收益（b）的大小。根据 Correia（2009）提出的违规收益与成本模型，假设公司违规收益包括公司通过违规所获得的额外收入（EA）和通过违规所避免的损失（AL）决定，违规成本取决于违规稽查概率（p）和稽查后的损失（f），这种损失包括但不限于监管机构的处罚金额以及违规被通报后股价下跌所带来的损失。即：

$$Z = b - c$$
$$= (EA + AL) - p \times f \tag{3-4}$$

模型（3-4）中，一旦 $b>c$，公司便会做出违规的决策，产生违规行为。前面的分析已经表明随机抽查增加了公司违规稽查概率与稽查后的损失，导致违规成本上升，下面分析随机抽查对违规收益的影响。

已有研究表明，证监会随机抽查降低了公司的应计盈余管理与真实盈余管理，显著改善了会计信息质量（刘瑶瑶、路军伟、宁冲，2021），有助于投资者对公司正确估值，有效降低了公司通过违规在资本市场中所获得的额外收入（*EA*）。另外，各地证监局通过对被抽查公司进行现场检查，强化公司治理，能够降低公司通过违规掩盖投资决策失败或经营亏损所导致的违规收益，导致 *AL* 趋于 0。公司违规收益的下降与违规成本的上升，最终抑制违规的发生。

证监会随机抽查工作在具体执行过程中会引发社会各界的广泛关注，增加外部群体参与治理的监督力度。通过挖掘公司的特质信息，可以为随机检查执法人员提供证据，增强随机抽查的监管效果。首先，随机抽查工作会引起投资者的关注。投资者作为资本市场中的重要参与者，会对随机抽查对象的公告表现出关心。很多投资者在股吧、e互动等平台对随机抽查结果与现场检查结果表示关心。投资者对被抽查对象的关注度越高，越有动机搜集额外信息，越有可能挖掘到公司隐藏负面消息的行为，降低与公司之间的信息不对称程度。基于投资者关系管理，公司会提升信息披露的水平与质量，减少违规操纵行为（汤晓冬、陈少华，2021）。另外，机构投资者作为重要的外部监督主体，也会对随机抽查对象表现出高度关注。凭借其高度的独立性、较高的专业水平与丰富的职业经验，机构投资者能够在实地调研过程中，挖掘与解读公司在生产经营过程中的各种信息，提升信息透明度，约束管理者和大股东的机会主义行为，发挥较好的外部治理作用，抑制公司违规的发生。其次，随机抽查工作会引起媒体的关注。媒体为追逐热点，迎合公众需求，在随机抽查制度出台的时候进行了全方位、综合性报道。媒体深入挖掘被抽查对象在生产经营过程中存在的一些高风险事项，既能够提高新闻阅读量，实现自身效用最大化，又能够为监管机构在现场检查过程中提供参考，及时发现公司不当行为。媒体关注可以在监管部门介入前对公司业绩预告违规进行揭露，既提高了监管机构对公司违规进行处罚的可能性，也降低了公司后续违规的概率（李培功、沈艺峰，2010；黄晓蓓、郑建明，2015）。再次，被抽查对象的公布还会引起审计师的关注。随机抽查引发的外部关注会提升审计师的风险感知，在市场整体关注水平较高的情况下，一旦审计失败，就会导致审计师声誉受损、舆论压力倍增。为了降低审计失败导致的诉讼风险，审计师会收取更高的审计费用作为补偿（刘金洋、沈彦杰，2021）。同时，审计师也会加强对被抽查对象的关注度，对被检查对象更加谨慎，出具更负面的审计意见，以避免审计失败带来的不利影响（刘红霞、李继峥、马云飙，2022）。最后，随机抽查对象的公布还会引发证券分析师的关注。分析师通常具有较强的财务金融专业背景，在搜集整理公司相关经营信息的过程中，更有可能发现公司的异常行为。为此，受到分析师的关注程度越高，其违规行为被监管机构发现的可能性越大（肖奇、沈华玉，2017）。

舞弊三角理论认为，公司违规离不开动机、机会与自我合理化三个要素，三者相辅相成，缺一不可（Cressey，1950）。证监会随机抽查作为外部监管机制能够降低公司的违规动机、减少违规机会，规避企业找合理化借口从事不当的生产经营行为，从而抑制公司违规。首先，从违规动机来看，如果公司违规能够带来诱人的违规收益，那么违规动机的产生在所难免。证监会随机抽查在事前按照5%的比例随机抽取上市公司，对违规具有一定的威慑作用，一旦发现被抽查公司存在违规行为，就会进行严厉处罚，将抽查结果纳入社会信用记录。朱沛华（2020）发现，负面声誉的出现缩减了企业融资规模，且负面事件的冲击具有长期效应。证监会随机抽查提升了公司的违规成本，在权衡违规收益与违规成本后，公司会降低违规动机。其次，从违规机会来看，内部控制存在缺陷、公司治理不完善以及外部监管不到位等因素都为公司违规提供了机会。随机抽查工作在预防公司财务造假行为中发挥监督作用，在外部监管层面减少了违规机会，公司难以将违规动机转化为违规事实。最后，从合理化视角来看，证监会开展随机抽查工作，主要是对信息披露、公司治理等规范运作情况进行监督检查，通过发布整改意见，责令上市公司落实整改措施。完善的内部控制与公司治理让企业很难找到合理化借口实施违规（周泽将、马静、胡刘芬，2019）。有鉴于此，基于舞弊三角理论分析表明，证监会随机抽查可以减少违规倾向，减少违规行为的发生。

综合上述分析可知，在执法资源有限的情况下，证监会随机抽查工作是对传统选择性监管执法的一种创新，在执法者不开展全面执法的情况下，就可以达到威慑的效果，既提升了监管效率，增加公司违规的成本，又降低了公司通过违规获取的额外收入。随机抽查工作还会引发外部利益相关者的广泛关注，通过挖掘与公司有关的特质信息，为随机抽查人员提供线索，从而增强随机抽查的监管效果。另外，证监会随机抽查可以降低公司的违规动机与机会，通过强化信息披露与公司治理等措施，规避公司的合理化借口，最终抑制违规行为。基于上述分析，提出如下研究假设：

H3-1：证监会随机抽查能够抑制公司违规。

3.3 ———————研究设计———————

3.3.1 样本选择与数据来源

选取2011—2020年沪深两市A股上市公司作为初始研究样本。由于随机抽查制度最早从2016年开始实施，将2011年作为起始年，可保证样本的平衡性。样本结束期选择2020年主要是因为：第一，2021年年初，证监会修订了《随机抽查事项清单》相关内容，若包含后续年份，则可能会增加不确定因素，不能保证抽查政策的一致性与稳定性。第二，已有研究表明，公司违规从动机转变为行为，再到被稽查出来，往往需要2~3年的时间，选择最新年份可能出现遗漏样本的问题，最终将样本结束期确定为2020年。进一步依据如下原则进行样本筛选：（1）剔除金融保险类公司；（2）剔除ST、*ST类公司；（3）剔除变量含有缺失值的样本观测值。为避免离群值的影响，对所有连续型变量进行上、下1%的缩尾处理。证监会随机抽查数据来自中国证券监督管理委员会下设的各个派出机构子网站，通过逐一查找每个派出机构每年度随机抽查现场检查公司公告，手工整理得到。公司违规及其他财务数据、公司治理相关数据均来源于CSMAR数据库。

3.3.2 模型构建与变量定义

证监会随机抽查制度自2016年实施以来，每年以5%的比例随机抽取上市公司，由于抽查对象进入处理组的时间不同，无法通过设置传统的DID模型考察证监会随机抽查工作的效果。因此，借鉴Beck，Levine和Levkov（2010）的做法，构造多期双重差分模型，研究证监会随机抽查对公司违规的净影响，具体模型设置如下。

$$Violation_{i,t} = \alpha_0 + \alpha_1 Treat_{i,t} + \alpha_i Controls + \mu_i + \tau_t + \varepsilon_{i,t} \tag{3-5}$$

模型（3-5）中，被解释变量为公司违规（*Violation*），借鉴陈冬华等（2013）以及周泽将、马静和胡刘芬（2019）的做法，用两个变量衡量。其一，公司是否违规（*Fraud*）哑变量。具体定义方式是如果公司当年涉嫌违规，则赋值为1，否则为0。主要是通过对被处罚公司进行追溯的方法，将监管机构查处的违规公司所涉及的年份定义为违规年份，以此来判断公司当年是否违规。其二，公司违规严重程度（*Degree*）。该变量为排序变量，如果公司当年不存在违规行为，定义为0，即没有违规；如果公司处罚类型为"其他"，定义为1，即违规程度较轻；处罚类型为"批评或者谴责"，定义为2，即违规程度较重；处罚类型为"警告、罚款或者没收非法所得"，定义为3，即违规程度严重。如果公司在一年内受到多种处罚，则取最严重的处罚类型进行赋值。需要说明的是，当被解释变量为是否违规时，其特征为二值选择变量，采用Logit固定效应模型进行实证检验；当被解释变量为违规严重程度时，由于其为计数变量，采用Poisson固定效应模型回归。

Treat$_{i,t}$为公司i在第t年是否被证监会随机抽查的虚拟变量，若公司i在第t年被随机抽中，则公司i在被证监会抽查的当年及以后年份定义为1，否则为0。其系数α_1是研究关注的重点，该值反映了证监会随机抽查对公司违规影响的净效应。如果α_1显著为负，表明证监会随机抽查能够抑制公司违规，假设H3-1成立。

模型中*Controls*为一系列控制变量，参照陆瑶、朱玉杰和胡晓元

59

（2012）以及孟庆斌、邹洋和侯德帅（2019）的做法，分别控制了公司规模（Size）、资产负债率（Lev）、成长能力（Growth）、资产收益率（Roa）、产权性质（SOE）、股权集中度（Top1）、两职合一（Dual）、董事会规模（Boardsize）、独立董事比例（Independ）、是否曾经违规（Vio_before）、股票换手率（Turnover）、股票波动率（Volatility）。此外，模型中还控制了公司固定效应（μ_i）和年度固定效应（τ_t），以排除公司层面以及时间维度对公司违规的影响。模型中所涉及的具体变量定义详见表3-1。

表3-1   变量定义

变量符号	变量名称	变量定义
Fraud	公司是否违规	公司当年发生违规取1，否则为0
Degree	公司违规严重程度	根据监管机构处罚方式，定义不存在违规、违规程度较轻、较重、严重四种情形，分别赋值为0、1、2、3
Treat	证监会随机抽查的虚拟变量	被证监会抽查当年及以后年份定义为1，否则定义为0
Size	公司规模	期末总资产的自然对数
Lev	资产负债率	期末总负债/期末总资产
Growth	成长能力	营业收入增长率
Roa	资产收益率	期末净利润/期末总资产
SOE	产权性质	国有企业取值为1，非国有企业取值为0
Top1	股权集中度	第一大股东持股比例
Dual	两职合一	董事长与总经理两职兼任为1，否则为0
Boardsize	董事会规模	董事会人数取自然对数
Independ	独立董事比例	独立董事人数/董事会人数
Vio_before	是否曾经违规	公司往年曾经违规取值为1，否则取值为0
Turnover	股票换手率	公司当年流通股的年换手率
Volatility	股票波动率	公司当年股票日收益率的标准差
μ_i	公司	公司固定效应
τ_t	年度	年度固定效应

3.4 ——————实证结果与分析——————

3.4.1 描述性统计

表 3-2 是证监会实施随机抽查工作稽查公司违规效果的描述性统计情况。

表3-2　　　　证监会随机检查公司违规效果的描述性统计表

年份	上市公司数 ①	随机抽查数 ②	随机抽查占比 ②/①	公司违规数 ③	证监会稽查违规数 ④	证监会稽查违规占比 ④/③	随机检查出的违规数 ⑤	随机检查违规数占当年抽查数之比 ⑤/②	随机检查违规数占证监会稽查违规数之比 ⑤/④	随机检查违规数占违规总数之比 ⑤/③
2016	2 496	118	4.73%	491	225	45.82%	37	31.36%	16.44%	7.54%
2017	2 695	138	5.12%	487	222	45.59%	43	31.16%	19.37%	8.83%
2018	3 116	168	5.39%	523	232	44.36%	64	38.10%	27.59%	12.24%
2019	3 222	171	5.31%	405	181	44.69%	65	38.01%	35.91%	16.05%
2020	3 378	174	5.15%	188[a]	86[a]	45.74%	73	41.95%	84.88%[a]	38.83%[a]

注：公司违规从发生到被稽查往往需要一段时间，因此，在样本统计期内可能还尚未完全查出2020年的全部违规情况，表现出2020年公司违规数较少，导致相关比例的计算缺乏可比性。所以，要谨慎分析上表中2020年标有字母a的相关数据。

一方面，基于横向观察可以看出，在研究样本中，2016年共有2 496家上市公司，证监会随机对其中118家公司进行抽查，随机抽查占比为4.73%。当年样本中发生违规的公司共有491家，其中，被证监会监管部门稽查的公司违规数为225家，占被发现违规总数的45.82%。在证监会众多的检查方案中，随机抽查方式共检查出37家公司发生违规。这说明：第一，就随机抽查工作本身而言，对上市公司进行随机现场检查能够发现31.36%的公司发生违规。第二，在证监会相关监管制度中，随机抽查工作能够发现16.44%的公司违规。第三，在各部门（财政部、证监会、交易所等）对上市公司的联合监管检查方式中，证监会随机抽查工作能稽查当年违规总数的7.54%。上述分析表明，证监会随机抽查工作的效果较为明显，稽查违规的效果较好。需要说明的是，上述分析仅以2016年为例进行横向分析，2017—2020年的情况与2016年的数据分析一致，此处不再赘述。

另一方面，基于纵向分析有如下发现。首先，近年来上市公司数量在逐年增加，与之保持同步上升趋势的是证监会随机抽查的公司数量，随机抽查比例（证监会随机抽查数与上市公司总数之比）基本稳定在5%左右，与《随机抽查事项清单》中所要求的抽查比例保持一致。据样本数据可知，截至2020年，证监会共抽查769家（118+138+168+171+174）上市公司，随机抽查累计占比为25.70%（4.73%+5.12%+5.39%+5.31%+5.15%），说明大约有四分之一的上市公司被证监会随机抽查。其次，近年来，公司违规数量表现出波动下降的趋势，其中，较多数由证监会检查出来，证监会稽查占比在45%左右，这一比例相对较高。最后，随机抽查现场检查发现的违规数逐年增加，表明随机抽查制度表现出较好的稽查效果，具体表现在以下三点。第一，基于抽查工作本身而言，在当年抽查总数中，约有30%~40%的抽查频率能够发现当年的公司违规。第二，在证监会各种稽查措施中，随机抽查工作最多能够发现近36%的公司存在违规，说明在证监会众多的监管措施中，随机抽查监管具有良好的效果。第三，在各部门对上市公司联合检查的过程中，证监会随机抽查的制度效果明显，由2016年稽查出7.54%的公司违规逐渐增加到2019年的16.05%。

总之，无论是横向分析还是纵向比较都会发现，在随机抽查现场检查、证监会所有监管措施以及各监管部门对上市公司的联合检查中，证监会随机抽查工作对公司违规表现出较强的稽查效果。

表3-3为模型（3-5）中各变量的描述性统计表。观察发现，在研究样本中，共计包含25 430个公司-年度观测值，公司是否违规变量（*Fraud*）的平均值为0.153，说明平均有15.3%的上市公司存在违规。其最小值为0，最大值为1，中位数为0，表明上市公司中未违规的公司占大多数，结合标准差为0.360可知，各公司的违规情况存在一定的波动性。公司违规严重程度变量（*Degree*）的最大值为3，最小值为0，标准差为0.585，表明上市公司违规程度差异较大。其中位数为0，可知仅有部分上

市公司违规较严重。再结合其均值 0.219 可知，绝大多数公司违规程度较轻。表 3-3 还列示了其余变量的描述性统计情况，可以看出这些变量的描述性统计结果均在合理的范围内，其分布特征符合预期，此处不再赘述。

表3-3　　　　　　　　　　　**描述性统计表**

变量名	观测值	平均值	标准差	最小值	中位数	最大值
Fraud	25 430	0.153	0.360	0.000	0.000	1.000
Degree	25 430	0.219	0.585	0.000	0.000	3.000
Treat	25 430	0.085	0.279	0.000	0.000	1.000
Size	25 430	22.218	1.292	19.776	22.044	26.207
Lev	25 430	0.433	0.210	0.055	0.424	0.937
Growth	25 430	0.172	0.455	−0.594	0.099	3.043
Roa	25 430	0.035	0.065	−0.308	0.035	0.195
SOE	25 430	0.373	0.484	0.000	0.000	1.000
Top1	25 430	0.343	0.148	0.085	0.321	0.745
Dual	25 430	0.269	0.443	0.000	0.000	1.000
Boardsize	25 430	2.130	0.199	1.609	2.197	2.708
Independ	25 430	0.375	0.053	0.333	0.357	0.571
Vio_before	25 430	0.275	0.446	0.000	0.000	1.000
Turnover	25 430	5.106	3.935	0.473	3.943	20.232
Volatility	25 430	0.455	0.125	0.221	0.435	0.819

3.4.2　相关性分析

各变量间的相关系数表详见表 3-4。其中，左下角为各变量间的 Pearson 相关系数，对角线右上角为各变量间的 Spearman 相关系数。可以看出，衡量公司违规情况的两个指标——公司是否违规（*Fraud*）和公司违规严重程度（*Degree*）——之间的 Pearson 和 Spearman 相关系数分别为 0.865、0.987，均在 1% 的水平上显著，表明这两个指标具有高度相关性，能够很好地衡量公司违规情况。证监会随机抽查变量（*Treat*）与上述两个公司违规指标之间的 Pearson 和 Spearman 相关系数不显著，但这仅为变量间的相关性，并非真正的因果效应，其真实影响还需要加入控制变量进行实证检验。其余变量之间的相关系数值基本在 0.5 以下，初步表明模型中不存在严重的共线性问题。

表3-4

相关系数表

	Fraud	Degree	Treat	Size	Lev	Growth	Roa	SOE	Top1	Dual	Boardsize	Independ	Vio_before	Turnover	Volatility
Fraud	1	0.865***	0.014	-0.020**	0.052***	-0.010	-0.112***	-0.045***	-0.048***	0.027***	0.001	-0.003	0.562***	0.031***	0.046***
Degree	0.865***	1	0.013	-0.022***	0.058***	-0.020**	-0.125***	-0.049***	-0.057***	0.027***	-0.001	-0.003	0.557***	0.033***	0.047***
Treat	0.014	0.004	1	0.100***	0.025***	-0.063***	-0.046***	-0.018**	-0.044***	0.010	-0.015*	-0.003	0.088***	-0.011	-0.022**
Size	-0.032***	-0.039***	0.095***	1	0.455***	0.055***	-0.022**	0.256***	0.106***	-0.134***	0.237***	-0.040***	0.023***	-0.291***	-0.193***
Lev	0.055***	0.071***	0.023***	0.467***	1	-0.036***	-0.383***	0.280***	0.044***	-0.108***	0.173***	-0.038***	0.091***	-0.147***	-0.082***
Growth	0.013	0.003	-0.033***	0.035***	0.003	1	0.352***	-0.086***	0.011	0.036***	0.007	-0.013	-0.031***	-0.018***	0.047***
Roa	-0.120***	-0.151***	-0.068***	0.053***	-0.325***	0.227***	1	-0.058***	0.092***	0.042***	-0.007	-0.015*	-0.133***	-0.053***	-0.025***
SOE	-0.045***	-0.052***	-0.018**	0.265***	0.281***	-0.058***	-0.058***	1	0.173***	-0.263***	0.247***	-0.086***	-0.021***	-0.149***	-0.129***
Top1	-0.046***	-0.067***	-0.040***	0.144***	0.049***	0.010	0.118***	0.179***	1	-0.014	0.007	0.002	-0.071***	-0.161***	-0.081***
Dual	0.027***	0.027***	0.010	-0.125***	-0.108***	0.011	0.014	-0.263***	-0.023***	1	-0.179***	0.123***	0.005	0.087***	0.067***
Boardsize	0.001	-0.006	-0.015*	0.260***	0.176***	-0.018***	0.038***	0.258***	0.020**	-0.169***	1	-0.600***	-0.009	-0.120***	-0.117***
Independ	-0.003	-0.004	-0.005	-0.020***	-0.037***	-0.005	-0.018***	-0.085***	0.006	0.125***	-0.550***	1	0.011	0.022***	0.042***
Vio_before	0.562***	0.493***	0.088***	0.006	0.095***	-0.004	-0.135***	-0.021***	-0.065***	0.005	-0.006	0.005	1	0.021**	0.033***
Turnover	0.025***	0.034***	-0.005	-0.264***	-0.137***	-0.003	-0.049***	-0.141***	-0.129***	0.084***	-0.117***	0.033***	0.014	1	0.505***
Volatility	0.053***	0.056***	-0.037***	-0.189***	-0.081***	0.100***	-0.026***	-0.125***	-0.075***	0.065***	-0.113***	0.035***	0.028***	0.505***	1

注：对角线左下角为变量间的Pearson相关系数，右上角为各变量间的Spearman相关系数，***、**、*分别表示1%、5%、10%的显著性水平。

3.4.3 基本回归结果

（1）单变量检验

表3-5列示了被检查对象在各地证监局随机抽查前后的公司违规情况的组间差异。借鉴徐细雄、占恒和李万利（2021）的研究方法，为了准确比较组间差异的有效性，选择各地证监局公布的随机抽查对象在正式抽查前后的样本进行组间差异比较。据表3-5可知，在随机抽查前，公司是否违规（*Fraud*）的均值为0.225，表明平均有22.5%的公司违规，而抽查制度实施后，公司违规的平均概率下降为18.2%，且二者在1%的水平上存在显著差异。另外，从公司违规严重程度（*Degree*）来看，随机抽查前，被抽查对象的平均违规严重程度为0.309，而在随机抽查后，被抽查对象的平均违规严重程度在1%的水平上显著下降，下降幅度为0.059。上述结果初步表明，证监会随机抽查对公司违规具有一定的抑制作用。

表3-5　　被检查对象在随机抽查前后公司违规情况的组间差异表

变量	随机抽查前		随机抽查后		均值差异
	样本量	均值	样本量	均值	
Fraud	4 230	0.225	2 156	0.182	0.043***
Degree	4 230	0.309	2 156	0.250	0.059***

注：***、**、*分别表示1%、5%、10%的显著性水平。

（2）回归结果分析

表3-6为证监会随机抽查对公司违规影响的实证结果。其中，第（1）~（2）列的被解释变量分别为公司是否违规（*Fraud*）、公司违规严重程度（*Degree*），解释变量为证监会随机抽查的虚拟变量（*Treat*）。回归结果显示，*Treat*的估计系数均在1%的水平上与是否违规、违规严重程度显著负相关，系数分别为-0.469、-0.217，z值分别为-4.21、-3.17，实证结果支持了假设H3-1，即证监会随机抽查发挥了积极作用，提升了监管效率，震慑了公司违规行为，导致公司违规的动机与机会减少，最终表现为公司违规减少，违规严重程度下降。

此外，控制变量与公司违规之间也表现出一定的关系，如资产收益率

（*Roa*）在1%的水平上与公司是否违规、违规严重程度均显著负相关，表明公司的盈利能力越强，生产经营状况越好，自身发展前景越光明，公司进行违规的可能性降低，越不可能发生违规行为。两职合一（*Dual*）的系数在5%的水平上显著为正，表明董事长与总经理兼任会弱化董事会对经理层的监管效果，很有可能增加公司的违规动机，为实施违规行为提供便利，同时也加大了违规严重程度。公司是否曾经违规（*Vio_before*）的系数为3.488、2.953，均在1%的水平上与公司是否违规、违规严重程度显著正相关，说明曾经发生过违规行为的公司有可能存在侥幸心理，继续违规，且违规严重程度加大。股票换手率（*Turnover*）的高低，代表市场对公司的关注度不同，诉讼风险存在差异（陆瑶、李茶，2016），该变量至少在5%的水平上与公司是否违规以及违规严重程度显著正相关，说明股票换手率越高，越被认为是异常状态，公司的违规风险增加。其余控制变量如公司规模（*Size*）与公司是否违规显著负相关，表明公司规模越大，受到的公众关注越多，公司的内部治理水平与信息披露质量越高，越不容易进行公司违规。公司成长能力（*Growth*）、股权集中度（*Top*1）与公司是否违规显著正相关，表明成长能力越强以及第一大股东持股比例越高的公司，出现违规的可能性越大。上述控制变量的回归结果与李文贵和邵毅平（2022）以及陆瑶和胡江燕（2016）的研究结果基本一致。

表3-6　　　　　　证监会随机抽查对公司违规影响的回归结果

	（1）	（2）
	Fraud	*Degree*
Treat	−0.469***	−0.217***
	（−4.21）	（−3.17）
Size	−0.268***	−0.031
	（−4.68）	（−0.95）
Lev	−0.229	−0.053
	（−0.94）	（−0.40）
Growth	0.131**	0.034
	（2.52）	（1.24）

	（1）	（2）
	Fraud	*Degree*
Roa	−1.766***	−1.031***
	（−4.20）	（−4.78）
SOE	0.038	−0.103
	（0.22）	（−1.01）
*Top*1	0.927**	0.329
	（2.18）	（1.31）
Dual	0.183**	0.113**
	（2.09）	（2.32）
Boardsize	1.246***	0.893***
	（3.97）	（5.00）
Independ	0.569	0.855
	（0.60）	（1.55）
Vio_before	3.488***	2.953***
	（39.33）	（41.26）
Turnover	0.022**	0.019***
	（2.23）	（3.35）
Volatility	0.272	−0.138
	（0.69）	（−0.62）
Firm FE	Yes	Yes
Year FE	Yes	Yes
N	13 308	13 308
Chi²	3 521.459	1 913.481
Pseudo R²	0.345	

　　注：***、**、*分别表示1%、5%、10%的显著性水平。括号内为参数估计量的z值。Poisson固定效应模型不报告伪R²，下同。模型中参与回归的样本与原始样本观测值不一致，主要原因在于模型（3-5）中被解释变量不存在组内变动差异，如一家公司是否违规变量（*Fraud*）在样本期间内全为0或全为1，则无法参与Logit固定效应回归，从而自动删除了一些观测值，最终导致样本回归数量减少，这一点与邹洋等（2019）的说明一致。

3.5 ——————————— 稳健性检验 ———————————

3.5.1 平行趋势检验

采用多期双重差分法对模型估计的前提需要满足平行趋势假定，即处理组和控制组在证监会随机抽查之前的各年度趋势应该保持一致。为此，通过动态效应检验主模型是否满足平行趋势。具体地，先根据抽查时间构造七个虚拟变量，即抽查前四年、抽查前三年、抽查前两年、抽查前一年、抽查当年、抽查后一年、抽查后两年，再将这七个变量与处理组变量构造交乘项，分别为 $Before\_-4$、$Before\_-3$、$Before\_-2$、$Before\_-1$、$Current\_0$、$After\_1$、$After\_2$，替换模型（3-5）中 $Treat$ 变量进行回归。据表3-7可知，在证监会随机抽查之前，仅 $Before\_-3$ 与 $Degree$ 之间存在显著的负相关关系，其余变量与公司违规间均不存在显著关系。总体而言，在随机抽查前，处理组与控制组公司违规情况基本不存在显著差异。而在随机抽查工作实施当年及之后一年，$Current\_0$、$After\_1$ 的系数均在1%的水平上显著为负。总之，上述结果基本可以说明多期双重差分模型满足平行趋势假设。

表3-7 平行趋势检验

	(1)	(2)
	Fraud	*Degree*
Before_−4	−0.204	−0.102
	(−1.43)	(−1.30)
Before_−3	−0.179	−0.181**
	(−1.28)	(−2.30)
Before_−2	−0.012	−0.115
	(−0.09)	(−1.48)

	（1）	（2）
	Fraud	*Degree*
Before_−1	−0.186	−0.129
	（−1.27）	（−1.59）
Current_0	−0.603***	−0.274***
	（−4.49）	（−3.56）
After_1	−1.198***	−0.574***
	（−6.45）	（−5.11）
After_2	−0.121	−0.225
	（−0.58）	（−1.61）
Size	−0.234***	−0.008
	（−4.02）	（−0.26）
Lev	−0.239	−0.060
	（−0.97）	（−0.45）
Growth	0.123**	0.031
	（2.36）	（1.12）
Roa	−1.882***	−1.073***
	（−4.42）	（−4.95）
SOE	0.029	−0.104
	（0.16）	（−1.01）
*Top*1	0.831*	0.252
	（1.94）	（1.00）
Dual	0.181**	0.111**
	（2.06）	（2.27）
Boardsize	1.160***	0.845***
	（3.68）	（4.72）

	（1）	（2）
	Fraud	*Degree*
Independ	0.351	0.742
	（0.37）	（1.34）
Vio_before	3.513***	2.962***
	（39.31）	（41.33）
Turnover	0.023**	0.018***
	（2.37）	（3.18）
Volatility	0.320	−0.065
	（0.81）	（−0.29）
Firm FE	Yes	Yes
Year FE	Yes	Yes
N	13 308	13 308
Chi^2	3 620.405	1 966.179
Pseudo R^2	0.355	

注：***、**、*分别表示1%、5%、10%的显著性水平。括号内为参数估计量的z值。

为了进一步验证处理组和控制组样本在证监会随机抽查工作实施之前具有平行趋势，参考陈胜蓝和马慧（2017）以及徐细雄、占恒和李万利（2021）的做法，选取随机抽查工作实施之前（即2016年以前）的数据作为新的研究样本进行回归分析。具体地，检验后续被纳入处理组以及未被随机抽查的控制组之间，公司违规是否存在显著差异。根据表3-8的实证结果可知，*Treat_new* 的系数均不显著，这表明在证监会随机抽查工作实施之前，处理组与控制组公司违规情况不存在显著差异。结果再次说明，研究样本满足使用双重差分模型进行实证检验的平行趋势假设前提。

表3-8   进一步检验平行趋势

	（1）	（2）
	Fraud	*Degree*
Treat_new	0.038	−0.001
	（0.48）	（−0.02）
Size	−0.000	−0.047**
	（−0.01）	（−2.07）
Lev	−0.270	0.128
	（−1.25）	（1.12）
Growth	0.073	0.010
	（1.00）	（0.25）
Roa	−1.812***	−1.254***
	（−2.71）	（−3.85）
SOE	−0.147*	−0.148***
	（−1.65）	（−3.01）
*Top*1	−0.095	−0.278*
	（−0.36）	（−1.86）
Dual	0.194**	0.072
	（2.24）	（1.54）
Boardsize	0.277	0.163
	（1.19）	（1.29）
Independ	−0.136	−0.177
	（−0.17）	（−0.40）
Vio_before	3.925***	2.912***
	（36.47）	（35.14）
Turnover	0.030**	0.011
	（2.38）	（1.63）

	（1）	（2）
	Fraud	*Degree*
Volatility	−0.442	−0.189
	（−0.85）	（−0.66）
Constant	−2.672**	−1.760***
	（−2.57）	（−3.09）
Industry FE	Yes	Yes
Year FE	Yes	Yes
N	6 111	6 111
Chi²	2 742.086	2 901.504
Pseudo R²	0.373	0.270

注：***、**、*分别表示1%、5%、10%的显著性水平。括号内为参数估计量的z值。另外，需要说明的是，此处采用的是控制行业、年度的固定效应回归，若控制公司固定效应则会导致主要解释变量共线，无法显示回归结果。

3.5.2 安慰剂检验

上述研究结论表明，证监会开展随机抽查工作能够抑制公司违规，但这一发现可能会受到同时期其他政策、制度等因素的影响。为此，将抽查对象被各地证监局随机抽查的时间统一提前一年，设定变量 *Treat_1*，替代模型（3-5）中 *Treat* 变量，重新回归。实证结果见表3-9第（1）~（2）列，发现 *Treat_1* 的系数不显著异于0，说明假设的随机抽查制度实施时间不能显著影响公司是否违规与违规严重程度，即研究发现，不可能是由证监会随机抽查制度以外的其他因素所致，从而通过了安慰剂检验。另外，再将抽查对象被各地证监局随机抽查的时间统一提前两年，设定变量 *Treat_2*，可知，在（3）~（4）列中该系数为负，但不显著，说明样本期间内除随机抽查制度以外的其他相关因素不会对公司违规情况产生影响，即通过安慰剂检验。

表3-9 安慰剂检验

	（1）	（2）	（3）	（4）
	Fraud	*Degree*	*Fraud*	*Degree*
*Treat_*1	−0.009	−0.003		
	（−0.09）	（−0.04）		
*Treat_*2			−0.006	−0.074
			（−0.06）	（−1.14）
Size	−0.303***	−0.043	−0.303***	−0.037
	（−5.28）	（−1.31）	（−5.28）	（−1.15）
Lev	−0.212	−0.041	−0.211	−0.050
	（−0.87）	（−0.31）	（−0.87）	（−0.38）
Growth	0.140***	0.034	0.140***	0.034
	（2.69）	（1.25）	（2.69）	（1.23）
Roa	−1.681***	−1.002***	−1.681***	−1.010***
	（−4.01）	（−4.65）	（−4.01）	（−4.69）
SOE	0.026	−0.113	0.026	−0.106
	（0.15）	（−1.10）	（0.15）	（−1.03）
*Top*1	1.062**	0.394	1.063**	0.369
	（2.50）	（1.57）	（2.50）	（1.47）
Dual	0.192**	0.115**	0.192**	0.115**
	（2.20）	（2.36）	（2.20）	（2.35）
Boardsize	1.280***	0.904***	1.280***	0.900***
	（4.09）	（5.07）	（4.09）	（5.04）
Independ	0.549	0.849	0.548	0.856
	（0.58）	（1.54）	（0.58）	（1.55）
Vio_before	3.464***	2.944***	3.464***	2.947***
	（39.17）	（41.18）	（39.16）	（41.21）

续表

	（1）	（2）	（3）	（4）
	Fraud	*Degree*	*Fraud*	*Degree*
Turnover	0.020**	0.018***	0.020**	0.018***
	（2.04）	（3.17）	（2.03）	（3.21）
Volatility	0.214	−0.141	0.213	−0.144
	（0.54）	（−0.64）	（0.54）	（−0.65）
Firm FE	Yes	Yes	Yes	Yes
Year FE	Yes	Yes	Yes	Yes
N	13 308	13 308	13 308	13 308
Chi²	3 503.605	1 905.045	3 503.601	1 906.410
Pseudo R²	0.344		0.344	

注：***、**、*分别表示1%、5%、10%的显著性水平。括号内为参数估计量的z值。

— 74 —

3.5.3 改变公司违规变量的衡量方式

公司违规除了可以用是否违规以及违规严重程度衡量外，还可以用违规次数作为衡量指标。为此，借鉴杜兴强和张颖（2021），江新峰、张敦力和李欢（2020）以及孟庆斌、李昕宇和蔡欣园（2018）的做法，采用公司当年被证监会及其分支机构以及证券交易所等证券监管部门所查处的违规总次数（*Vio_Fre*）衡量违规情况，该变量为离散型变量。同时，也采用连续型变量衡量违规频率（*lnViofre*），具体做法为将违规次数加1后再取自然对数。用上述两个新变量替换模型（3-5）中的被解释变量重新回归，实证结果列于表3-10。其中，第（1）列是被解释变量为违规总次数（*Vio_Fre*）的回归结果，发现 *Treat* 的估计系数为−0.159，z值为−2.47，在5%的水平上与违规次数显著负相关。第（2）列将被解释变量替换为连续型变量后，*Treat* 的估计系数在1%的水平上与 *lnViofre* 显著负相关（系数为−0.042，t值为−3.05）。上述结果表明，在替换被解释变量后，证监会随机抽查依然能够显著抑制公司违规。

表3-10　　　　　　　　　**替换公司违规变量的稳健性检验结果**

	（1）	（2）
	Vio_Fre	lnViofre
Treat	−0.159**	−0.042***
	（−2.47）	（−3.05）
Size	−0.003	0.002
	（−0.10）	（0.32）
Lev	0.111	0.020
	（0.85）	（0.64）
Growth	0.038	0.009
	（1.43）	（1.34）
Roa	−1.051***	−0.375***
	（−5.02）	（−6.59）
SOE	−0.049	−0.019
	（−0.49）	（−0.86）
Top1	0.392	0.020
	（1.60）	（0.40）
Dual	0.151***	0.026**
	（3.22）	（2.48）
Boardsize	0.772***	0.160***
	（4.35）	（4.45）
Independ	0.609	0.072
	（1.12）	（0.64）
Vio_before	2.884***	0.373***
	（41.42）	（54.06）

	（1）	（2）
	Vio_Fre	*lnViofre*
Turnover	0.015***	0.003**
	（2.80）	（2.24）
Volatility	0.076	−0.000
	（0.36）	（−0.01）
Constant		−0.424**
		（−2.40）
Firm FE	Yes	Yes
Year FE	Yes	Yes
N	13 308	13 308
F/Chi2	2 009.487	166.681
Adj R^2		0.129

注：***、**、*分别表示1%、5%、10%的显著性水平。第（1）列括号内为参数估计量的z值，第（2）列括号内为参数估计量的t值。

3.5.4 更改模型估计方法

为了进一步保证结论的稳健性，采用新的方法对模型（3-5）进行估计。具体地，当被解释变量为公司是否违规（*Fraud*）时，采用 Probit 模型估计，据表3-11第（1）列可知，*Treat* 的估计系数为−0.105，在5%的水平上显著为负。当被解释变量为公司违规严重程度（*Degree*）时，采用负二项回归方法进行估计，表3-11第（2）列实证结果显示，*Treat* 的估计系数在1%的水平上显著为负（系数为−0.211，z值为−2.99）。上述结果表明，在改变模型估计方法后，证监会随机抽查依然能够显著抑制公司违规，降低违规严重程度，研究结果验证了假设 H3-1。

表3-11   改变模型估计方法的稳健性检验结果

	（1）	（2）
	Fraud	*Degree*
Treat	−0.105**	−0.211***
	（−2.25）	（−2.99）
Size	−0.042***	−0.019
	（−3.00）	（−0.57）
Lev	0.015	−0.035
	（0.20）	（−0.26）
Growth	0.063**	0.037
	（2.24）	（1.30）
Roa	−1.242***	−1.067***
	（−6.04）	（−4.80）
SOE	−0.183***	−0.063
	（−5.94）	（−0.61）
*Top*1	0.126	0.232
	（1.32）	（0.90）
Dual	0.076**	0.102**
	（2.46）	（2.04）
Boardsize	0.238***	0.889***
	（2.73）	（4.82）
Independ	0.046	0.869
	（0.15）	（1.52）
Vio_before	2.158***	3.068***
	（56.50）	（39.24）
Turnover	0.010**	0.016***
	（2.11）	（2.72）

续表

	（1）	（2）
	Fraud	*Degree*
Volatility	0.212	−0.129
	（1.13）	（−0.56）
Constant	−1.950***	−2.597***
	（−5.19）	（−2.77）
Firm FE	Yes	Yes
Year FE	Yes	Yes
N	13 308	13 308
Chi²	3 393.715	1 744.114

注：***、**、*分别表示1%、5%、10%的显著性水平。括号内为参数估计量的z值。Probit模型与负二项回归的固定效应模型不报告伪R²，下文不再赘述。

3.6 ————— 进一步研究与分析—————

3.6.1 证监会随机抽查的长期效应

证监会随机抽查上市公司提升了证券监管部门的监管效率，降低了公司违规行为发生的概率。但其长期效果如何，更值得关注。刘瑶瑶、路军伟和宁冲（2021）考察了证监会随机抽查与会计信息质量之间的关系，发现证监会随机抽查能够显著抑制公司未来一至两年的盈余管理，体现出证监会随机抽查的监管效应具有长期性。为此，利用同样的研究方法，将模型（3-5）中被解释变量分别滞后1~2期，考察证监会随机抽查对公司违规影响的长期效果，实证结果列于表3-12。其中，第（1）~（2）列为随机抽查对抽查后一年（t+1期）公司违规影响的结果，可以看出，*Treat* 的估计系数分别为−0.361、−0.148，z值分别为−2.87、−1.73，分别在1%、

10%的水平上与公司是否违规、违规严重程度显著负相关。而在抽查后两年（t+2期），第（3）~（4）列结果显示 $Treat$ 的估计系数不显著。再结合表3-6中随机抽查抑制当年违规的结果，可知证监会随机抽查发挥了一定的长期效应，能够抑制两年内的公司违规。

表3-12　　　　证监会随机抽查长期效应的实证结果

	（1）	（2）	（3）	（4）
	$Fraud_{t+1}$	$Degree_{t+1}$	$Fraud_{t+2}$	$Degree_{t+2}$
$Treat$	-0.361^{***}	-0.148^{*}	-0.228	-0.118
	(-2.87)	(-1.73)	(-1.35)	(-1.01)
$Size$	0.476^{***}	0.376^{***}	0.341^{***}	0.333^{***}
	(8.04)	(10.30)	(5.06)	(8.19)
Lev	0.409^{*}	0.299^{**}	0.524^{**}	0.304^{*}
	(1.77)	(2.07)	(1.99)	(1.87)
$Growth$	-0.040	-0.053^{*}	-0.130^{**}	-0.068^{**}
	(-0.81)	(-1.82)	(-2.36)	(-2.13)
Roa	-2.983^{***}	-1.374^{***}	-0.319	0.044
	(-6.81)	(-5.25)	(-0.59)	(0.13)
SOE	-0.479^{**}	-0.413^{***}	-0.254	-0.211
	(-2.53)	(-3.32)	(-1.08)	(-1.46)
$Top1$	-1.562^{***}	-1.118^{***}	-1.687^{***}	-1.236^{***}
	(-4.01)	(-4.35)	(-3.81)	(-4.35)
$Dual$	-0.011	0.033	-0.095	-0.057
	(-0.14)	(0.62)	(-1.01)	(-0.95)
$Boardsize$	0.362	0.516^{***}	0.900^{***}	0.455^{**}
	(1.26)	(2.72)	(2.72)	(2.12)

	（1）	（2）	（3）	（4）
	$Fraud_{t+1}$	$Degree_{t+1}$	$Fraud_{t+2}$	$Degree_{t+2}$
$Independ$	−0.775	−0.147	0.135	0.249
	（−0.88）	（−0.25）	（0.14）	（0.37）
Vio_before	0.039	0.110***	−1.054***	−0.657***
	（0.70）	（2.75）	（−14.98）	（−14.19）
$Turnover$	−0.013	−0.001	−0.024**	−0.013*
	（−1.38）	（−0.18）	（−2.28）	（−1.95）
$Volatility$	−0.545	−0.609***	0.059	−0.217
	（−1.49）	（−2.60）	（0.15）	（−0.84）
$Firm\ FE$	Yes	Yes	Yes	Yes
$Year\ FE$	Yes	Yes	Yes	Yes
N	10 810	10 810	8 680	8 680
Chi^2	524.413	495.274	632.428	539.256
Pseudo R^2	0.063		0.095	

注：***、**、*分别表示1%、5%、10%的显著性水平。括号内为参数估计量的z值。

3.6.2　证监会随机抽查的威慑效应

在证监会随机抽查工作方案中，检查对象选择的要求为剔除特定对象后形成上市公司随机抽查名录库，再由计算机按照5%的比例随机抽取。这类"特定对象"包括最近接受过证监局随机抽查的公司，即就随机抽查工作而言，存在部分被抽查过的公司不再作为抽查对象的情况。从各地证监局随机抽查工作实施方案的一些具体规定来看，如北京、深圳证监局，在制定上市公司随机抽查现场检查工作实施方案中，规定最近三年接受过证监局随机抽查的上市公司不再作为抽检对象。刘红霞、李继峥和马云飙（2022）基于各地证监局随机抽样方式存在的差异，发现相对于非放回抽样，在放回抽样的组中，审计师对被检查公司表现出更谨慎的态度，会对被随机抽查的审计客户出具更负面的审计意见。那么，在这种非放回式抽样情况下，证监会随机抽查对公司违规的影响是否还能发挥威慑作用？

搜索各地证监局随机抽查工作实施方案以及具体抽查情况，按照是否剔除特定对象将样本区分为"重复抽查组"与"非重复抽查组"，分组考察证监会随机抽查对公司违规的威慑效应，相关实证结果列于表3-13。可以发现，在（1）~（2）列非重复抽查组中，*Treat* 的估计系数不显著，而在（3）~（4）列重复抽查组中，*Treat* 的估计系数分别为 -0.601、-0.330，z 值分别为 -4.24、-3.70，均在 1% 的水平上与是否违规、违规严重程度显著负相关。这表明与非重复抽查组相比，证监会随机抽查对公司违规的抑制作用仅存在于重复抽查组中，体现了证监会在随机抽查实施的过程中做到有放回、重复式抽查的必要性。

表3-13　　　　　　**证监会随机抽查威慑效应的实证结果**

	非重复抽查		重复抽查	
	（1）	（2）	（3）	（4）
	Fraud	*Degree*	*Fraud*	*Degree*
Treat	-0.297	-0.076	-0.601***	-0.330***
	(-1.59)	(-0.69)	(-4.24)	(-3.70)
Size	-0.270***	-0.018	-0.268***	-0.043
	(-2.92)	(-0.37)	(-3.54)	(-0.97)
Lev	0.416	0.120	-0.627*	-0.162
	(1.07)	(0.59)	(-1.95)	(-0.90)
Growth	0.163**	0.052	0.109	0.021
	(2.04)	(1.26)	(1.56)	(0.56)
Roa	-1.436**	-0.862**	-1.895***	-1.097***
	(-2.11)	(-2.51)	(-3.46)	(-3.90)
SOE	0.030	-0.120	0.088	-0.091
	(0.12)	(-0.81)	(0.37)	(-0.61)

续表

	非重复抽查		重复抽查	
	（1）	（2）	（3）	（4）
	Fraud	*Degree*	*Fraud*	*Degree*
*Top*1	0.885	0.419	0.992*	0.293
	(1.25)	(1.02)	(1.82)	(0.91)
Dual	0.372***	0.231***	0.061	0.033
	(2.59)	(2.93)	(0.55)	(0.52)
Boardsize	2.371***	1.445***	0.643	0.617***
	(4.40)	(4.49)	(1.63)	(2.78)
Independ	2.382	1.809*	−0.565	0.207
	(1.48)	(1.87)	(−0.47)	(0.30)
Vio_before	4.166***	3.603***	3.158***	2.606***
	(24.26)	(25.69)	(30.04)	(31.09)
Turnover	−0.014	0.004	0.043***	0.027***
	(−0.83)	(0.43)	(3.50)	(3.93)
Volatility	0.277	−0.328	0.278	0.059
	(0.43)	(−0.93)	(0.55)	(0.20)
Firm FE	Yes	Yes	Yes	Yes
Year FE	Yes	Yes	Yes	Yes
N	5 744	5 744	7 501	7 501
Chi^2	1 717.181	747.582	1 847.181	1 108.851
Pseudo R^2	0.395		0.318	

注：***、**、*分别表示1%、5%、10%的显著性水平。括号内为参数估计量的z值。

为了更好地阐述上述实证结果，进一步查找案例作为补充说明。通过搜集证监会随机抽查案例发现，雪松发展（股票代码：002485）于2016

年被山东证监局列为随机抽查对象，在2016—2017年未发生违规行为，但在2018年发生其他方面违规行为。另一案例为，东湖高新（股票代码：600133）在2017年被湖北证监局随机抽查，其在2017—2018年未有违规迹象，但在2019年发生了虚假记载（误导性陈述）、重大遗漏、披露不实（其他）、擅自改变资金用途四种违规行为。上述两个典型案例表明，山东、湖北证监局在随机抽取执法检查对象时，将抽到的公司作为"特定对象"，从随机抽查名录库中予以剔除，后续不再抽查。这种非放回式抽查对公司违规的威慑效果有限。这类"特定对象"很有可能在抽查后续年份发生违规。比如，雪松发展在2016年首次被抽查，2018年发生违规；东湖高新在2017年首次被抽查，2019年发生违规。

3.6.3 证监会随机抽查的溢出效应

模型（3-5）主要考察了证监会随机抽查对公司违规影响的直接效应，证监会实施随机抽查进行监管的目的并非只是检查公司是否存在违规行为，而是在事前降低违规动机，在事中发现问题并及时抑制公司违规的发生。如果证监会随机抽查单一公司，进行监督检查的行为能够辐射到其他相关公司，抑制同类公司的违规行为，则证监会对公司随机抽查式监管将发挥最大的执法效果。梅蓓蕾、郭雪寒和叶建芳（2021）指出，证券监管部门的监管溢出效应来源于监管惩罚的威慑效应，让曾经发生违规的公司不再违规，让尚未违规的公司不敢违规。那么，在监管资源有限的背景下，证监会随机抽查是否具有监管溢出效应？能否抑制未被随机抽查且具有同一类属性的公司违规行为，以有效降低公司违规概率？

刘瑶瑶、路军伟和宁冲（2021）从地区和行业视角考察了证监会随机抽查提升会计信息质量的溢出效应，发现随机抽查仅存在地区溢出效应，而不具有行业溢出效应，这可能是因为该制度的实施主体为各地证监局。因此，与同行业相比，监管溢出效应更多地表现在同地区公司中。刘金洋和沈彦杰（2021）则基于监管主体的视角，考察了证监会随机抽查的监管溢出效应，发现证监会随机抽查提高了交易所和审计师的风险感知，表现为提升公司被交易所问询的频率，更可能收到问询函，同时，也会引起审计师的注意，增加审计费用。

本书借鉴刘瑶瑶、路军伟和宁冲（2021）的研究方法，从行业和地区双重维度考察证监会随机抽查抑制公司违规的溢出效应。首先，定义如下两个变量：（1）同省份抽查比例（Ratio_pro），等于各地证监局随机抽查公司数除以当地证监局管辖内的公司总数；（2）行业内抽查比例（Ratio_ind），等于行业内被证监会随机抽查公司数除以行业公司总数。然后，仅保留未被抽查公司的样本，用上述两个变量替代模型（3-5）中的 *Treat* 变量，考察证监会随机抽查的溢出效应。表3-14中（1）~（2）列为同一省份内的监管溢出效应结果，可以看出，*Ratio_pro* 的估计系数与公司是否违规、违规严重程度之间显著负相关，表明随机抽查能够显著抑制同一省份内未被抽查的公司违规行为。（3）~（4）列为同一行业内监管溢出效应的结果，*Ratio_ind* 的系数分别为 -0.042、-0.024，z 值分别为 -2.86、-2.57，至少在5%的水平上与公司是否违规、违规严重程度显著负相关，说明证监会随机抽查可以抑制同行业内未被随机抽查的公司违规行为。上述结论表明，证监会随机抽查不仅具有地区溢出效应，而且具有行业溢出效应。总之，这一结果进一步阐述了证监会随机抽查具有监管溢出效应，体现了该制度的有效性。

表3-14　　　　　证监会随机抽查溢出效应的实证结果

	地区溢出效应		行业溢出效应	
	（1）	（2）	（3）	（4）
	Fraud	*Degree*	*Fraud*	*Degree*
Ratio_pro	-0.175***	-0.108***		
	（-5.68）	（-5.31）		
Ratio_ind			-0.042***	-0.024**
			（-2.86）	（-2.57）
Size	-0.611***	-0.191**	-0.663***	-0.207**
	（-3.66）	（-2.03）	（-3.99）	（-2.21）
Lev	0.594	-0.079	0.377	-0.233
	（1.03）	（-0.26）	（0.66）	（-0.76）

续表

	地区溢出效应		行业溢出效应	
	（1）	（2）	（3）	（4）
	Fraud	*Degree*	*Fraud*	*Degree*
Growth	0.413***	0.176***	0.431***	0.175***
	（4.14）	（3.21）	（4.38）	（3.21）
Roa	−1.727**	−1.300***	−1.773**	−1.387***
	（−2.38）	（−3.20）	（−2.46）	（−3.42）
SOE	−0.242	−0.135	−0.278	−0.150
	（−0.74）	（−0.69）	（−0.85）	（−0.78）
*Top*1	4.125***	3.221***	4.571***	3.545***
	（3.53）	（4.17）	（3.89）	（4.56）
Dual	0.214	0.090	0.209	0.100
	（1.24）	（0.90）	（1.21）	（0.99）
Boardsize	2.043***	1.585***	2.067***	1.589***
	（2.92）	（3.81）	（2.98）	（3.84）
Independ	−0.492	1.343	−0.654	1.132
	（−0.23）	（1.05）	（−0.31）	（0.89）
Vio_before	3.499***	2.865***	3.394***	2.830***
	（17.27）	（18.52）	（17.11）	（18.38）
Turnover	−0.048***	−0.021*	−0.049***	−0.022**
	（−2.74）	（−1.95）	（−2.80）	（−2.12）
Volatility	2.986***	1.669***	3.177***	1.877***
	（6.85）	（6.28）	（7.33）	（7.13）
Firm FE	Yes	Yes	Yes	Yes
Year FE	Yes	Yes	Yes	Yes

	地区溢出效应		行业溢出效应	
	（1）	（2）	（3）	（4）
	Fraud	*Degree*	*Fraud*	*Degree*
N	3 301	3 301	3 301	3 301
Chi^2	695.992	424.802	670.228	408.253
Pseudo R^2	0.282		0.271	

注：***、**、*分别表示1%、5%、10%的显著性水平。括号内为参数估计量的z值。

3.6.4　随机抽查后检查公告的细分特征对公司违规的影响

为深入研究证监会随机抽查后出具的检查公告的细分特征对公司违规的影响，从以下五个方面进行探讨，以期为证监会随机抽查制度的进一步修订与完善提供相关的增量证据。

（1）随机抽查后是否披露检查公告对公司违规的影响

在手工搜集数据的过程中发现，各地证监局在随机现场检查工作结束后，并非都在官网披露检查结果，那么，这种选择性信息披露是否会对证监会随机抽查与公司违规之间的关系产生影响？理论上，在证监会现场检查工作结束后，没有在官网披露被抽查对象的相关情况，可能是因为抽查对象不存在信息披露或者公司违规等方面的问题，也可能是由于问题较小，没有引起抽查人员的重视，仅在现场检查时口头警告，没有必要在官网发布公告。但是，对于那些在完成抽查任务后，及时在证监会官网披露检查公告，明确指出在现场检查工作中发现问题的公司，证监会随机抽查对这类公司违规的抑制作用应更明显。具体理由在于，一方面，在检查过程中及时发现抽检对象在信息披露、公司治理、财务会计核算、关联交易等方面存在的问题，这种外部监管治理的效果有助于公司查找问题，能够在公司内部治理存在缺陷时发挥补充作用。公司可对照检查公告整改，进一步抑制重大违规事项的发生。另一方面，证监会随机抽查会产生溢出效应（刘金洋、沈彦杰，2021）。在官网发布检查公告会引发媒体对公司的生产经营状况等进行深入报道，以满足公众的猎奇心理和信息需求，吸引投资者关注，形成"聚光灯"效应。在这种情况下，将抽查结果在官网披露，会给被抽查公司带来负面影响，从而降低其违规动机。为此，可以预期，与未在官网披露检查公告的公司相比，证监会随机抽查对公司违规的抑制作用显著存在于在官网披露检查公告的公司中。

为检验上述预期假设，将研究样本区间限定在随机抽查制度实施后，即 2016—2020 年，并构建如下模型：

$$Violation_{i,\,t} = \beta_0 + \beta_1 Treat_{i,\,t} \times Disclose_{i,\,t} + \beta_i Controls + \mu_i + \tau_t + \varepsilon_{i,\,t} \tag{3-6}$$

模型（3-6）中，被解释变量为公司违规（Violation），包括公司是否违规（Fraud）和公司违规严重程度（Degree）两个变量，Treat 为是否被证监会随机抽查变量，具体变量定义方式详见表 3-1。变量 Disclose 定义为是否披露检查公告的虚拟变量，如果在官网披露检查公告，则赋值为 1，否则为 0。二者交乘项（Treat×Disclose）为解释变量，表示被证监会随机抽查后是否会披露公告。Controls 为一系列控制变量，与模型（3-5）一致。对模型（3-6）回归后，实证结果列于表 3-15，发现交乘项（Treat×Disclose）与公司是否违规（Fraud）和公司违规严重程度（Degree）均在 1% 的水平上显著负相关，估计系数分别为 -0.670、-0.292，z 值分别为 -4.23、-3.22，意味着证监会随机抽查现场检查工作结束后，在各地证监局官网披露检查结果公告会显著抑制公司违规行为。

表3-15　　随机抽查后是否披露检查公告对公司违规影响的实证结果

	（1）	（2）
	Fraud	Degree
Treat×Disclose	−0.670***	−0.292***
	（−4.23）	（−3.22）
Size	−0.167*	−0.005
	（−1.67）	（−0.08）
Lev	−0.973**	−0.332
	（−2.31）	（−1.41）
Growth	0.122	0.024
	（1.35）	（0.51）

	（1）	（2）
	Fraud	*Degree*
Roa	−2.154***	−1.020***
	（−2.96）	（−2.82）
SOE	−0.132	0.049
	（−0.37）	（0.23）
*Top*1	1.066	0.826*
	（1.42）	（1.83）
Dual	0.143	0.101
	（0.97）	（1.25）
Boardsize	0.462	0.437
	（0.79）	（1.44）
Independ	0.645	0.656
	（0.38）	（0.69）
Vio_before	3.708***	2.915***
	（22.75）	（23.28）
Turnover	0.022	0.021**
	（1.32）	（2.19）
Volatility	0.234	−0.032
	（0.35）	（−0.09）
Firm FE	Yes	Yes
Year FE	Yes	Yes
N	4142	4142
Chi^2	1 204.830	603.581
Pseudo R^2	0.360	

注：***、**、*分别表示1%、5%、10%的显著性水平。括号内为参数估计量的z值。

（2）随机抽查后区分检查公告类型对公司违规的影响

随机抽查后所出具的检查公告类型也表现出差异化特征，这种类型的差异是否会影响证监会随机抽查与公司违规之间的关系？通过搜集整理数据，发现检查公告类型主要分为监管函、警示函、责令改正和行政处罚决定四种。

首先，对上述四种类型分别加以介绍。第一，监管函是一种类似行政警告的监管措施，各地证监局在现场检查后对抽查对象出具监管函，表示公司存在违法违规行为，如在募集资金管理、关联交易等活动中出现不当行为，可能会被证监会发布监管函。第二，警示函主要是指在公司的生产经营过程中公司董事、监事和高级管理人员等在规范运作等方面存在问题，由于情节不严重，不构成行政处罚，因此会出具警示函予以警示，要求其改正或者停止实施不当行为的监管方式。第三，责令改正是指证券监管部门责令违规公司及时整改，纠正违规行为，督促其恢复正常生产经营形态，维持证券市场原有的法定秩序或者状态，以消除违规行为给公司乃至资本市场带来的不良后果。第四，行政处罚决定是指上市公司存在严重的违规操作行为，证券监管主体依照相关法律法规以及部门规章对违规行为给予制裁的具体行政行为，包括警告、罚款、没收违法所得等情况。

其次，通过对上述概念的了解，可以根据行政处罚类型，进一步将监管函和警示函归类为非行政处罚性监管，将责令改正和行政处罚决定归类为行政处罚性监管（柯湘，2008）。"非行政处罚性监管"的概念最早在2002年证监会发布的《关于进一步完善中国证券监督管理委员会行政处罚体制的通知》（证监发〔2002〕31号）中提出。31号文对行政处罚性监管与非行政处罚性监管进行区分，相关规定写道，"行政处罚委员会认为违法行为不成立或虽构成违法但依法不予处罚，应当采取非行政处罚性监管措施的，由法律部根据行政处罚委员会的《审理意见》交由有关部室处理"。因此，非行政处罚性监管措施是对证券市场中相关违规主体违法行为所施加的一种监管措施，与行政处罚性监管存在一定的差异。其中，监管函、警示函和问询函已经成为当前证券监管的一种重要的、常态化的监管方式，体现出监管及时性的特征。不同于非行政性处罚，行政处罚性监管是证监会对有明确违规行为的公司所进行的行政制裁，具有强制性、制裁性（杨海静、万国华，2016），包括责令停止发行证券、对个人处以罚款或者没收违法所得、对法人或者其他组织处以罚款或者没收违法所得等情况。

通过分析可知，责令改正和行政处罚决定作为证监会行政处罚性监管的方式，处罚力度与威慑力强于以监管函和警示函为代表的非行政处罚性监管。为此，基于处罚力度所表现出的差异，预期在证监会随机抽查后，出具的监管函和警示函对抑制公司的影响较小甚至无影响，而出具责令改正和行政处罚决定类型的公告会显著抑制公司违规行为。

为检验上述预期假设，进行如下研究设计。首先，将检查公告类型区分为四种，分别设置监管函（*Regulate*）、警示函（*Warning*）、责令改正（*Rectify*）和行政处罚决定（*Fine*）四个虚拟变量。具体地，如果随机抽查后，证监局出具监管函，则将*Regulate*赋值为1，否则为0。同理，如果在随机抽查后，证监局相应地出具警示函、责令改正和行政处罚决定公告，则对应地将变量*Warning*、*Rectify*、*Fine*赋值为1，否则为0。其次，用上述变量替代模型（3-6）中的*Disclose*变量，实证检验证监会随机抽查现场检查工作结束后，出具不同类型的报告对公司违规的影响。实证结果列于表3-16，其中，（1）~（2）列结果显示，*Treat×Regulate*的估计系数为负但不显著；（3）~（4）列*Treat×Warning*的估计系数为负但不显著，上述结果说明在随机抽查后，证监局出具的监管函和警示函这种非行政处罚性监管对抑制公司违规的影响有限。（5）~（6）列结果为随机抽查后出具责令改正报告的结果，发现交乘项（*Treat×Rectify*）的估计系数分别为−0.960、−0.384，z值分别为−4.17、−2.80，在1%的水平上与公司是否违规（*Fraud*）、公司违规严重程度（*Degree*）显著负相关。（7）~（8）列结果显示，证监会随机抽查现场检查工作结束后，出具行政处罚决定能够在5%的水平上显著抑制公司违规与违规严重程度，具体表现为交乘项*Treat×Fine*的估计系数分别为−1.426、−0.598，z值分别为−2.46、−2.12。这表明，证监会在随机抽查后出具责令改正报告与行政处罚决定类的行政处罚性监管措施对公司生产经营规范运作情况产生较强的威慑效应，能够显著抑制公司违规。另外，从估计系数看，*Treat×Fine*对*Fraud*和*Degree*的回归估计系数（−1.426、−0.598）要大于*Treat×Rectify*的估计系数（−0.960、−0.384），表明在随机抽查后，证监会出具行政处罚决定对公司违规以及违规严重程度的影响强于出具责令改正报告对公司违规的影响。

表3-16　随机抽查后区分检查公告类型对公司违规影响的实证结果

	(1)	(2)	(3)	(4)	(5)	(6)	(7)	(8)
	Fraud	*Degree*	*Fraud*	*Degree*	*Fraud*	*Degree*	*Fraud*	*Degree*
Treat×Regulate	−0.452	−0.078						
	(−0.74)	(−0.19)						
Treat×Warning			−0.114	−0.072				
			(−0.59)	(−0.64)				
Treat×Rectify					−0.960***	−0.384***		
					(−4.17)	(−2.80)		
Treat×Fine							−1.426**	−0.598**
							(−2.46)	(−2.12)
Size	−0.240**	−0.028	−0.237**	−0.027	−0.196**	−0.012	−0.240**	−0.024
	(−2.43)	(−0.48)	(−2.39)	(−0.46)	(−1.97)	(−0.21)	(−2.43)	(−0.42)
Lev	−0.942**	−0.334	−0.933**	−0.329	−0.965**	−0.319	−0.959**	−0.371
	(−2.26)	(−1.42)	(−2.24)	(−1.40)	(−2.29)	(−1.36)	(−2.29)	(−1.57)
Growth	0.144	0.029	0.139	0.028	0.136	0.027	0.136	0.025
	(1.59)	(0.60)	(1.54)	(0.59)	(1.50)	(0.57)	(1.50)	(0.52)
Roa	−1.951***	−0.939***	−1.969***	−0.946***	−2.111***	−0.994***	−2.008***	−0.973***
	(−2.71)	(−2.61)	(−2.74)	(−2.63)	(−2.90)	(−2.76)	(−2.79)	(−2.70)
SOE	−0.175	0.020	−0.151	0.028	−0.168	0.030	−0.176	0.013
	(−0.49)	(0.09)	(−0.43)	(0.13)	(−0.47)	(0.14)	(−0.50)	(0.06)
Top1	1.418*	0.962**	1.369*	0.932**	1.365*	0.925**	1.428*	1.001**
	(1.91)	(2.15)	(1.84)	(2.07)	(1.84)	(2.06)	(1.93)	(2.23)
Dual	0.126	0.095	0.132	0.097	0.107	0.093	0.144	0.105
	(0.86)	(1.17)	(0.91)	(1.19)	(0.73)	(1.15)	(0.98)	(1.30)

续表

	(1)	(2)	(3)	(4)	(5)	(6)	(7)	(8)
	Fraud	Degree	Fraud	Degree	Fraud	Degree	Fraud	Degree
Boardsize	0.599	0.490	0.573	0.473	0.601	0.512*	0.571	0.489
	(1.03)	(1.62)	(0.99)	(1.56)	(1.02)	(1.69)	(0.98)	(1.62)
Independ	0.710	0.662	0.631	0.646	0.644	0.693	0.551	0.641
	(0.42)	(0.70)	(0.37)	(0.68)	(0.38)	(0.73)	(0.32)	(0.68)
Vio_before	3.637***	2.891***	3.642***	2.896***	3.669***	2.896***	3.649***	2.893***
	(22.41)	(23.11)	(22.38)	(23.11)	(22.60)	(23.19)	(22.42)	(23.13)
Turnover	0.015	0.018*	0.016	0.019**	0.019	0.020**	0.014	0.017*
	(0.91)	(1.92)	(0.96)	(1.97)	(1.11)	(2.08)	(0.81)	(1.73)
Volatility	0.128	−0.070	0.155	−0.071	0.254	−0.032	0.266	−0.000
	(0.19)	(−0.19)	(0.23)	(−0.19)	(0.37)	(−0.09)	(0.39)	(−0.00)
Firm FE	Yes	Yes	Yes	Yes	Yes	Yes	Yes	Yes
Year FE	Yes	Yes	Yes	Yes	Yes	Yes	Yes	Yes
N	4142	4142	4142	4142	4142	4142	4142	4142
Chi^2	1187.302	591.559	1187.110	592.029	1204.345	600.765	1193.045	596.226
Pseudo R^2	0.355		0.355		0.360		0.357	

注：***、**、*分别表示1%、5%、10%的显著性水平。括号内为参数估计量的z值。

（3）随机抽查后检查公告的详细程度对公司违规的影响

文本信息的详细程度能够反映信息不对称程度。姜丽莎、李超凡和冯均科（2020）基于新审计报告中关键审计事项文本披露的视角，发现审计师披露的文本信息越详细，信息风险越低，公司的债务融资成本越低。李晓溪、杨国超和饶品贵（2019）比较了公司收到问询函前后并购重组报告书的内容，发现被问询公司修改后的并购重组报告书中历史信息与前瞻信息含量均增加，且披露更加详细，表明问询函监管改善了信息披露环境进而缓解并购重组过程中的信息不对称。随机抽查现场检查工作结束后，所披露的检查公告内容在文本信息含量方面也存在差异。随机抽查后，各地

3 证监会随机抽查影响公司违规的实证检验

证监局在官网披露检查公告内容越详细、越充分，被抽检对象越容易有针对性地纠正公司不当行为，也有助于降低公司内外部的信息不对称（Hope，Hu，and Lu，2016），抑制管理层机会主义行为，降低管理层违规动机。为此，进一步检验随机抽查现场检查工作结束后，各地证监局在官网披露检查公告的详细程度对公司违规的影响。

　　具体地，逐一统计被检查对象检查公告的字数与字符数，再加1取自然对数（lnwords1、lnwords2）作为检查公告详细程度的衡量指标。然后，用其替代模型（3-6）中的Disclose变量，进行实证检验，回归结果列于表3-17。前两列为检查公告字数加1取自然对数衡量检查公告详细程度指标的回归结果，发现Treat×lnwords1的估计系数分别为-0.104、-0.045，z值分别为-4.34、-3.25，均在1%的水平上与公司是否违规、违规严重程度显著负相关。（3）～（4）列是采用检查公告的字符数加1取自然对数衡量检查公告内容详细程度的结果，依然发现Treat×lnwords2的估计系数在1%的水平上与公司是否违规、违规严重程度显著负相关（系数分别为 -0.102、-0.043，z值分别为-4.25、-3.18）。上述结果表明，在随机抽查后，各地证监局披露的检查公告内容越详细、越具体，越有助于纠正公司在生产经营过程中的不当行为，进一步减少公司违规的发生。

表3-17　随机抽查后检查公告的详细程度对公司违规影响的实证结果

	（1）	（2）	（3）	（4）
	Fraud	Degree	Fraud	Degree
Treat×lnwords1	-0.104^{***}	-0.045^{***}		
	（-4.34）	（-3.25）		
Treat×lnwords2			-0.102^{***}	-0.043^{***}
			（-4.25）	（-3.18）
Size	-0.166^{*}	-0.004	-0.168^{*}	-0.005
	（-1.66）	（-0.07）	（-1.68）	（-0.09）
Lev	-0.959^{**}	-0.327	-0.957^{**}	-0.327
	（-2.28）	（-1.39）	（-2.28）	（-1.39）

	(1)	(2)	(3)	(4)
	Fraud	*Degree*	*Fraud*	*Degree*
Growth	0.120	0.024	0.120	0.024
	(1.32)	(0.50)	(1.33)	(0.50)
Roa	−2.134***	−1.012***	−2.129***	−1.010***
	(−2.93)	(−2.80)	(−2.92)	(−2.80)
SOE	−0.137	0.050	−0.138	0.050
	(−0.39)	(0.24)	(−0.39)	(0.24)
*Top*1	1.052	0.828*	1.061	0.831*
	(1.41)	(1.84)	(1.42)	(1.85)
Dual	0.140	0.100	0.140	0.100
	(0.95)	(1.23)	(0.95)	(1.23)
Boardsize	0.464	0.440	0.467	0.442
	(0.79)	(1.45)	(0.80)	(1.46)
Independ	0.648	0.658	0.649	0.659
	(0.38)	(0.70)	(0.38)	(0.70)
Vio_before	3.706***	2.913***	3.704***	2.912***
	(22.77)	(23.28)	(22.76)	(23.27)
Turnover	0.023	0.021**	0.022	0.021**
	(1.33)	(2.19)	(1.32)	(2.19)
Volatility	0.240	−0.028	0.238	−0.029
	(0.35)	(−0.08)	(0.35)	(−0.08)
Firm FE	Yes	Yes	Yes	Yes
Year FE	Yes	Yes	Yes	Yes
N	4 142	4 142	4 142	4 142

	（1）	（2）	（3）	（4）
	Fraud	*Degree*	*Fraud*	*Degree*
Chi^2	1 205.876	604.009	1 205.086	603.539
Pseudo R^2	0.361		0.361	

注：***、**、*分别表示1%、5%、10%的显著性水平。括号内为参数估计量的z值。

（4）随机抽查后检查公告中问题的数量对公司违规的影响

不同的被抽查对象在随机抽查披露公告中所涉及的问题数量也存在较大的差异性。例如，广东证监局在2019年抽查宜华健康（股票代码：000150）后出具《行政监管措施决定书》，列示了公司在信息披露、公司治理与内部控制以及财务核算等方面存在11个违规问题。而陕西证监局在2017年抽查曲江文旅（股票代码：600706）后出具警示函，仅指出该公司违反了《上市公司信息披露管理办法》1个问题。因此，报告中问题的数量在一定程度上反映了抽查对象在公司治理、信息披露以及财务核算等方面问题所覆盖的范围。披露公告中涉及的问题越多，表明证监局抽检工作人员检查出公司不合规的地方越多，公司需要进行的改正工作和纠错努力越多。为此，进一步检验随机抽查现场检查工作结束后，所披露公告中问题的数量对公司违规的影响。

具体做法为，对所披露的检查公告逐一统计问题数量（*Q_num*），再用其替代模型（3-6）中的 *Disclose* 变量，重新构建随机抽查后检查公告中包含的问题数量变量（*Treat×Q_num*）进行回归。据表3-18实证结果可知，*Treat×Q_num* 的估计系数分别为-0.095、-0.040，z值分别为-2.36、-1.68，至少在10%的水平上与公司是否违规、违规严重程度显著负相关，表明随机抽查工作完成后，在证监局官网披露公告中的问题数量越多，监管效果越好，抽检对象进行改正的地方越多，越容易抑制被抽查公司违规行为的发生。

表3-18　随机抽查后检查公告中问题的数量对公司违规影响的实证结果

	（1）	（2）
	Fraud	*Degree*
Treat×Q_num	−0.095**	−0.040*
	（−2.36）	（−1.68）
Size	−0.207**	−0.003
	（−2.07）	（−0.05）
Lev	−0.926**	−0.339
	（−2.21）	（−1.45）
Growth	0.128	0.023
	（1.41）	（0.49）
Roa	−1.999***	−1.002***
	（−2.77）	（−2.80）
SOE	−0.167	0.031
	（−0.47）	（0.15）
*Top*1	1.261*	0.907**
	（1.70）	（2.02）
Dual	0.112	0.087
	（0.77）	（1.08）
Boardsize	0.545	0.472
	（0.94）	（1.57）
Independ	0.642	0.690
	（0.38）	（0.73）
Vio_before	3.657***	2.899***
	（22.52）	（23.21）
Turnover	0.019	0.019**
	（1.11）	（1.98）

	（1）	（2）
	Fraud	*Degree*
Volatility	0.189	−0.053
	（0.28）	（−0.14）
Firm FE	Yes	Yes
Year FE	Yes	Yes
N	4 142	4 142
Chi^2	1 192.386	595.278
Pseudo R^2	0.357	

注：***、**、*分别表示1%、5%、10%的显著性水平。括号内为参数估计量的z值。

（5）随机抽查后检查公告中问题的类型对公司违规的影响

证监会在随机抽查事项清单中公布，对上市公司抽查的内容主要围绕公司治理、信息披露等规范运作情况展开。但是，对所有检查报告相关问题进行梳理后发现，在检查公告中，除了指出被抽查对象在信息披露和公司治理方面存在问题外，还包括财务核算、监管指引、内幕信息以及其他问题类型。可见，在现场检查工作结束后，对于不同的抽检对象，证监局在披露的检查公告中指出的问题类型存在差异。那么，不同的问题类型对公司违规的影响是否不同？哪种问题类型对抑制违规的影响更大？这是一个值得关注的问题。

为检验上述问题，设置六个问题类型的虚拟变量，分别是信息披露（*Infor*）、公司治理（*Gover*）、财务核算（*Account*）、监管指引（*Guide*）、内幕信息（*Inside_infor*）、其他问题（*Other*），即在随机抽查后，如果被抽查对象的问题类型涉及信息披露问题，变量 *Infor* 赋值为1，否则为0，其余变量采用相同的方式进行定义。然后，分别替代模型（3-6）中的 *Disclose* 变量，实证检验证监会随机抽查工作结束后，披露的检查公告中指出的问题类型对公司违规的影响。

表3-19为随机抽查后，检查公告中所列出问题的类型对公司违规影

响的实证结果。（1）～（2）列为检查公告中涉及信息披露问题对公司违规影响的结果，可以看出 *Treat×Infor* 的估计系数分别为−0.537、−0.216，z 值分别为−3.29、−2.30，至少在 5%的水平上与公司是否违规、违规严重程度显著负相关。（3）～（4）列为检查公告中披露公司治理问题对公司违规影响的结果，发现 *Treat×Gover* 仅在 10%的水平上对公司是否违规产生影响，而对违规严重程度的影响不显著。（5）～（6）列为检查公告中包含财务核算问题对公司违规影响的结果，可知 *Treat×Account* 的估计系数与公司是否违规、违规严重程度显著负相关（系数分别为−0.597、−0.229，z 值分别为−2.64、−1.72）。然而，在（7）～（12）列，当检查公告中所列出问题涉及监管指引、内幕信息以及其他问题类型时，*Treat×Guide*、*Treat×Inside_infor*、*Treat×Other* 的估计系数均不显著。总体来看，各地证监局随机抽查后，在官网公示的检查公告涉及信息披露、公司治理以及财务核算方面的问题时，更能抑制公司违规，而涉及监管指引、内幕信息以及其他问题类型时，对公司违规的影响不显著。理由在于：第一，证监会对上市公司的监管着眼于信息披露的目的在于降低公司与外部利益相关者之间的信息不对称，强化信息透明度，促使公司提升生产经营过程中的规范性，从而弱化违规动机、减少违规机会，使企业难以找到合理化借口实施违规。因此，监管信息公开越多，越能够限制公司违规的可能，减少违规次数（李文贵、邵毅平，2022）。第二，公司治理是保证公司合规经营的重要内部治理机制，是公司健康发展的重要基础。公司违规是内部治理不善的重要表现（Khanna，Kim，and Lu，2015），良好的公司治理水平保证了公司正常的生产经营状态，可以抑制管理层机会主义，减少"隧道挖掘"行为，抑制公司违规的发生。第三，财务核算是保障财务报告正确与否的核心，当检查公告涉及财务核算问题时，管理层在生产经营和会计信息的产生过程中更加注意企业会计准则的正确应用，强化财务核算，完善管理制度，全面提升规范运作水平。因此，公司在信息披露、公司治理以及财务核算方面共同优化的情况下，可以降低违规行为发生的概率。

表3-19

随机抽查后检查公告中问题的类型对公司违规影响的实证结果

	(1) Fraud	(2) Degree	(3) Fraud	(4) Degree	(5) Fraud	(6) Degree	(7) Fraud	(8) Degree	(9) Fraud	(10) Degree	(11) Fraud	(12) Degree
Treat×Infor	-0.537*** (-3.29)	-0.216** (-2.30)										
Treat×Gover			-0.485* (-1.69)	-0.184 (-1.11)								
Treat× Account					-0.597*** (-2.64)	-0.229* (-1.72)						
Treat×Guide							-0.637 (-1.42)	0.002 (0.01)				
Treat× Inside_infor									-0.137 (-0.39)	-0.004 (-0.02)		
Treat×Other											-0.595 (-1.62)	-0.213 (-1.12)
Size	-0.187* (-1.87)	-0.009 (-0.15)	-0.226** (-2.28)	-0.023 (-0.40)	-0.223** (-2.25)	-0.020 (-0.33)	-0.235** (-2.37)	-0.028 (-0.49)	-0.240** (-2.42)	-0.028 (-0.48)	-0.235** (-2.37)	-0.028 (-0.48)

续表

100

	(1)	(2)	(3)	(4)	(5)	(6)	(7)	(8)	(9)	(10)	(11)	(12)
	Fraud	Degree	Fraud	Degree	Fraud	Degree	Fraud	Degree	Fraud	Degree	Fraud	Degree
Lev	-0.936**	-0.331	-0.987**	-0.345	-0.905**	-0.327	-0.901**	-0.333	-0.940**	-0.333	-0.978**	-0.335
	(-2.23)	(-1.41)	(-2.35)	(-1.47)	(-2.16)	(-1.39)	(-2.15)	(-1.41)	(-2.25)	(-1.42)	(-2.33)	(-1.43)
Growth	0.128	0.025	0.138	0.027	0.132	0.025	0.136	0.028	0.140	0.028	0.140	0.029
	(1.41)	(0.52)	(1.52)	(0.57)	(1.45)	(0.52)	(1.50)	(0.60)	(1.55)	(0.60)	(1.55)	(0.62)
Roa	-2.095***	-0.991***	-1.965***	-0.944***	-1.967***	-0.943***	-1.957***	-0.940***	-1.951***	-0.940***	-1.962***	-0.956***
	(-2.88)	(-2.75)	(-2.73)	(-2.63)	(-2.72)	(-2.62)	(-2.72)	(-2.62)	(-2.71)	(-2.61)	(-2.73)	(-2.66)
SOE	-0.169	0.034	-0.147	0.029	-0.142	0.041	-0.166	0.021	-0.166	0.021	-0.075	0.065
	(-0.48)	(0.16)	(-0.41)	(0.14)	(-0.40)	(0.19)	(-0.47)	(0.10)	(-0.47)	(0.10)	(-0.21)	(0.30)
Top1	1.144	0.866*	1.397*	0.954**	1.310*	0.945**	1.397*	0.962**	1.429*	0.962**	1.335*	0.934**
	(1.53)	(1.92)	(1.88)	(2.13)	(1.77)	(2.11)	(1.88)	(2.15)	(1.93)	(2.14)	(1.79)	(2.08)
Dual	0.135	0.097	0.128	0.095	0.113	0.088	0.123	0.095	0.126	0.095	0.134	0.100
	(0.92)	(1.20)	(0.88)	(1.17)	(0.77)	(1.09)	(0.84)	(1.18)	(0.86)	(1.18)	(0.92)	(1.23)
Boardsize	0.481	0.457	0.572	0.489	0.549	0.488	0.603	0.490	0.586	0.490	0.621	0.487
	(0.82)	(1.51)	(0.99)	(1.62)	(0.94)	(1.62)	(1.04)	(1.62)	(1.01)	(1.62)	(1.07)	(1.61)
Independ	0.569	0.646	0.765	0.708	0.666	0.671	0.619	0.657	0.654	0.657	0.801	0.700
	(0.33)	(0.68)	(0.45)	(0.75)	(0.39)	(0.71)	(0.36)	(0.69)	(0.39)	(0.69)	(0.47)	(0.74)

	(1)	(2)	(3)	(4)	(5)	(6)	(7)	(8)	(9)	(10)	(11)	(12)
	Fraud	Degree	Fraud	Degree	Fraud	Degree	Fraud	Degree	Fraud	Degree	Fraud	Degree
Vio_before	3.690***	2.908***	3.647***	2.892***	3.648***	2.893***	3.639***	2.891***	3.636***	2.891***	3.640***	2.892***
	(22.64)	(23.22)	(22.44)	(23.13)	(22.53)	(23.14)	(22.42)	(23.11)	(22.41)	(23.11)	(22.43)	(23.12)
Turnover	0.021	0.021**	0.017	0.019**	0.018	0.019**	0.017	0.018*	0.016	0.018*	0.014	0.018*
	(1.23)	(2.14)	(1.01)	(1.98)	(1.08)	(2.02)	(0.99)	(1.92)	(0.92)	(1.92)	(0.85)	(1.86)
Volatility	0.179	−0.066	0.125	−0.087	0.245	−0.035	0.178	−0.067	0.159	−0.067	0.209	−0.036
	(0.26)	(−0.18)	(0.18)	(−0.24)	(0.36)	(−0.09)	(0.26)	(−0.18)	(0.24)	(−0.18)	(0.31)	(−0.10)
Firm FE	Yes	Yes	Yes	Yes	Yes	Yes	Yes	Yes	Yes	Yes	Yes	Yes
Year FE	Yes	Yes	Yes	Yes	Yes	Yes	Yes	Yes	Yes	Yes	Yes	Yes
N	4142	4142	4142	4142	4142	4142	4142	4142	4142	4142	4142	4142
Chi²	1 197.675	598.244	1 189.596	593.405	1 193.758	595.371	1 188.797	591.488	1 186.913	591.499	1 189.427	593.008
Pseudo R²	0.358		0.356		0.357		0.356		0.355		0.356	

注：***、**、*分别表示1%、5%、10%的显著性水平。括号内为参数估计量的z值。

3.6.5　区分违规类型

上述结果的主要研究发现是证监会随机抽查能够抑制公司违规。那么，对于不同类型的违规，证监会随机抽查的影响是否存在差异？为检验这一问题，参照陆瑶、朱玉杰和胡晓元（2012）的做法，将公司违规类型分为信息披露违规、经营违规和公司领导违规三种。其中，信息披露违规包括虚构利润、虚列资产、虚假记载（误导性陈述）、推迟披露、重大遗漏、披露不实（其他）和一般会计处理不当。经营违规包括出资违规、擅自改变资金用途、占用公司资产、违规担保以及其他。公司领导违规包括内幕交易、违规买卖股票、操纵股价。值得注意的是，同一公司可能涉及多种违规，只要涉及对应的违规类型，就将其定义为1，否则定义为0。然后，将模型（3-5）中被解释变量分别替换为信息披露违规、经营违规和公司领导违规，进一步考察证监会随机抽查对不同类型违规的影响。

据表3-20可知，第（1）~（2）列结果显示，在信息披露违规和经营违规中，*Treat* 的估计系数分别为-0.495、-0.398，均在1%的水平上显著为负，表明证监会随机抽查对抑制信息披露违规和经营违规有显著效果，且对系数大小进行比较后发现，对信息披露违规的影响更大。而在第（3）列公司领导违规中，*Treat* 的估计系数不显著。出现上述情况的原因可能在于，证监会随机抽查工作更多地侧重于抽查对象的公司治理是否规范、信息披露是否完善、财务核算是否准确，同时，对于抽查工作中发现的问题，要求公司出具整改报告。可见，抽查工作主要关注公司信息披露与生产经营情况，较少聚焦管理者个人的行为。因此，相对于公司领导违规，证监会随机抽查对信息披露违规与经营违规的抑制作用更强。

表3-20　　证监会随机抽查对不同违规类型影响的回归结果

	（1）信息披露违规	（2）经营违规	（3）公司领导违规
Treat	-0.495***	-0.398***	-0.818
	(-4.22)	(-3.25)	(-0.87)

续表

	（1）	（2）	（3）
	信息披露违规	经营违规	公司领导违规
Size	−0.154***	−0.214***	0.196
	（−2.58）	（−3.59）	（0.68）
Lev	0.064	−0.690***	2.848*
	（0.25）	（−2.65）	（1.69）
Growth	0.114**	0.107*	0.159
	（2.14）	（1.90）	（0.57）
Roa	−1.808***	−2.046***	−2.242
	（−4.19）	（−4.51）	（−0.84）
SOE	−0.004	0.123	−0.242
	（−0.02）	（0.66）	（−0.25）
*Top*1	0.537	1.220***	5.267
	（1.20）	（2.70）	（1.55）
Dual	0.185**	0.164*	−1.161*
	（2.01）	（1.75）	（−1.78）
Boardsize	1.275***	1.005***	0.564
	（3.85）	（2.98）	（0.28）
Independ	0.494	1.414	−6.856
	（0.49）	（1.37）	（−1.30）
Vio_before	3.632***	3.093***	5.118***
	（35.97）	（33.08）	（4.23）
Turnover	0.018*	0.028***	−0.120
	（1.76）	（2.60）	（−1.54）
Volatility	−0.289	0.477	3.226
	（−0.70）	（1.12）	（1.28）

	（1）	（2）	（3）
	信息披露违规	经营违规	公司领导违规
Firm FE	Yes	Yes	Yes
Year FE	Yes	Yes	Yes
N	12 066	10 397	453
Chi^2	3 179.383	2 192.273	101.950
Pseudo R^2	0.346	0.281	0.365

注：***、**、*分别表示1%、5%、10%的显著性水平。括号内为参数估计量的z值。

3.6.6 细分具体违规项目

（1）证监会随机抽查对具体违规项目的影响

据 CSMAR 数据库统计，公司具体的违规项目包括以下 16 种：虚构利润、虚列资产、虚假记载（误导性陈述）、推迟披露、重大遗漏、披露不实（其他）、欺诈上市、出资违规、擅自改变资金用途、占用公司资产、内幕交易、违规买卖股票、操纵股价、违规担保、一般会计处理不当以及其他。每种违规类型的表现形式不同，证监会随机抽查对某一种违规的影响也可能不同。为此，检验证监会随机抽查对不同违规项目的影响。需要说明的是，欺诈上市、出资违规、内幕交易、操纵股价这 4 种类型，由于在样本公司内不存在组内变动，所以无法参与 Logit 固定效应回归，为此，只能检验证监会随机抽查对其余 12 种公司违规情况的影响。

表 3-21 列示了证监会随机抽查对公司具体违规项目影响的回归结果，可以看出，变量 *Treat* 与虚构利润、虚假记载（误导性陈述）、推迟披露、重大遗漏、擅自改变资金用途、占用公司资产、一般会计处理不当以及其他违规类型之间存在显著的负相关关系，表明证监会随机抽查可显著抑制上述 8 种违规行为，而对虚列资产、披露不实（其他）、违规买卖股票和违规担保的影响有限。

表3—21　证监会随机抽查对公司具体违规项目影响的回归结果

	(1) 虚构利润	(2) 虚列资产	(3) 虚假记载(误导性陈述)	(4) 推迟披露	(5) 重大遗漏	(6) 披露不实(其他)	(7) 擅自改变资金用途	(8) 占用公司资产	(9) 违规买卖股票	(10) 违规担保	(11) 一般会计处理不当	(12) 其他
Treat	-1.078**	2.214	-0.305*	-0.418***	-0.654***	-0.580	-1.619***	-0.803**	-0.854	-0.657	-0.429**	-0.342***
	(-1.97)	(1.61)	(-1.89)	(-2.98)	(-4.13)	(-1.56)	(-2.93)	(-2.20)	(-0.90)	(-1.61)	(-2.19)	(-2.77)
Size	0.646***	1.257	0.111	0.015	-0.077	-0.125	0.328	0.541***	0.232	0.612***	-0.122	-0.199***
	(2.96)	(0.77)	(1.36)	(0.20)	(-1.00)	(-0.82)	(1.18)	(2.98)	(0.79)	(2.92)	(-1.16)	(-3.32)
Lev	0.568	0.273	0.088	0.445	-0.342	0.608	-3.634***	-1.094	3.011*	0.690	-0.972**	-0.546**
	(0.69)	(0.08)	(0.26)	(1.50)	(-1.06)	(0.88)	(-2.83)	(-1.35)	(1.74)	(0.83)	(-2.24)	(-2.09)
Growth	-0.040	-1.276	-0.055	0.133**	0.100	0.180	-0.369	-0.107	0.169	-0.129	0.170*	0.108*
	(-0.25)	(-1.05)	(-0.73)	(2.22)	(1.45)	(1.31)	(-1.18)	(-0.65)	(0.59)	(-0.70)	(1.81)	(1.91)
Roa	-3.112**	0.072	-2.151***	-2.556***	-1.106**	-1.849*	-2.567	-1.299	-1.864	-2.499**	-2.546***	-1.862***
	(-2.24)	(0.01)	(-3.90)	(-5.20)	(-1.96)	(-1.70)	(-1.20)	(-1.09)	(-0.69)	(-2.00)	(-3.50)	(-4.11)
SOE	-0.511	2.508	-0.235	-0.028	-0.343	1.271**	0.452	0.841*	-0.285	-0.811	0.159	0.000
	(-0.65)	(1.29)	(-0.93)	(-0.14)	(-1.40)	(2.52)	(0.50)	(1.69)	(-0.30)	(-1.56)	(0.46)	(0.00)

	(1) 虚构利润	(2) 虚列资产	(3) 虚假记载（误导性陈述）	(4) 推迟披露	(5) 重大遗漏	(6) 披露不实（其他）	(7) 擅自改变资金用途	(8) 占用公司资产	(9) 违规买卖股票	(10) 违规担保	(11) 一般会计处理不当	(12) 其他
Top1	-1.882	-13.964	-0.498	1.068**	0.170	-0.550	1.909	0.951	5.059	2.173	1.908**	1.147**
	(-1.07)	(-1.24)	(-0.76)	(1.97)	(0.29)	(-0.50)	(0.81)	(0.64)	(1.48)	(1.18)	(2.35)	(2.50)
Dual	-0.332	-0.927	0.217*	0.142	0.242**	0.325	0.170	0.729***	-1.133*	-0.015	-0.278*	0.127
	(-1.05)	(-0.94)	(1.77)	(1.32)	(2.00)	(1.38)	(0.48)	(2.82)	(-1.74)	(-0.05)	(-1.76)	(1.35)
Boardsize	4.526***	9.150*	1.337***	0.592	1.123***	1.316	0.078	0.899	0.503	-0.114	0.592	1.065***
	(3.43)	(1.78)	(2.89)	(1.44)	(2.62)	(1.46)	(0.04)	(0.96)	(0.24)	(-0.11)	(1.06)	(3.14)
Independ	1.873	22.749	-0.092	-1.044	0.289	-1.871	-1.002	2.644	-6.011	1.685	1.738	1.620
	(0.48)	(1.43)	(-0.07)	(-0.85)	(0.22)	(-0.73)	(-0.20)	(0.83)	(-1.12)	(0.53)	(1.02)	(1.56)
Vio_before	3.462***	18.679	3.429***	3.773***	3.271***	3.333***	2.119***	3.683***	5.281***	3.978***	2.668***	3.050***
	(7.10)	(0.01)	(21.92)	(25.93)	(23.81)	(11.51)	(6.06)	(10.31)	(4.23)	(8.25)	(16.21)	(32.18)
Turnover	0.036	-0.178	0.024*	0.021*	0.025*	-0.016	0.051	0.043	-0.162*	-0.056	0.016	0.030***
	(0.83)	(-1.18)	(1.67)	(1.73)	(1.80)	(-0.56)	(1.32)	(1.35)	(-1.93)	(-1.42)	(0.87)	(2.75)

续表

	(1)	(2)	(3)	(4)	(5)	(6)	(7)	(8)	(9)	(10)	(11)	(12)
	虚构利润	虚列资产	虚假记载（误导性陈述）	推迟披露	重大遗漏	披露不实（其他）	擅自改变资金用途	占用公司资产	违规买卖股票	违规担保	一般会计处理不当	其他
Volatility	-3.121**	9.983*	0.076	-0.261	-0.562	-0.723	-2.098	0.289	3.617	2.709*	-0.938	0.291
	(-1.96)	(1.80)	(0.13)	(-0.54)	(-1.03)	(-0.68)	(-1.07)	(0.26)	(1.39)	(1.92)	(-1.19)	(0.68)
Firm FE	Yes	Yes	Yes	Yes	Yes	Yes	Yes	Yes	Yes	Yes	Yes	Yes
Year FE	Yes	Yes	Yes	Yes	Yes	Yes	Yes	Yes	Yes	Yes	Yes	Yes
N	759	139	5 878	8 754	6 384	2 027	617	1 349	443	1 087	3 391	10 099
Chi²	246.347	60.889	1 277.359	2 095.416	1 226.707	402.453	72.127	359.341	103.496	303.767	537.916	2 052.572
Pseudo R²	0.387	0.532	0.300	0.335	0.266	0.301	0.175	0.367	0.380	0.371	0.218	0.272

注：***、**、*分别表示1%、5%、10%的显著性水平。括号内为参数估计量的z值。

（2）随机抽查制度对不同违规严重程度的影响

CSMAR 数据库也列示了对公司违规进行处罚的详细情况，具体分为批评、警告、谴责、罚款、没收非法所得、取消营业许可（责令关闭）、市场禁入和其他 8 种情况。从表 3-6 中发现，证监会随机抽查能够降低公司违规严重程度，但是对每一种具体违规严重程度所发挥的抑制作用可能存在差异。为此，进一步研究证监会随机抽查对公司具体违规严重程度的影响。需要说明的是，在样本公司中，证券监管部门并未对违规公司出具取消营业许可（责令关闭）和市场禁入的处罚。另外，处罚类型为没收非法所得的公司在样本中不存在组内变动差异，因此无法采用 Poisson 固定效应模型回归，只能实证检验随机抽查对批评、警告、谴责、罚款和其他五种违规严重程度的影响，实证结果见表 3-22。可知，在第（1）、（3）列中，变量 *Treat* 的估计系数不显著，说明证监会随机抽查对批评类和谴责类违规处罚类型的抑制作用有限。在第（2）、（4）、（5）列中，变量 *Treat* 的估计系数显著为负，表明证监会随机抽查对警告类、罚款类以及其他类型的违规处罚情况具有显著抑制作用。而警告、罚款的处罚类型正是属于违规程度严重的两种情况。因此，上述结果说明，证监会随机抽查对抑制公司严重违规类型的影响较大。

表3-22　　证监会随机抽查对公司具体违规严重程度影响的回归结果

	（1）	（2）	（3）	（4）	（5）
	批评	警告	谴责	罚款	其他
Treat	−0.050	−0.754*	−0.748	−0.713**	−0.356***
	（−0.23）	（−1.82）	（−1.56）	（−2.06）	（−3.12）
Size	0.181*	0.587***	0.605***	0.551***	−0.256***
	（1.78）	（3.82）	（3.34）	（3.83）	（−4.46）
Lev	0.128	−0.372	1.716***	−0.384	−0.311
	（0.30）	（−0.62）	（2.62）	（−0.70）	（−1.26）
Growth	−0.173*	0.017	−0.077	0.074	0.167***
	（−1.84）	（0.14）	（−0.61）	（0.68）	（3.20）

	（1）	（2）	（3）	（4）	（5）
	批评	警告	谴责	罚款	其他
Roa	−2.707***	−2.628***	−1.455	−2.209**	−1.347***
	（−3.89）	（−2.72）	（−1.32）	（−2.47）	（−3.19）
SOE	0.158	−1.630***	−1.855***	−1.219**	0.206
	（0.49）	（−2.71）	（−3.07）	（−2.36）	（1.16）
$Top1$	−0.106	−1.165	−0.958	0.042	1.009**
	（−0.13）	（−0.94）	（−0.73）	（0.04）	（2.35）
$Dual$	0.629***	0.412*	−0.197	0.199	0.142
	（3.91）	（1.89）	（−0.81）	（0.99）	（1.58）
$Boardsize$	1.369**	3.686***	4.959***	3.078***	1.041***
	（2.09）	（4.28）	（4.11）	（4.14）	（3.27）
$Independ$	−0.030	6.300**	11.511***	4.749**	0.739
	（−0.01）	（2.44）	（3.26）	（2.03）	（0.77）
Vio_before	4.094***	3.351***	3.490***	3.152***	3.316***
	（14.20）	（9.44）	（7.45）	（10.73）	（36.84）
$Turnover$	0.017	0.086***	0.071**	0.080***	0.020**
	（0.83）	（3.22）	（2.22）	（3.34）	（1.98）
$Volatility$	−1.059	−2.337**	0.304	−1.469	0.357
	（−1.38）	（−2.34）	（0.27）	（−1.63）	（0.90）
Firm FE	Yes	Yes	Yes	Yes	Yes
Year FE	Yes	Yes	Yes	Yes	Yes
N	3 372	1 514	1 204	1 903	12 480
Chi²	720.311	355.362	317.689	380.001	2 956.027
Pseudo R²	0.311	0.304	0.345	0.273	0.315

注：***、**、*分别表示1%、5%、10%的显著性水平。括号内为参数估计量的z值。

3.6.7　考察潜在违规的影响

模型（3-5）中，当被解释变量为公司是否违规（*Fraud*）时，采用 Logit 固定效应模型进行实证检验，其前提是假设所发现的违规就是公司的实际违规，但事实并非如此，有可能忽略了一些公司已经违规但尚未被监管部门稽查的情况。为避免 Logit 固定效应模型估计系数存在偏误，借鉴万良勇、邓路和郑小玲（2014），Khanna，Kim 和 Lu（2015），以及 Poirier（1980）的做法，采用部分可观测的 Bivariate Probit 模型进行实证检验。具体做法是将公司违规（*Violation*）分解为违规倾向（*Tendency*）和违规稽查（*Detect*），并引入两个潜变量：违规倾向（$Tendency_{i,t}^{*}$）和违规稽查（$Detect_{i,t}^{*}$），二者各由一组控制变量线性表示，具体模型如下。

$$Tendency_{i,t}^{*} = \gamma X_{Ti,t} + \mu_{i,t} \tag{3-7}$$

$$Detect_{i,t}^{*} = \delta X_{Di,t} + \nu_{it} \tag{3-8}$$

其中，$X_{Ti,t}$ 和 $X_{Di,t}$ 分别是违规倾向和违规稽查的控制变量，μ 和 ν 是均值为 0 且服从二元正态分布的误差项，二者的相关系数为 ρ。

然后，根据违规事件，将潜变量转化为两个虚拟变量：违规倾向（$Tendency_{i,t}$）和违规稽查（$Detect_{i,t}$）。如果 $Tendency_{i,t}^{*} > 0$，则 $Tendency_{i,t} = 1$，否则，$Tendency_{i,t} = 0$。如果 $Detect_{i,t}^{*} > 0$，则 $Detect_{i,t} = 1$，否则，$Detect_{i,t} = 0$。

此时，具有违规倾向（$Tendency_{i,t}$）的公司发生违规且被监管机构稽查（$Detect_{i,t}$）后才能被确定为公司违规，即所观测到实际的公司违规等于违规倾向与违规稽查的乘积，用公式表示为：

$$Violation_{i,t} = Tendency_{i,t} \times Detect_{i,t} \tag{3-9}$$

当 $Violation_{i,t} = 1$ 时，表示公司存在违规并被稽查发现，而当 $Violation_{i,t} = 0$ 时，表示公司不存在违规，或者存在违规行为但未被稽查。因此，公司违规的概率是违规倾向和违规稽查的联合概率分布，各自的概率密度函数分别为：

$$
\begin{aligned}
f(x_i) &= P(Violation_{i,\,t} = 1) \\
&= P(Tendency_{i,\,t} \times Detect_{i,\,t} = 1) \\
&= P(Tendency_{i,\,t} = 1) \cdot P(Detect_{i,\,t} = 1 | Tendency_{i,\,t} = 1) \\
&= \Phi(\gamma X_{Ti,\,t},\ \delta X_{Di,\,t},\ \rho)
\end{aligned}
\tag{3-10}
$$

$$
\begin{aligned}
g(x_i) &= P(Violation_{i,\,t} = 0) \\
&= P(Tendency_{i,\,t} \times Detect_{i,\,t} = 0) \\
&= P(Tendency_{i,\,t} = 0) + P(Tendency_{i,\,t} = 1) \cdot P(Detect_{i,\,t} = 0 | Tendency_{i,\,t} = 1) \\
&= 1 - \Phi(\gamma X_{Ti,\,t},\ \delta X_{Di,\,t},\ \rho)
\end{aligned}
$$

$$\tag{3-11}$$

公司违规（$Violation_{i,\,t}$）的最大似然函数为：

$$
L(\gamma,\ \delta,\ \rho) = \prod_{i=1}^{n} f(x_i) \cdot g(x_i)
\tag{3-12}
$$

公司违规（$Violation_{i,\,t}$）的对数似然函数为：

$$
\begin{aligned}
\ln L(\gamma,\ \delta,\ \rho) &= \sum_{i=1}^{n} \ln[f(x_i)] + \sum_{i=1}^{n} \ln[g(x_i)] \\
&= \sum_{i=1}^{n} \ln[P(Violation_{i,\,t} = 1)] + \sum_{i=1}^{n} \ln[P(Violation_{i,\,t} = 0)] \\
&= \sum \{ Violation_{i,\,t} \cdot \ln[\Phi(\gamma X_{Ti,\,t},\ \delta X_{Di,\,t},\ \rho)] + \\
&\quad (1 - Violation_{i,\,t}) \cdot \ln[1 - \Phi(\gamma X_{Ti,\,t},\ \delta X_{Di,\,t},\ \rho)] \}
\end{aligned}
\tag{3-13}
$$

根据上述研究方法的讨论，将公司违规区分为违规倾向和违规稽查，结合双重差分法，构造如下研究模型，实证检验证监会随机抽查对公司违规倾向和违规稽查的影响：

$$
Tendency_{i,\,t}^{*} = \gamma_0 + \gamma_1 Treat_{i,\,t} + \gamma_i Controls_{i,\,t} + \varepsilon_{i,\,t}
\tag{3-14}
$$

$$
Detect_{i,\,t}^{*} = \delta_0 + \delta_1 Treat_{i,\,t} + \delta_i Controls_{i,\,t} + \varepsilon_{i,\,t}
\tag{3-15}
$$

模型（3-14）是检验证监会随机抽查对违规倾向的影响，模型（3-15）是检验随机抽查对违规稽查的影响。需要说明的是，在应用 Bivariate Probit 模型时，要求模型（3-7）和模型（3-8）中的控制变量 $X_{Ti,\,t}$ 和 $X_{Di,\,t}$ 不完全相同，且解释变量在样本中存在一定的变化。为此，违规倾向的控制变量（$X_{Ti,\,t}$）包括公司规模（Size）、个股年回报率（Return）、董事长与总经理两职合一（Dual）以及其他公司治理变量，如董事会规模（Boardsize）、独立董事比例（Independ）、股权集中度（Top1）、国有持股比例（Stateshr）；违规稽查的控制变量（$X_{Di,\,t}$）包括资产负债率（Lev）、营业收入增长率（Growth）、盈利能力（Roa）、行业 TobinQ 的中位数

（*TobinQ_med*）、流通股年换手率（*Turnover*）、股票日收益率波动率（*Volatility*）、当年行业内公司违规数占同行业公司总数之比（*Violation_num*）、公司是否曾经违规（*Vio_before*）以及上述公司治理变量。

使用 Bivariate Probit 模型的估计结果列于表 3-23，其中，第（1）列中 *Treat* 的估计系数在 10% 的水平上与 *Tendency* 显著负相关（系数为 -0.222，z 值为 -1.83），表明证监会随机抽查抑制了违规倾向。第（2）列中 *Treat* 的估计系数为 0.263，z 值为 1.78，表明证监会随机抽查显著提升了公司违规被监管机构稽查的概率。上述结果表明，证监会随机抽查工作实施后，降低了公司的违规倾向，提升了公司违规被稽查的可能性，这意味着证监会随机抽查不仅有事前威慑作用，还表现出事后惩罚作用。

表3-23　　基于部分可观测的Bivariate Probit模型回归结果

	（1）	（2）
	Tendency	*Detect*
Treat	-0.222*	0.263*
	(-1.83)	(1.78)
Size	-0.054***	
	(-3.39)	
Return	-0.136***	
	(-7.50)	
Dual	0.115***	
	(3.51)	
Boardsize	0.293	-0.098
	(1.23)	(-0.39)
Independ	0.981	-1.194
	(1.09)	(-1.29)
*Top*1	-1.248***	1.574***
	(-4.88)	(5.88)

续表

	（1）	（2）
	Tendency	*Detect*
Stateshr	0.517	−0.426
	（1.42）	（−1.13）
Lev		−0.202**
		（−2.20）
Growth		0.043
		（1.35）
Roa		−0.730***
		（−2.95）
TobinQ_med		−0.191**
		（−2.43）
Turnover		0.033***
		（5.82）
Volatility		−0.028
		（−0.20）
Violation_num		7.641***
		（12.30）
Vio_before		1.886***
		（18.77）
Constant	1.188	−1.780**
	（1.49）	（−2.22）
N	13 308	
Log likelihood	−5 194.108	
Wald chi²	656.795***	

注：***、**、*分别表示1%、5%、10%的显著性水平。括号内为参数估计量的z值。

113

3.7 ——————————本章小结——————————

　　证监会随机抽查制度是资本市场中加强事中事后监管的一项重要举措，该制度的实施效果备受理论界和实务界关注。然而，现有文献对证监会随机抽查的关注度明显不足。本章基于公司违规的视角，研究了证监会随机抽查的经济后果。具体地，围绕研究框架图（如图3-1所示），主要进行了以下研究。首先，考察证监会随机抽查对公司违规的影响效果。其次，进一步研究证监会随机抽查工作的相关特征对公司违规的影响。一方面，检验了证监会随机抽查的长期效应、威慑效应以及溢出效应。另一方面，深入研究证监会随机抽查工作结束后，披露检查公告的细分特征对公司违规的影响，包括证监会在随机抽查现场检查工作结束后，是否发布检查公告、检查公告的类型和详细程度、检查公告中提出问题的数量以及问题的具体类型五个维度。最后，检验证监会随机抽查对公司违规细分特征的影响，包括对违规类型、具体违规项目和处罚程度以及考虑潜在违规等方面的影响。

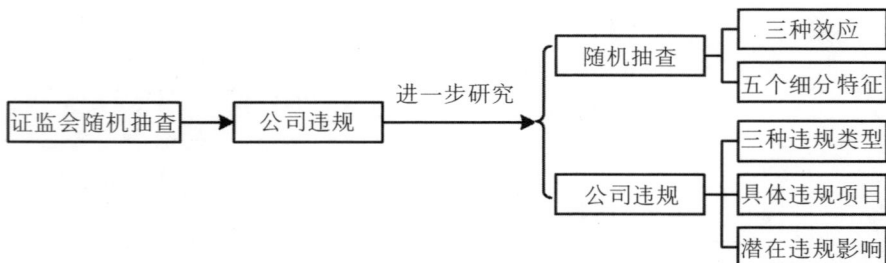

图3-1　证监会随机抽查对公司违规影响的研究框架图

　　本章基于证监会随机抽查制度的准自然实验，利用2011—2020年沪深A股非金融类上市公司数据，采用双重差分模型，实证检验了证监会随机抽查对公司违规的影响，有如下研究发现：

　　第一，证监会随机抽查抑制了公司违规，降低了违规严重程度。随机抽查制度作为证监会创新监管方式的新举措，通过随机选取监管对象和执法人员，可避免选择性执法行为，能够阻止企业贿赂执法人员，提升监管威慑效力，增加公司的违规成本，降低违规收益。另外，证监会随机抽查还吸引了外部利益相关者的关注，增加了外部群体对公司的监督作用，降低了公司违规倾向。基于舞弊三角理论，证监会随机抽查通过强化信息披露与提高内部治理水平，能够降低公司的违规动机、减少违规机会，规避公司找合理化借口从事不规范行为，最终减少违规的发生。

第二，针对证监会随机抽查制度，进一步研究发现：（1）随机抽查制度具有三种效应。就长期效应而言，证监会随机抽查能够抑制未来两年内的公司违规。威慑效应表明，相较于非重复抽查组，在"有放回式"的重复抽查组中，随机抽查抑制公司违规的作用更显著。另外，证监会随机抽查还具有溢出效应，能够减少同地区以及同行业的公司违规行为。（2）基于证监会随机抽查工作结束后披露检查公告的细分特征对公司违规的影响发现，首先，在随机抽查现场检查工作结束后，披露检查公告对公司违规的抑制作用更显著。其次，检查公告的不同类型对公司违规表现出差异性，相对于监管函和警示函，证监会出具责令改正和行政处罚决定的公告更能抑制公司违规。再次，检查公告内容越详细、检查出公司不当行为的问题数量越多，对抑制违规的影响越大。最后，在检查公告中指出公司存在监管指引、内幕信息以及其他问题类型对抑制公司违规的影响有限，而公告中涉及信息披露、公司治理以及财务核算方面的问题时，更能够显著抑制公司违规。

第三，进一步考察证监会随机抽查对公司违规细分特征的影响发现：（1）与公司领导违规相比，随机抽查能够显著抑制信息披露违规和经营违规。（2）详细区分每一种违规类型后，发现随机抽查能够显著抑制违规的类型为虚构利润、虚假记载（误导性陈述）、推迟披露、重大遗漏、擅自改变资金用途、占用公司资产、一般会计处理不当以及其他类型的不当行为。同时，根据违规处罚的类别，检验随机抽查对每一类具体的违规处罚的影响，发现随机抽查对警告类、罚款类以及其他类型处罚的公司违规情况具有显著抑制作用。（3）考虑潜在违规的影响后发现，证监会随机抽查抑制了公司违规倾向，提升了违规被稽查的概率。

根据上述研究发现，能够得到如下研究启示。

第一，证监会应该继续落实随机抽查制度，加强随机抽查制度在资本市场中的应用。证监会随机抽查能够发挥威慑效应，抑制公司违规行为，对于促进资本市场发展，保障资本市场运行具有重要作用。因此，监管机构要高度重视随机抽查，尤其是在监管资源不足、公司主体自律性不高、市场环境多变的情况下，提升执法检查效率，确保资本市场健康发展。证监会应继续对上市公司实施随机抽查，加强随机检查力度，形成有效威慑，让每个企业头上都悬着一把"达摩克利斯之剑"，使企业增强守法的自觉性，依法依规开展生产经营，减少违规的发生。

第二，进一步补充修订与完善证监会随机抽查制度。当前随机抽查制度发挥了一定的积极效果，但该制度的部分规定仍存在完善的空间。首先，部分地区证监局在随机抽查工作实施方案中对抽查对象的选择规定"最近三年已接受过随机抽查的公司将不再列入抽查范围"，这种非放回式随机抽取上市公司会降低随机抽查的威慑力。因此，应考虑有放回式地逐年进行随机抽查。其次，尽管随机抽查制度要求将抽查情况及查处结果及时向社会公开，但是，查处结果公开方面的工作尚不到位，有相当一部分抽查结果并未在官网上公布。这种选择性信息披露会直接影响随机抽查工作的实施效果。为此，证监会及各地证监局要进一步落实此项工作。最后，建议在《随机抽查事项清单》中增加对上市公司进行"财务核算"维度的检查。理由在于，通过梳理现有的随机抽查工作结束后披露的检查公告发现，各地证监局除了关注抽查对象的信息披露及公司治理相关问题外，还会重点关注财务核算领域的问题，并且财务核算也会影响抽查对象的生产经营。为此，建议将证监会对上市公司的随机抽查内容修改为"对上市公司信息披露、公司治理以及财务核算等规范运作情况进行监督检查"。

第三，就公司而言，应规范生产经营行为，减少违规的发生。公司的不当生产经营不仅不利于自身长远发展，严重的还会影响资本市场健康发展，进而削弱投资者信心，增加市场的不确定性。为此，规范自身生产经营行为，确保合规操作，成为公司保持竞争力的重要保障。如果公司在某些环节存在违规问题，当其被证券监管部门查处时，必须积极配合，及时整改。如果公司当前不存在违规行为，则要继续保持，不要抱有侥幸心理，要充分认识到违规被稽查后给公司带来的股价波动、声誉受损等负面影响。因此，公司要充分认识到违规被查处的风险与后果，切实提高合规意识，减少违规动机，从而在复杂的市场环境中稳健发展。

证监会随机抽查影响公司违规的作用机制

4.1 ————————问题的提出————————

第3章实证结果表明，证监会随机抽查能够抑制公司违规行为，那么，随机抽查影响公司违规的作用机制是什么？在《随机抽查事项清单》中发现，证监会对上市公司抽查的主要内容为公司治理、信息披露等规范运作情况。根据深圳证监局对卓翼科技（股票代码：002369）与海王生物（股票代码：000078）等现场检查后出具的检查公告发现，监管部门主要围绕公司治理是否完善、信息披露是否准确等进行现场检查。公司治理机制被认为是影响上市公司违规行为的重要因素，公司治理缺陷会导致治理风险，诱发违规，而良好的公司治理是公司规范经营的基础。那么，证监会在随机抽查现场检查过程中及时发现并指出公司治理存在的问题，能否改善公司治理水平，制约公司违规动机？

信息披露质量作为资本市场健康稳定发展的基础，是决定资本配置效率的关键因素（Healy and Palepu，2001）。信息披露数量越多，披露质量越高，越容易降低公司的信息不对称程度，公司通过复杂且隐蔽的手段进行违规的动机减弱。在我国资本市场发展以及公司治理改革的实践中，证券监管部门高度重视信息披露制度建设。证监会随机抽查执法检查人员在现场检查过程中可实地察看生产经营场所，检查公司的经营情况与财务数据，通过实地考察发现信息披露问题的概率会更高。那么，在当前信息披露质量整体不高、披露公告不及时、披露内容不完善的背景下，证监会随机抽查能否有效改善信息质量，抑制公司违规呢？这一问题有待深入研究。

另外，我国股权结构表现出"一股独大"的现象，已有文献表明大股东在多种情况下存在机会主义动机（鲁桂华、张静、刘保良，2017；Ertimur，Sletten，and Sunder，2014）。公司违规主要是大股东基于控制权谋取私利所为，李文贵和邵毅平（2022）利用证监会各派出机构监管信息公开数据，发现监管信息公开通过规范大股东行为，减少公司违规。那么，证监会对上市公司进行随机抽查能否通过威慑效应影响大股东的机会主义行为，减少违规动机，从而加强对公司的规范经营？

为回答上述问题，本章分别从公司治理、信息披露和大股东行为三个方面探究证监会随机抽查对公司违规影响的作用机制。

4.2 ————————理论分析与研究假设————————

（1）提升公司治理水平

公司违规行为与其内部治理机制间存在明确的因果关系，违规公司的特征往往表现为内部治理不完善，如内部控制存在缺陷（善华军，2010）、董事会会议次数频繁（蔡志岳、吴世农，2007），表明公司隐患越多，越容易发生违规。证监会主要依据《上市公司治理准则》对上市公司进行现场检查。该准则最早于2002年发布，于2018年进行修订，旨在规范上市公司运作，提升上市公司治理水平，保护投资者合法权益，促进资本市场健康发展，具体围绕股东与股东大会、董事与董事会、监事与监事会、控股股东及其关联方与上市公司等方面加以规定。各地证监局在随机抽查工作中聚焦公司治理存在的问题，通过现场检查后出具整改决定，指出股东大会运作不规范、内部控制不完善、会计核算不合理等问题。例如，山东证监局在 2018 年 4 月对齐翔腾达（股票代码：002408）进行现场检查时，指出该公司未按规定召开股东大会；辽宁证监局在 2020 年 7 月对科隆股份（股票代码：300405）进行现场检查时，指出公司审计委员会组成人员不规范、对子公司缺乏有效控制。在检查工作结束后，各地证监局出具责令整改报告，督促公司落实整改措施，帮助公司发现问题并加以改善，有助于提升公司治理水平。

良好的内部治理环境能够更好地强化对公司生产经营行为的监督与约束，制约管理层谋求在职消费以及构建经理"帝国"等不当行为，减少委托代理问题，使管理层与公司整体目标保持一致，从而弱化违规动机，降低公司的违规概率及违规严重程度。已有研究发现，在董事会中引入外部董事（Chen et al.，2006）、增加监事会经济独立性（周泽将、马静、胡刘芬，2019）等都能够抑制公司违规。为此，证监会随机抽查可以通过改善公司治理水平实现抑制公司违规的目标，即良好的公司内部治理环境可能是证监会随机抽查影响公司违规的作用路径。基于上述分析，提出本章第一个研究假设：

H4-1：证监会随机抽查通过改善公司治理水平抑制公司违规。

（2）改善信息披露质量

资本市场是信息流动的市场，及时、准确、真实、完整地进行信息披露，是充分发挥资本市场功能和提高资本市场效率的基本保证（冯旭南、陈工孟，2011）。信息披露是公司向外部投资者传递经营情况的重要渠道，信息披露不完善加剧了公司违规的可能。证监会开展随机抽查工作，依照《上市公司信息披露管理办法》对被抽查公司进行现场检查。该文件要求公司依法履行信息披露义务，保证披露的信息真实、准确、完整，简明清晰、通俗易懂，不得含有虚假记载、误导性陈述或重大遗漏的情况。各地证监局在现场检查过程中，及时发现并指出公司信息披露不准确等问题，并要求公司责令改正，强化了对公司信息披露的要求，改善了公司信息披露质量。例如，2017 年 4 月，广东证监局对分众传媒（股票代码：002027）检查时指出"公司部分临时报告信息未披露、披露不及时、不完整，2015 年年报信息披露存在遗漏"，上述行为不符合《上市公司信息披露管理办法》第二条规定；2017 年 9 月湖南证监局对楚天科技（股票代码：300358）进行现场检查时，指出公司存在跨期确认收入的情况，违反了《上市公司信息披露管理办法》的相关规定。刘瑶瑶、路军伟和宁冲（2021）研究发现，证监会随机抽查在改善会计信息质量方面效果显著，能够抑制公司应计盈余管理和真实盈余管理。信息透明度与信息质量的提升，降低了外部利益相关者与公司主体之间的信息不对称程度，有助于利益相关者更好地了解公司信息，更容易发现公司违规行为，从而减少管理层通过复杂且隐蔽的方式进行违规的可能，降低公司违规倾向，抑制违规的发生。为此，证监会对上市公司进行随机抽查，降低了公司信息不对称程度，且信息披露水平的提升会抑制公司违规的发生，即信息不对称可能是证监会随机抽查影响公司违规的中介路径。基于上述分析，提出本章第二个研究假设：

H4-2：证监会随机抽查通过提升信息透明度抑制公司违规。

（3）规范大股东行为

西方传统的委托代理理论认为，所有权与经营权的分离会导致股东与管理层之间出现严重的代理问题，也称为第一类代理问题（Jensen and Meckling，1976），即作为委托人的股东与作为代理人的管理层之间的目标函数不一致，会引发代理冲突。而我国股权结构存在"一股独大"的现象，大股东与中小股东之间的第二类代理问题则成为我国公司治理中一种特殊的模式。

在"一股独大"的股权结构下，大股东为提升自身控制权私有收益，有掏空上市公司、侵占中小股东利益的动机（La Porta，Lopez-De-Silanes，and Shleifer，1999）。大股东为谋求私利，不仅有动机也有能力掩盖公司违规行为。由于所获得的违规收益由大股东私人享有，违规成本由公司承担，鉴于违规收益远超违规成本，因此作为理性经济人的大股东极有动机为追求自身利益最大化而做出有损于股东财富的机会主义行为。张晨宇和武剑锋（2020）研究发现，存在股权质押的公司，大股东会基于规避控制权转移的机会主义动机，增加信息披露违规的概率。唐跃军（2007）研究发现，具有绝对信息优势的大股东持股有利于掩盖上市公司违法违规行为，使其被查处的可能性较低。另外，随着互联网科技日新月异的发展，公司违规的方式更加隐蔽，手段更加多样化，在现有监管体制下，再次增加了监管难度，提升了监管成本。尤其是近年来上市公司数量越来越多，在促进资本市场繁荣发展的同时，也给监管带来了难题。在当前监管资源有限的情况下，证券监管机构难以将有限的监管资源覆盖到所有上市公司，从而降低了监管稽查的概率。

证监会随机抽查制度作为外部监管机制，强化了对公司的监管，在现场检查过程中，通过对公司治理以及信息披露领域的稽查、纠正，规范了公司的生产经营，从而有助于缓解大股东的利益侵占行为，减少机会主义倾向，抑制违规的发生。李文贵和邵毅平（2022）研究发现，公开监管信息有助于规范大股东行为，约束了股东寻求控制权私利，显著减少了大股东违规。另外，证监会随机抽查工作将检查结果纳入市场主体社会信用记录，与社会信用体系相衔接，从而发挥威慑效应，影响大股东行为。大股东出于维护市值稳定以及保护自身利益的目的，会减少自身的违规动机。基于上述分析，提出本章第三个研究假设：

H4-3：证监会随机抽查通过规范大股东行为抑制公司违规。

4.3 研究设计

4.3.1 样本选择与数据来源

选择2011—2020年沪深A股上市公司为基础研究样本，由于证监会随机抽查制度最早从2016年开始实施，因此将2011年作为起始年，可保证样本的平衡性。样本结束期选择在2020年，主要是因为，在2021年年初，证监会修订了《随机抽查事项清单》相关内容，若包含后续年份可能会增加不确定因素，不能保证抽查政策的一致性与稳定性。其次，已有研究表明，公司违规从动机转变为行为，再到被稽查出来往往需要2~3年的时间，选择最新年份可能出现遗漏样本的问题，最终将样本结束期确定为2020年。

对于初始研究样本，进行如下筛选：（1）剔除金融保险类上市公司；（2）剔除ST、*ST类上市公司；（3）剔除数据缺失的样本观测值。同时，为降低离群值的影响，对所有连续型变量在 1% 和 99% 的水平上进行 Winsorize 处理。

样本中证监会随机抽查的数据主要来自各地证监局官网所公布的年度上市公司随机抽查结果的公告，并通过手动搜集整理得到。公司违规以及其他财务数据与公司治理相关数据均来源于 CSMAR 数据库。

4.3.2　模型构建与变量定义

为检验证监会随机抽查对公司违规影响的作用机制——公司治理水平、信息披露质量与大股东行为，借鉴温忠麟等（2004）以及 Baron 和 Kenny（1986）中介效应模型检验方法，采用逐步回归法，构建如下三阶段回归模型检验中介效应：

$$Violation_{i,t} = \alpha_0 + \alpha_1 Treat_{i,t} + \alpha_i Controls_{i,t} + \mu_i + \tau_t + \varepsilon_{i,t} \tag{4-1}$$

$$Mediator_{i,t} = \eta_0 + \eta_1 Treat_{i,t} + \eta_i Controls_{i,t} + \mu_i + \tau_t + \varepsilon_{i,t} \tag{4-2}$$

$$Violation_{i,t} = \lambda_0 + \lambda_1 Treat_{i,t} + \lambda_2 Mediator_{i,t} + \lambda_i Controls_{i,t} + \mu_i + \tau_t + \varepsilon_{i,t} \tag{4-3}$$

在检验中介效应时，首先要考察证监会随机抽查对公司违规的影响，只有在二者关系显著的情况下，才能进一步研究中介效应的存在性。模型（4-1）与第 3 章模型（3-5）设定一样，第 3 章实证结果已表明变量 $Treat$ 的估计系数 α_1 显著为负，说明证监会随机抽查能够显著抑制公司违规。接着，构建模型（4-2），进一步检验随机抽查对公司违规的影响机制。如果模型（4-2）中 η_1 显著，表明证监会随机抽查对中介变量存在显著影响。进一步构建（4-3），该模型是在模型（4-1）的基础上加入中介变量构建的模型，其中，若 λ_2 显著，同时 λ_1 显著为负且小于模型（4-1）中的 α_1，则可说明在证监会随机抽查对公司违规的影响中存在部分中介效应；若 λ_2 显著，但 λ_1 不显著，则说明在二者关系中存在完全中介效应。

中介变量（$Mediator$）包括公司治理、信息披露与大股东行为三个变量，具体衡量方式如下：

第一，公司治理变量。由于公司治理水平是各个利益相关主体在激励、监督、协调、制衡下的综合表现，所以仅关注某一个指标并不能较好地反映公司整体的治理状况。有鉴于此，借鉴蔡春等（2021）、蒋琰（2009）以及张会丽和陆正飞（2012）的做法，利用主成分分析法，构建能够综合反映公司整体状况的公司治理指数（*Governance*）。具体地，选用第一大股东持股比例、第二到第十大股东持股比例的平方和、高管持股比例、董事会规模、独立董事持股比例、两职合一、产权属性以及在B股或H股交叉上市八个变量进行主成分分析，选取第一主成分作为公司治理指数。在第一主成分中，八个变量的因子载荷系数分别为-0.226、0.245、0.704、-0.611、0.448、0.656、-0.705、-0.255。载荷系数的符号与李春涛、薛原和惠丽丽（2018）的研究基本一致。另外，从载荷系数的大小分析发现，产权属性、高管持股比例、两职合一和董事会规模在所构建的公司治理指数中占据重要地位。需要说明的是，第一主成分得分越高，表明公司治理水平越好。

第二，信息透明度变量。借鉴 Dechow 和 Sloan（1995）的做法，使用修正的琼斯模型测算应计盈余管理程度，用于衡量公司信息透明度（*AbsDA*）。具体计算公式如下：

$$\frac{TACC_{i,t}}{Asset_{i,t-1}} = \alpha_1 \frac{1}{Asset_{i,t-1}} + \alpha_2 \frac{\Delta Sale_{i,t}}{Asset_{i,t-1}} + \alpha_3 \frac{Ppe_{i,t}}{Asset_{i,t-1}} + \varepsilon_{i,t} \tag{4-4}$$

$$NDA_{i,t} = \alpha_1 \frac{1}{Asset_{i,t-1}} + \alpha_2 \frac{\Delta Sale_{i,t} - \Delta Rec_{i,t}}{Asset_{i,t-1}} + \alpha_3 \frac{Ppe_{i,t}}{Asset_{i,t-1}} \tag{4-5}$$

$$DA_{i,t} = \frac{TACC_{i,t}}{Asset_{i,t-1}} - NDA_{i,t} \tag{4-6}$$

上述公式中，*TACC* 为总应计项目，用净利润减去经营活动产生的现金净流量衡量；*Asset* 为总资产；*Sale* 为营业收入；*Rec* 为应收账款；*Ppe* 为固定资产净额；符号 Δ 代表各变量的变动。

具体计算过程为：先对模型（4-4）进行分行业、年度回归，再将估计系数代入模型（4-5）中，得到不可操纵应计部分。接着，利用模型（4-6）计算总应计项目与不可操纵应计部分之差，得到可操纵应计利润（*DA*）。最后，对 *DA* 取绝对值（*AbsDA*），用于衡量公司信息透明度。需要说明的是，该数值越大，表明公司进行盈余管理的程度越高，信息透明度越低。

第三，大股东行为变量。大股东剥削中小股东利益的方式有很多。例如，大股东可以将公司发展机会转移给自己控股的子公司，通过内幕交易向自己控股的子公司转移利润以及占用上市公司资产等（Johnson et al.,

2000）。但是，大股东占用上市公司资金是其侵占中小股东利益的主要表现行为之一（罗进辉，2012），这种资金占用主要被包含在其他应收款中（姜国华、岳衡，2005）。李文贵、余明桂和钟慧洁（2017）也指出，其他应收款往往是大股东利益侵占的项目。为此，选择其他应收款与期末总资产之比，作为大股东侵占中小股东利益的衡量指标（*Blockholder*）。该指标也经常用作衡量第二类代理成本的大小，值越大，说明公司代理问题越严重。

中介效应三阶段模型中的控制变量与第3章模型（3–5）中的控制变量一致，具体变量定义见表4–1。

表4–1　　　　　　　　　　　　　**变量定义与说明**

变量符号	变量名称	变量定义
Fraud	公司是否违规	公司当年发生违规取1，否则为0
Degree	公司违规严重程度	根据监管机构处罚方式，定义不存在违规、违规程度较轻、较重、严重四种情形，分别赋值为0、1、2、3
Treat	证监会随机抽查的虚拟变量	被证监会抽查当年及以后年份定义为1，否则定义为0
Governance	公司治理水平	对第一大股东持股比例等8个变量进行主成分分析，采用其中第一主成分衡量公司治理指数
AbsDA	信息透明度	采用修正的琼斯模型计算应计盈余管理，取其绝对值
Blockholder	大股东行为	其他应收款/期末总资产
Size	公司规模	期末总资产的自然对数
Lev	资产负债率	期末总负债/期末总资产
Growth	成长能力	营业收入增长率
Roa	资产收益率	期末净利润/期末总资产
SOE	产权性质	国有企业取值为1，非国有企业取值为0
*Top*1	股权集中度	第一大股东持股比例

变量符号	变量名称	变量定义
Dual	两职合一	董事长与总经理两职兼任为1，否则为0
Boardsize	董事会规模	董事会人数取自然对数
Independ	独立董事比例	独立董事人数/董事会人数
Vio_before	是否曾经违规	公司往年曾经违规取1，否则取0
Turnover	股票换手率	公司当年流通股的年换手率
Volatility	股票波动率	公司当年股票日收益率的标准差
μ_i	公司	公司固定效应
τ_t	年度	年度固定效应

4.4 ——————实证结果与分析——————

4.4.1 描述性统计

表4-2为各变量的描述性统计表。可以发现，利用主成分分析法计算得到的公司治理水平变量（*Governance*）的最小值为-1.751，最大值为2.385，标准差为0.965，表明上市公司治理水平差异较大。衡量信息透明度指标（*AbsDA*）的均值为0.072，其最小值为0.001，最大值为0.446，二者相差较大，表明我国上市公司进行了不同程度的盈余管理，信息披露质量参差不齐。衡量大股东行为变量（*Blockholder*）的最小值为0，主要是因为其他应收款项目为0所致。其均值为0.016、标准差为0.024，最大值为0.148，在一定程度上表明上市公司的大股东存在机会主义行为，存在侵占中小股东利益的现象。其余变量的描述性统计结果与第3章表3-3完全一致，本章不再赘述。

表4-2 描述性统计表

变量名	观测值	平均值	标准差	最小值	中位数	最大值
Fraud	25 430	0.153	0.360	0.000	0.000	1.000
Degree	25 430	0.219	0.585	0.000	0.000	3.000
Treat	25 430	0.085	0.279	0.000	0.000	1.000
Governance	25 430	0.017	0.965	−1.751	−0.126	2.385
AbsDA	25 430	0.072	0.079	0.001	0.047	0.446
Blockholder	25 430	0.016	0.024	0.000	0.008	0.148
Size	25 430	22.218	1.292	19.776	22.044	26.207
Lev	25 430	0.433	0.210	0.055	0.424	0.937
Growth	25 430	0.172	0.455	−0.594	0.099	3.043
Roa	25 430	0.035	0.065	−0.308	0.035	0.195
SOE	25 430	0.373	0.484	0.000	0.000	1.000
*Top*1	25 430	0.343	0.148	0.085	0.321	0.745
Dual	25 430	0.269	0.443	0.000	0.000	1.000
Boardsize	25 430	2.130	0.199	1.609	2.197	2.708
Independ	25 430	0.375	0.053	0.333	0.357	0.571
Vio_before	25 430	0.275	0.446	0.000	0.000	1.000
Turnover	25 430	5.106	3.935	0.473	3.943	20.232
Volatility	25 430	0.455	0.125	0.221	0.435	0.819

4.4.2 基本回归结果

（1）公司治理机制

首先，检验公司治理水平在证监会随机抽查影响公司违规中发挥的作用机制。其中，证监会随机抽查对公司违规的实证结果见第3章表3-6，发现 *Treat* 的估计系数均在1%的水平上与公司是否违规、公司违规严重程度显著负相关，系数分别为−0.469、−0.217，z值分别为−4.21、−3.17。此处仅对模型（4-2）和模型（4-3）的进行说明。表4-3第（1）列显示了证监会随机抽查影响公司治理的结果，发现 *Treat* 的估计系数为0.029，在1%的水平上显著为正，表明证监会随机抽查能够改善公司治理水平。根据第（2）、（3）列结果可知，*Governance* 的估计系数至少在5%的水平上显著为负，表明良好的公司治理水平能够抑制公司违规与降低违规严重程度。另外，*Treat* 的估计系数均在1%的水平上显著为负，分别为−0.460、−0.213，且估计系数的绝对值小于表3-6中 *Treat* 估计系数（−0.469、−0.217）的绝对值。同时，Sobel检验结果显示，Z统计量显著。上述结果表明，公司治理水平在证监会随机抽查影响公司违规中发挥了部分中介作用，即证监会随机抽查能够改善公司治理水平，而完善的公司内部治理体系有助于规范公司的生产经营，减少管理层的机会主义行为，使管理层与公司整体目标保持一致，从而制约公司的违规动机，降低违规概率及违规严重程度，从而假设H4-1成立。

表4-3　　　　　　　　　　公司治理机制的实证结果

	（1）	（2）	（3）
	Governance	*Fraud*	*Degree*
Treat	0.029***	−0.460***	−0.213***
	(3.07)	(−4.12)	(−3.10)
Governance		−0.514***	−0.209**
		(−3.36)	(−2.36)
Size	0.012***	−0.266***	−0.033
	(4.15)	(−4.63)	(−1.02)
Lev	0.187***	−0.150	−0.025
	(11.93)	(−0.61)	(−0.19)
Growth	−0.021***	0.124**	0.031
	(−3.84)	(2.39)	(1.14)
Roa	−0.187***	−1.788***	−1.029***
	(−4.49)	(−4.24)	(−4.77)
SOE	0.820***	0.411**	0.050
	(130.57)	(1.99)	(0.41)

续表

	(1)	(2)	(3)
	Governance	Fraud	Degree
Top1	0.659***	1.267***	0.447*
	(34.52)	(2.89)	(1.75)
Dual	−0.881***	−0.211	−0.044
	(−144.75)	(−1.44)	(−0.53)
Boardsize	1.286***	1.875***	1.152***
	(74.88)	(5.13)	(5.49)
Independ	−3.922***	−1.400	0.066
	(−67.13)	(−1.25)	(0.10)
Vio_before	0.018***	3.509***	2.958***
	(3.38)	(39.26)	(41.30)
Turnover	−0.006***	0.022**	0.019***
	(−7.25)	(2.29)	(3.37)
Volatility	−0.117***	0.263	−0.148
	(−3.24)	(0.67)	(−0.67)
Constant	−1.787***		
	(−23.43)		
Firm FE	Yes	Yes	Yes
Year FE	Yes	Yes	Yes
N	13 308	13 308	13 308
F/Chi^2	2 976.620	3 532.815	1 917.466
Adj R^2/ Pseudo R^2	0.892	0.347	
Sobel Z		−2.325**	−1.898*

注：***、**、*分别表示1%、5%、10%的显著性水平。第（1）列括号内为参数估计量的t值，第（2）、（3）列括号内为参数估计量的z值。

（2）信息披露机制

其次，检验信息披露质量在证监会随机抽查影响公司违规中的作用机制。其中，第 3 章表 3-6 结果显示，*Treat* 的估计系数分别为 −0.469、−0.217，说明随机抽查显著抑制了公司违规与违规严重程度。证监会随机抽查对信息披露的影响见表 4-4 第（1）列，实证结果显示，变量 *Treat* 与 *AbsDA* 显著负相关，表明证监会随机抽查显著抑制了盈余管理程度，提升了会计信息质量。第（2）、（3）列结果显示，*AbsDA* 的估计系数分别为 1.280、0.414，至少在 5% 的水平上显著为正，说明公司进行盈余管理的程度越高，越容易发生违规。另外，*Treat* 的系数分别为 −0.452、−0.211，z 值分别为 −4.05、−3.07，均在 1% 的水平上与 *Fraud* 和 *Degree* 显著负相关，且估计系数的绝对值小于表 3-6 中 *Treat* 估计系数（−0.469、−0.217）的绝对值。同时，Sobel Z 统计量分别在 1%、5% 的水平上显著，表明信息披露在随机抽查影响公司违规中发挥了部分中介作用，即证监会随机抽查通过提升信息透明度抑制了公司违规，验证了信息渠道，假设 H4-2 成立。

表4-4　　　　　　　　　　　**信息披露机制的实证结果**

	（1）	（2）	（3）
	AbsDA	*Fraud*	*Degree*
Treat	−0.014***	−0.452***	−0.211***
	（−4.57）	（−4.05）	（−3.07）
AbsDA		1.280***	0.414**
		（3.81）	（2.22）
Size	−0.022***	−0.246***	−0.024
	（−14.65）	（−4.26）	（−0.74）
Lev	0.030***	−0.261	−0.066
	（4.41）	（−1.06）	（−0.50）
Growth	0.033***	0.091*	0.021
	（22.07）	（1.71）	（0.74）
Roa	−0.289***	−1.328***	−0.857***
	（−22.94）	（−3.03）	（−3.75）

	（1）	（2）	（3）
	AbsDA	*Fraud*	*Degree*
SOE	−0.011**	0.055	−0.099
	（−2.31）	（0.32）	（−0.97）
*Top*1	0.060***	0.843**	0.303
	（5.41）	（1.98）	（1.21）
Dual	0.000	0.183**	0.111**
	（0.07）	（2.09）	（2.27）
Boardsize	0.021***	1.207***	0.880***
	（2.68）	（3.85）	（4.92）
Independ	0.017	0.520	0.853
	（0.68）	（0.55）	（1.54）
Vio_before	−0.001	3.501***	2.955***
	（−0.86）	（39.35）	（41.28）
Turnover	−0.001**	0.023**	0.019***
	（−2.33）	（2.32）	（3.42）
Volatility	0.066***	0.208	−0.161
	（6.06）	（0.53）	（−0.72）
Constant	0.477***		
	（12.20）		
Firm FE	Yes	Yes	Yes
Year FE	Yes	No	No
N	13 308	13 308	13 308
F/Chi^2	76.350	3 536.008	1 917.511
Adj R^2/Pseudo R^2	0.005	0.347	
Sobel Z		−2.951***	−2.009**

注：***、**、*分别表示1%、5%、10%的显著性水平。第（1）列括号内为参数估计量的t值，第（2）、（3）列括号内为参数估计量的z值。

（3）大股东行为的作用机制

最后，检验大股东行为在证监会随机抽查影响公司违规中的作用机制。第一步，检验随机抽查对公司违规的影响，实证结果见第3章表3-6，显示 *Treat* 在1%的水平上显著降低了公司违规与违规严重程度，其估计系数分别为-0.469、-0.217，z值分别为-4.21、-3.17。第二步，检验证监会随机抽查对大股东行为的影响，表4-5第（1）列结果显示，*Treat* 的估计系数为-0.002，t值为-2.00，表明证监会随机抽查显著抑制了大股东的机会主义行为，降低了掏空动机。第三步，将大股东行为变量（*Blockholder*）加入模型（4-1）中，实证结果列于第（2）、（3）列，发现 *Blockholder* 的估计系数在1%的水平上与公司是否违规、公司违规严重程度显著正相关，表明大股东机会主义行为会引发公司违规。另外，变量 *Treat* 在5%的水平上与 *Fraud* 和 *Degree* 显著负相关，其估计系数分别为-0.161、-0.111，该系数的绝对值均小于表3-6中 *Treat* 估计系数（-0.469、-0.217）的绝对值。同时，Sobel Z 统计结果显著。上述结果说明，大股东机会主义行为在证监会随机抽查影响公司违规中发挥部分中介效应，即证监会随机抽查发挥威慑作用，影响大股东侵占中小股东利益的行为，从而减少公司违规，降低公司违规的严重程度，假设H4-3成立。

表4-5 **大股东行为作用机制的实证结果**

	（1）	（2）	（3）
	Blockholder	*Fraud*	*Degree*
Treat	-0.002**	-0.161**	-0.111**
	（-2.00）	（-2.02）	（-2.27）
Blockholder		4.086***	3.080***
		（4.54）	（7.07）
Size	0.002***	-0.066**	-0.040***
	（6.29）	（-2.57）	（-2.69）
Lev	-0.019***	-0.012	0.142*
	（-10.63）	（-0.08）	（1.82）

	（1）	（2）	（3）
	Blockholder	*Fraud*	*Degree*
Growth	0.001***	0.105**	0.033
	（2.68）	（2.19）	（1.27）
Roa	0.023***	−1.913***	−1.308***
	（6.83）	（−5.39）	（−7.38）
SOE	0.003**	−0.239***	−0.172***
	（2.31）	（−4.16）	（−5.09）
*Top*1	0.020***	0.090	−0.193*
	（6.74）	（0.51）	（−1.86）
Dual	0.000	0.126**	0.057*
	（0.71）	（2.28）	（1.83）
Boardsize	−0.005**	0.374**	0.119
	（−2.32）	（2.35）	（1.30）
Independ	−0.016**	0.117	−0.124
	（−2.51）	（0.22）	（−0.40）
Vio_before	−0.002***	3.777***	3.055***
	（−6.10）	（46.15）	（44.49）
Turnover	0.000	0.012	0.009**
	（0.73）	（1.45）	（2.06）
Volatility	−0.001	0.316	0.064
	（−0.44）	（0.97）	（0.35）
Constant	−0.054***		
	（−5.24）		
Firm FE	Yes	Yes	Yes
Year FE	Yes	Yes	Yes

133

	（1）	（2）	（3）
	Blockholder	*Fraud*	*Degree*
N	13 308	13 308	13 308
F/Chi²	28.142	5 287.093	5 922.904
Adj R²/Pseudo R²	0.048	0.331	0.254
Sobel Z		−1.830*	−1.924*

注：***、**、*分别表示1%、5%、10%的显著性水平。第（1）列括号内为参数估计量的t值，第（2）、（3）列括号内为参数估计量的z值。

4.5 ——————稳健性检验——————

4.5.1 改变公司违规变量的衡量方式

在上文实证检验中，被解释变量采用公司是否违规以及违规严重程度来衡量公司违规情况，除了上述两种衡量方式外，借鉴杜兴强和张颖（2021），江新峰、张敦力和李欢（2020），以及孟庆斌、李昕宇和蔡欣园（2018）的做法，采用公司当年的违规次数以及违规次数的对数进行衡量。具体地，违规次数（*Vio_Fre*）主要为公司当年发生违规的合计数，违规次数的对数（*lnViofre*）是对违规次数加1后再取自然对数进行衡量。

第一，检验公司治理机制。首先，考察证监会随机抽查对公司违规次数以及公司违规次数对数的影响。实证结果列于表4-6第（1）、（2）列，该结果与第3章稳健性检验中表3-10结果一致，为便于比较，将结果再次置于此处。*Treat* 的估计系数分别为−0.159、−0.042，分别与 *Vio_Fre* 和 *lnViofre* 在5%、1%的水平上显著负相关，表明证监会随机抽查显著降低了公司违规次数。其次，第（3）列中 *Treat* 的估计系数显著为正，表明随机抽查有助于提升公司治理水平。最后，加入公司治理变量后，第（4）、（5）列结果显示，*Governance* 的估计系数显著为负，表明良好的公司治理能够降低违规次数。另外，*Treat* 的估计系数分别为-0.151、-0.042，至少在5%的水平上显著降低违规次数，且其系数的绝对值小于第（1）、（2）列中 *Treat* 估计系数的绝对值。同时，Sobel Z统计量至少在5%的水平上显著，表明公司治理水平发挥了证监会随机抽查影响公司违规的部分中介作用。

第二，检验信息披露机制。首先，考察证监会随机抽查对公司违规次数的影响，表4-6中第（1）、（2）列结果显示 *Treat* 的估计系数为-0.159、-0.042，至少在5%的水平上显著降低了公司违规次数。其次，实证研究随机抽查对信息披露的影响。据第（6）列结果可知，变量 *Treat* 与 *AbsDA* 显著负相关，表明证监会随机抽查显著降低信息不对称，改善了信息环境。第（7）、（8）列结果显示，*AbsDA* 的系数显著为正，表明信息不对称程度容易导致公司的违规行为，*Treat* 与 *Vio_Fre* 和 *lnViofre* 之间表现为显著的负相关关系，系数分别为-0.153、-0.040，表明证监会随机抽查能够降低违规次数，另外，该系数的绝对值小于（1）、（2）列中 *Treat* 估计系数（-0.159、-0.042）的绝对值。并且，Sobel统计结果显示，Z统计量显著，说明信息披露在随机抽查影响公司违规中发挥了部分中介作用，即证监会随机抽查通过改善信息环境，提升信息透明度，缓解了信息不对称，从而减少了违规行为。

第三，检验大股东行为的作用机制。首先，研究证监会随机抽查对公司违规次数的影响，表4-6第（1）、（2）列结果显示 *Treat* 的估计系数显著为负，表明随机抽查抑制了公司违规。其次，第（9）列结果发现 *Treat* 在5%的水平上显著抑制了大股东的机会主义行为。最后，从第（10）、（11）列结果看出，*Blockholder* 的系数显著为正，表明大股东的机会主义行为很有可能会导致公司违规，而证监会随机抽查则会抑制违规的发生（*Treat* 的系数分别为-0.161、-0.044，z值、t值分别为-2.51、-3.16）。同时，中介效应逐步回归结果显示，通过了Sobel检验。总体来看，证监会随机抽查通过限制大股东的机会主义行为，抑制了公司违规。

综上所述，表4-6的结果说明，公司治理水平、信息披露质量与大股东行为在证监会随机抽查影响公司违规中发挥了部分中介作用，即证监会随机抽查通过改善公司治理、提升信息透明度与抑制大股东机会主义行为，最终减少了公司违规。结果验证了中介效应的存在，支持了上文中的三个研究假设，表明研究结论具有稳健性。

表4-6

改变公司违规变量衡量方式的中介效应回归结果

| | 公司违规次数 | | 公司治理水平 | | | 信息披露质量 | | | 大股东行为 | | |
| | (1) | (2) | (3) | (4) | (5) | (6) | (7) | (8) | (9) | (10) | (11) |
	Vio_Fre	lnViofre	Governance	Vio_Fre	lnViofre	AbsDA	Vio_Fre	lnViofre	Blockholder	Vio_Fre	lnViofre
Treat	-0.159**	-0.042***	0.029***	-0.151**	-0.042***	-0.014***	-0.153**	-0.040***	-0.002**	-0.161**	-0.044***
	(-2.47)	(-3.05)	(3.07)	(-2.33)	(-3.01)	(-4.57)	(-2.37)	(-2.91)	(-2.00)	(-2.51)	(-3.16)
Governance				-0.385***	-0.063***						
				(-4.43)	(-3.49)						
AbsDA							0.437**	0.132***			
							(2.40)	(3.17)			
Blockholder										2.968***	0.920***
										(4.93)	(5.85)
Size	-0.003	0.002	0.012***	-0.009	0.003	-0.022***	0.004	0.005	0.002***	0.006	0.004
	(-0.10)	(0.32)	(4.15)	(-0.28)	(0.43)	(-14.65)	(0.12)	(0.74)	(6.29)	(0.19)	(0.66)
Lev	0.111	0.020	0.187***	0.167	0.029	0.030***	0.095	0.016	-0.019***	0.038	0.002
	(0.85)	(0.64)	(11.93)	(1.28)	(0.95)	(4.41)	(0.73)	(0.51)	(-10.63)	(0.29)	(0.07)
Growth	0.038	0.009	-0.021***	0.033	0.008	0.033***	0.025	0.005	0.001***	0.039	0.010
	(1.43)	(1.34)	(-3.84)	(1.23)	(1.18)	(22.07)	(0.90)	(0.68)	(2.68)	(1.45)	(1.48)

续表

	公司违规次数		公司治理水平			信息披露质量			大股东行为		
	(1)	(2)	(3)	(4)	(5)	(6)	(7)	(8)	(9)	(10)	(11)
	Vio_Fre	lnViofre	Governance	Vio_Fre	lnViofre	AbsDA	Vio_Fre	lnViofre	Blockholder	Vio_Fre	lnViofre
Roa	-1.051***	-0.375***	-0.187***	-1.038***	-0.379***	-0.289***	-0.869***	-0.337***	0.023***	-0.953***	-0.354***
	(-5.02)	(-6.59)	(-4.49)	(-4.95)	(-6.68)	(-22.94)	(-3.91)	(-5.79)	(6.83)	(-4.53)	(-6.22)
SOE	-0.049	-0.019	0.820***	0.233**	0.027	-0.011**	-0.044	-0.017	0.003**	-0.048	-0.016
	(-0.49)	(-0.86)	(130.57)	(1.98)	(1.03)	(-2.31)	(-0.44)	(-0.79)	(2.31)	(-0.48)	(-0.73)
Top1	0.392	0.020	0.659***	0.613**	0.060	0.060***	0.358	0.012	0.020***	0.485**	0.038
	(1.60)	(0.40)	(34.52)	(2.44)	(1.17)	(5.41)	(1.45)	(0.24)	(6.74)	(1.97)	(0.76)
Dual	0.151***	0.026**	-0.881***	-0.141*	-0.024	0.000	0.148***	0.026**	0.000	0.148***	0.026**
	(3.22)	(2.48)	(-144.75)	(-1.74)	(-1.34)	(0.07)	(3.16)	(2.48)	(0.71)	(3.17)	(2.52)
Boardsize	0.772***	0.160***	1.286***	1.260***	0.237***	0.021***	0.759***	0.157***	-0.005**	0.746***	0.155***
	(4.35)	(4.45)	(74.88)	(6.03)	(5.62)	(2.68)	(4.28)	(4.37)	(-2.32)	(4.21)	(4.33)
Independ	0.609	0.072	-3.922***	-0.828	-0.166	0.017	0.606	0.070	-0.016**	0.517	0.057
	(1.12)	(0.64)	(-67.13)	(-1.31)	(-1.27)	(0.68)	(1.11)	(0.62)	(-2.51)	(0.95)	(0.51)
Vio_before	2.884***	0.373***	0.018***	2.897***	0.374***	-0.001	2.887***	0.373***	-0.002***	2.877***	0.371***
	(41.42)	(54.06)	(3.38)	(41.53)	(54.18)	(-0.86)	(41.44)	(54.10)	(-6.10)	(41.29)	(53.72)

续表

	公司违规次数		公司治理水平			信息披露质量			大股东行为		
	(1)	(2)	(3)	(4)	(5)	(6)	(7)	(8)	(9)	(10)	(11)
	Vio_Fre	lnViofre	Governance	Vio_Fre	lnViofre	AbsDA	Vio_Fre	lnViofre	Blockholder	Vio_Fre	lnViofre
Turnover	0.015***	0.003**	-0.006***	0.016***	0.003**	-0.001**	0.016***	0.003**	0.000	0.016***	0.003**
	(2.80)	(2.24)	(-7.25)	(2.84)	(2.31)	(-2.33)	(2.86)	(2.31)	(0.73)	(2.87)	(2.29)
Volatility	0.076	-0.000	-0.117***	0.056	-0.002	0.066***	0.054	-0.009	-0.001	0.095	-0.002
	(0.36)	(-0.01)	(-3.24)	(0.26)	(-0.03)	(6.06)	(0.25)	(-0.18)	(-0.44)	(0.44)	(-0.03)
Constant		-0.424**	-1.787***		-0.536***	0.477***		-0.487***	-0.054***		-0.474***
		(-2.40)	(-23.43)		(-2.98)	(12.20)		(-2.74)	(-5.24)		(-2.68)
Firm FE	Yes	Yes	Yes	Yes	Yes	Yes	Yes	Yes	Yes	Yes	Yes
Year FE	Yes	Yes	Yes	Yes	Yes	Yes	Yes	Yes	Yes	Yes	Yes
N	13 308	13 308	13 308	13 308	13 308	13 308	13 308	13 308	13 308	13 308	13 308
F/Chi²	2 009.487	166.681	2 976.620	2 023.783	159.808	76.350	2 015.068	159.684	28.142	2 028.582	161.109
Adj R²		0.129	0.892		0.130	0.005		0.129	0.048		0.231
Sobel Z				-2.605***	-2.371**		-2.126**	-2.607***		-1.853*	-1.893*

注：***、**、*分别表示1%、5%、10%的显著性水平。其中，第 (1)、(4)、(7)、(10) 列括号内为参数估计量的z值，其余列括号内为参数估计量的t值。

4.5.2 改变中介变量的衡量方式

除了改变公司违规变量的衡量方式外，还通过替换实证模型中的中介变量进行稳健性检验。具体定义方式如下：

第一，公司治理变量。原有的公司治理变量采用第一大股东持股比例等8个变量进行主成分分析，选取第一主成分作为公司治理指数。在稳健性检验中，借鉴周茜、许晓芳和陆正飞（2020）的做法，在激励机制中增加高管薪酬，在股权结构的监督作用中加入机构投资者持股比例变量，共10个变量进行主成分分析，依然选取第一主成分作为公司治理指数（*Governance_new*）。

第二，信息披露变量。借鉴陈运森和黄健峤（2019）以及伊志宏、杨圣之和陈钦源（2019）的做法，采用股价同步性（*Syn*）衡量公司信息环境，具体计算过程如下：

首先，根据如下模型，对个股的周收益率回归，得到 R^2。

$$R_{i,w,t} = \theta_0 + \theta_1 R_{M,w,t} + \theta_2 R_{M,w-1,t} + \theta_3 R_{I,w,t} + \theta_4 R_{I,w-1,t} + \varepsilon_{i,t} \tag{4-7}$$

其中，$R_{i,w,t}$ 与 $R_{M,w,t}$ 分别为第t年w周考虑现金红利再投资的公司个股收益率与市场整体流通市值加权平均收益率，$R_{I,w,t}$ 为公司所在行业剔除个股后的其他股票流通市值加权平均收益率。

其次，对 R^2 取对数处理，使其呈正态分布，最终得到的指标 *Syn* 即可作为股价同步性的替代指标：

$$Syn_{i,t} = \ln \frac{R_{i,t}^2}{1 - R_{i,t}^2} \tag{4-8}$$

需要说明的是，股价同步性越高，表明公司在市场中特质信息越少，信息不对称程度越高，信息透明度越低，因此，该指标是衡量信息环境的反向指标。

第三，大股东机会主义行为变量。借鉴孔东民、刘莎莎和应千伟（2013），张永冀、炎晓阳和张瑞君（2014）的研究方法，采用年度上市公司与各关联方之间销售与购买商品、接受与提供劳务两项业务总额作为关联方交易金额，进一步考虑到上市公司之间的销售规模存在差异，用营业收入进行规模化处理，即采用关联方交易金额与营业收入之比衡量大股东侵占小股东利益的程度（*RPT*）。该值越大，表明大股东的侵占动机越强。

替换中介变量后的回归结果见表4-7。第（3）列结果显示，在替换公司治理变量后，*Treat* 的估计系数在5%的水平上显著为正，表明证监会随机抽查提升了公司治理水平。将公司治理变量加入证监会随机抽查影响公司违规的模型中，第（4）、（5）列结果显示，*Governance_new* 的估计系数在1%的水平上显著为负，表明良好的公司治理能够抑制公司违规，变量 *Treat* 在1%的水平上分别与 *Fraud*、*Degree* 显著负相关，其估计系数分别为 -0.463、-0.214，且系数的绝对值均小于第（1）、（2）列中 *Treat* 估计系数（-0.469、-0.217）的绝对值。同时，Sobel检验结果显示，Z统计量显著。上述结果表明，替换中介变量后的公司治理水平依然发挥在证监会随机抽查影响公司违规中的部分中介效应。

采用股价同步性衡量公司信息环境后的实证结果见表4-7。第（6）列结果显示变量 *Treat* 与 *Syn* 显著负相关，由于股价同步性为反向指标，其值越高，表明公司在市场中特质信息越少，信息透明度越低。因此，上述结果说明证监会随机抽查降低了信息不对称程度，提升了公司信息透明度。在（7）、（8）列中，*Syn* 的系数显著为正，说明股价同步性越高，信息不对称程度越高，公司越有可能违规，即信息不对称加剧了公司违规。另外，*Treat* 的估计系数为 -0.460、-0.215，在1%的水平上与 *Fraud* 和 *Degree* 显著负相关，表明证监会随机抽查有利于抑制违规的发生，其系数的绝对值小于第（1）、（2）列中 *Treat* 估计系数的绝对值。同时，中介效应逐步回归通过了Sobel检验，验证了信息透明度在证监会随机抽查影响公司违规中的部分中介机制。

在用关联交易与营业收入之比作为衡量大股东掏空行为的指标后，表4-7第（9）列结果显示，*Treat* 的估计系数显著为负，表明证监会随机抽查降低了关联方交易金额，震慑了大股东通过关联方交易侵占中小股东利益的行为。据第（10）、（11）列可知，*RPT* 的估计系数显著为正，表明关联方交易金额越大，公司越有可能违规。另外，*Treat* 的估计系数依然在1%的水平上显著为负，表明证监会随机抽查显著抑制了公司违规。后两

表4-7 改变中介变量衡量方式的中介机制回归结果

| | 公司违规 | | 公司治理水平 | | | 信息披露质量 | | | | 大股东行为 | |
| | (1) | (2) | (3) | (4) | (5) | (6) | (7) | (8) | (9) | (10) | (11) |
	Fraud	Degree	Governance_new	Fraud	Degree	Syn	Fraud	Degree	RPT	Fraud	Degree
Treat	-0.469***	-0.217***	0.022**	-0.463***	-0.214***	-0.097***	-0.460***	-0.215***	-0.006**	-0.460***	-0.212***
	(-4.21)	(-3.17)	(2.17)	(-4.14)	(-3.11)	(-4.22)	(-4.13)	(-3.13)	(-2.32)	(-4.13)	(-3.08)
Governance_new				-0.525***	-0.198***						
				(-4.10)	(-2.71)						
Syn							0.084**	0.045**			
							(2.27)	(2.03)			
RPT										1.172***	0.498**
										(3.06)	(2.28)
Size	-0.268***	-0.031	0.029***	-0.261***	-0.031	0.057***	-0.265***	-0.029	-0.017***	-0.249***	-0.026
	(-4.68)	(-0.95)	(9.59)	(-4.54)	(-0.96)	(8.21)	(-4.63)	(-0.89)	(-13.15)	(-4.34)	(-0.79)
Lev	-0.229	-0.053	0.178***	-0.154	-0.027	-0.135***	-0.228	-0.057	0.023***	-0.232	-0.052
	(-0.94)	(-0.40)	(10.46)	(-0.63)	(-0.20)	(-3.53)	(-0.93)	(-0.43)	(3.80)	(-0.95)	(-0.40)
Growth	0.131**	0.034	-0.019***	0.127**	0.033	-0.031**	0.133**	0.034	-0.027***	0.167***	0.048*
	(2.52)	(1.24)	(-3.22)	(2.45)	(1.19)	(-2.37)	(2.56)	(1.24)	(-20.38)	(3.12)	(1.71)

续表

| | 公司违规 | | 公司治理水平 | | | | 信息披露质量 | | | 大股东行为 | |
	(1)	(2)	(3)	(4)	(5)	(6)	(7)	(8)	(9)	(10)	(11)
	Fraud	Degree	Governance_new	Fraud	Degree	Syn	Fraud	Degree	RPT	Fraud	Degree
Roa	-1.766***	-1.031***	-0.036	-1.772***	-1.031***	0.388***	-1.791***	-1.049***	0.015	-1.782***	-1.033***
	(-4.20)	(-4.78)	(-0.79)	(-4.21)	(-4.78)	(3.79)	(-4.26)	(-4.85)	(1.35)	(-4.24)	(-4.78)
SOE	0.038	-0.103	0.768***	0.402**	0.035	0.109***	0.027	-0.110	-0.012***	0.053	-0.093
	(0.22)	(-1.01)	(112.84)	(2.05)	(0.31)	(7.12)	(0.16)	(-1.07)	(-2.81)	(0.30)	(-0.91)
Top1	0.927**	0.329	0.471***	1.164***	0.410	-0.131***	0.899**	0.318	-0.030***	0.983**	0.377
	(2.18)	(1.31)	(22.77)	(2.70)	(1.62)	(-2.80)	(2.12)	(1.27)	(-3.06)	(2.31)	(1.50)
Dual	0.183**	0.113**	-0.856***	-0.208	-0.032	0.034**	0.180**	0.112**	0.006***	0.178**	0.113**
	(2.09)	(2.32)	(-129.74)	(-1.61)	(-0.43)	(2.30)	(2.07)	(2.28)	(2.99)	(2.04)	(2.31)
Boardsize	1.246***	0.893***	1.239***	1.881***	1.133***	0.122***	1.229***	0.884***	0.022***	1.228***	0.888***
	(3.97)	(5.00)	(66.56)	(5.37)	(5.67)	(2.90)	(3.91)	(4.95)	(3.17)	(3.91)	(4.97)
Independ	0.569	0.855	-3.899***	-1.441	0.124	0.014	0.592	0.865	0.040*	0.541	0.824
	(0.60)	(1.55)	(-61.59)	(-1.35)	(0.20)	(0.10)	(0.62)	(1.56)	(1.82)	(0.57)	(1.49)
Vio_before	3.488***	2.953***	0.015***	3.506***	2.956***	-0.057***	3.492***	2.955***	-0.004***	3.499***	2.956***
	(39.33)	(41.26)	(2.66)	(39.31)	(41.30)	(-4.37)	(39.35)	(41.29)	(-2.89)	(39.35)	(41.30)

续表

	公司违规		公司治理水平			信息披露质量				大股东行为	
	(1)	(2)	(3)	(4)	(5)	(6)	(7)	(8)	(9)	(10)	(11)
	Fraud	Degree	Governance_new	Fraud	Degree	Syn	Fraud	Degree	RPT	Fraud	Degree
Turnover	0.022**	0.019***	-0.009***	0.022**	0.019***	-0.019***	0.024**	0.020***	0.000	0.022**	0.019***
	(2.23)	(3.35)	(-8.99)	(2.22)	(3.32)	(-8.59)	(2.47)	(3.57)	(0.79)	(2.21)	(3.29)
Volatility	0.272	-0.138	-0.059	0.273	-0.139	-0.051	0.216	-0.156	0.026***	0.255	-0.137
	(0.69)	(-0.62)	(-1.51)	(0.69)	(-0.62)	(-0.58)	(0.55)	(-0.70)	(2.72)	(0.65)	(-0.62)
Constant			-2.074***			-1.787***			0.291***		
			(-25.09)			(-9.57)			(8.43)		
Firm FE	Yes	Yes	Yes	Yes	Yes	Yes	Yes	Yes	Yes	Yes	Yes
Year FE	Yes	Yes	Yes	Yes	Yes	Yes	Yes	Yes	Yes	Yes	Yes
N	13 308	13 308	13 308	13 308	13 308	13 308	13 308	13 308	13 308	13 308	13 308
F/Chi²	3 521.459	1 913.481	2 347.378	3 538.393	1 919.776	86.188	3 526.616	1 916.890	41.482	3 530.837	1 917.402
Adj R²/Pseudo R²	0.345		0.867	0.347		0.192	0.346		0.069	0.346	
Sobel Z				-1.939**	-1.709*		-1.999**	-1.840*		-1.674*	-1.502

注:***、**、*分别表示1%、5%、10%的显著性水平。其中,第(3)、(6)、(9)列括号内为参数估计量的t值,其余列括号内为参数估计量的z值。

143

列中 *Treat* 的估计系数分别为-0.460、-0.212，且其绝对值均小于第（1）、（2）列中 *Treat* 估计系数的绝对值。但是，Sobel 统计量仅在第（10）列显著。总体而言，上述分析结果验证了大股东行为在证监会随机抽查对公司违规影响中发挥部分中介作用。

综合上述分析可知，在替换中介变量的衡量方式后，公司治理水平、信息披露质量与大股东行为在证监会随机抽查影响公司违规中发挥了部分中介作用。实证结果再次支持了研究假设 H4-1、H4-2 与 H4-3，表明研究结论具有一定的稳健性。

4.5.3 更改模型估计方法

为排除模型估计方法对实证结果的影响，分别采用 Probit 模型与负二项回归的方法重新检验中介效应模型，进一步检验证监会随机抽查对公司违规的影响机制。

第一，考察证监会随机抽查对公司违规的影响。由于被解释变量公司违规采用公司是否违规的虚拟变量（*Fraud*）以及公司违规严重程度的计数变量（*Degree*）衡量，为此，分别采用 Probit 模型与负二项回归的方法对模型（4-1）进行回归。实证结果列于表 4-8 第（1）、（2）列，发现 *Treat* 的估计系数显著为负，表明证监会随机抽查能够显著抑制公司违规。需要说明的是，这一结果与表 3-11 的结果保持一致，为便于阐述中介机制，将其置于此处。

第二，检验证监会随机抽查对中介机制的影响。由于公司治理水平、信息披露质量与大股东行为三个中介变量都属于连续型变量，因此，并未更换模型估计方法，依然采用固定效应回归进行实证分析，结果与表 4-3、表 4-4 与表 4-5 中的第（1）列结果相同。为便于分析中介机制，将结果置于表 4-8 第（3）、（6）、（9）列，发现变量 *Treat* 与 *Governance* 显著正相关，与 *AbsDA* 和 *Blockholder* 显著负相关，表明证监会随机抽查显著改善了公司治理水平、减少了信息不对称、约束了大股东不当行为。

第三，加入中介变量后，实证分析证监会随机抽查对公司违规的影响。首先，分析公司治理机制。表 4-8 第（4）、（5）列为加入公司治理水平变量后，证监会随机抽查制度对公司违规影响的实证结果，发现公司治理变量（*Governance*）仅在第（4）列显著为负，变量 *Treat* 在 5% 的水平上与 *Fraud* 显著负相关，在 1% 的水平上与 *Degree* 显著负相关，估计系数分别为 −0.103、−0.208，系数的绝对值均小于第（1）、（2）列中 *Treat* 系数的绝对值。另外，Sobel Z 统计量也仅在第（4）列显著。综合第（1）~（5）列可知，公司治理水平在一定程度上在证监会随机抽查影响公司违规中发挥中介作用。其次，分析信息机制。表 4-8 第（7）、（8）列为加入盈余管理变量（*AbsDA*）后，证监会随机抽查对公司违规影响的估计结果。可知，*AbsDA* 的估计系数显著为正，*Treat* 的估计系数分别为 −0.101、−0.204，至少在 5% 的水平上与公司是否违规显著负相关，且系数估计值的绝对值均小于第（1）、（2）列中变量 *Treat* 估计系数的绝对值。另外，Sobel 检验结果显示，Z 统计量显著。结合第（6）列实证结果（证监会随机抽查能够降低信息不对称，改善信息环境），说明信息透明度也是影响证监会随机抽查与公司违规之间关系的重要机制。最后，阐述大股东行为机制。第（9）列实证结果表明证监会随机抽查能够约束大股东不当行为，进一步将大股东行为变量（*Blockholder*）加入随机抽查影响公司违规的模型中，检验中介机制。第（10）、（11）列结果显示，*Blockholder* 的估计系数显著为正，*Treat* 的估计系数显著为负。同时，中介效应逐步回归通过了 Sobel 检验。综合第（1）、（2）、（9）、（10）和（11）列，实证结果在一定程度上表明证监会随机抽查通过约束大股东不当行为抑制了公司违规。

总之，表 4-8 实证结果表明证监会随机抽查通过改善公司治理水平、提升信息披露质量与约束大股东不当行为三条路径影响公司违规，再次验证了研究假设，说明研究结论具有一定的稳健性。

表4-8　更改模型估计方法的中介机制稳健性检验结果

| | 公司违规 | | 公司治理水平 | | | 信息披露质量 | | | 大股东行为 | | |
| | (1) | (2) | (3) | (4) | (5) | (6) | (7) | (8) | (9) | (10) | (11) |
	Fraud	Degree	Governance	Fraud	Degree	AbsDA	Fraud	Degree	Blockholder	Fraud	Degree
Treat	-0.105**	-0.211***	0.029***	-0.103**	-0.208***	-0.014***	-0.101**	-0.204***	-0.002**	-0.108**	-0.213***
	(-2.25)	(-2.99)	(3.07)	(-2.19)	(-2.95)	(-4.57)	(-2.16)	(-2.89)	(-2.00)	(-2.31)	(-3.02)
Governance				-0.121***	-0.140						
				(-2.77)	(-1.52)						
AbsDA							0.734***	0.445**			
							(4.27)	(2.32)			
Blockholder										2.284***	2.425***
										(4.58)	(3.82)
Size	-0.042***	-0.019	0.012***	-0.041***	-0.021	-0.022***	-0.035**	-0.012	0.002***	-0.039***	-0.013
	(-3.00)	(-0.57)	(4.15)	(-2.94)	(-0.63)	(-14.65)	(-2.46)	(-0.36)	(6.29)	(-2.78)	(-0.38)
Lev	0.015	-0.035	0.187***	0.041	-0.016	0.030***	-0.014	-0.049	-0.019***	-0.048	-0.093
	(0.20)	(-0.26)	(11.93)	(0.54)	(-0.12)	(4.41)	(-0.19)	(-0.36)	(-10.63)	(-0.63)	(-0.68)
Growth	0.063**	0.037	-0.021***	0.060**	0.035	0.033***	0.036	0.022	0.001***	0.063**	0.037
	(2.24)	(1.30)	(-3.84)	(2.14)	(1.23)	(22.07)	(1.25)	(0.78)	(2.68)	(2.23)	(1.31)

续表

		公司违规		公司治理水平			信息披露质量			大股东行为		
		(1)	(2)	(3)	(4)	(5)	(6)	(7)	(8)	(9)	(10)	(11)
		Fraud	Degree	Governance	Fraud	Degree	AbsDA	Fraud	Degree	Blockholder	Fraud	Degree
Roa		-1.242***	-1.067***	-0.187***	-1.264***	-1.065***	-0.289***	-0.998***	-0.881***	0.023***	-1.151***	-0.983***
		(-6.04)	(-4.80)	(-4.49)	(-6.13)	(-4.79)	(-22.94)	(-4.67)	(-3.75)	(6.83)	(-5.56)	(-4.41)
SOE		-0.183***	-0.063	0.820***	-0.084*	0.038	-0.011**	-0.178***	-0.060	0.003**	-0.179***	-0.060
		(-5.94)	(-0.61)	(130.57)	(-1.77)	(0.31)	(-2.31)	(-5.76)	(-0.58)	(2.31)	(-5.80)	(-0.59)
Top1		0.126	0.232	0.659***	0.208**	0.312	0.060***	0.118	0.205	0.020***	0.157*	0.307
		(1.32)	(0.90)	(34.52)	(2.09)	(1.19)	(5.41)	(1.24)	(0.80)	(6.74)	(1.65)	(1.19)
Dual		0.076**	0.102**	-0.881***	-0.032	-0.002	0.000	0.078***	0.100**	0.000	0.076**	0.101**
		(2.46)	(2.04)	(-144.75)	(-0.65)	(-0.03)	(0.07)	(2.52)	(1.99)	(0.71)	(2.46)	(2.02)
Boardsize		0.238***	0.889***	1.286***	0.392***	1.063***	0.021***	0.237***	0.876***	-0.005**	0.235***	0.863***
		(2.73)	(4.82)	(74.88)	(3.79)	(4.90)	(2.68)	(2.72)	(4.74)	(-2.32)	(2.70)	(4.68)
Independ		0.046	0.869	-3.922***	-0.439	0.337	0.017	0.054	0.870	-0.016**	0.008	0.805
		(0.15)	(1.52)	(-67.13)	(-1.26)	(0.50)	(0.68)	(0.18)	(1.52)	(-2.51)	(0.03)	(1.41)
Vio_before		2.158***	3.068***	0.018***	2.165***	3.068***	-0.001	2.163***	3.072***	-0.002***	2.153***	3.063***
		(56.50)	(39.24)	(3.38)	(56.41)	(39.26)	(-0.86)	(56.45)	(39.25)	(-6.10)	(56.36)	(39.14)

续表

	公司违规		公司治理水平			信息披露质量			大股东行为		
	(1)	(2)	(3)	(4)	(5)	(6)	(7)	(8)	(9)	(10)	(11)
	Fraud	Degree	Governance	Fraud	Degree	AbsDA	Fraud	Degree	Blockholder	Fraud	Degree
Turnover	0.010**	0.016***	-0.006***	0.009*	0.016***	-0.001**	0.011**	0.016***	0.000	0.011**	0.016***
	(2.11)	(2.72)	(-7.25)	(1.83)	(2.75)	(-2.33)	(2.41)	(2.78)	(0.73)	(2.31)	(2.81)
Volatility	0.212	-0.129	-0.117***	0.202	-0.135	0.066***	0.166	-0.153	-0.001	0.193	-0.123
	(1.13)	(-0.56)	(-3.24)	(1.08)	(-0.59)	(6.06)	(0.88)	(-0.66)	(-0.44)	(1.03)	(-0.54)
Constant	-1.950***	-2.597***	-1.787***	-2.157***	-2.742***	0.477***	-2.163***	-2.761***	-0.054***	-2.017***	-2.713***
	(-5.19)	(-2.77)	(-23.43)	(-5.63)	(-2.91)	(12.20)	(-5.70)	(-2.94)	(-5.24)	(-5.36)	(-2.90)
Firm FE	Yes	Yes	Yes	Yes	Yes	Yes	Yes	Yes	Yes	Yes	Yes
Year FE	Yes	Yes	Yes	Yes	Yes	Yes	Yes	Yes	Yes	Yes	Yes
N	13 308	13 308	13 308	13 308	13 308	13 308	13 308	13 308	13 308	13 308	13 308
F/Chi²	3 393.715	1 744.114	2 976.620	3 382.378	1 748.629	76.350	3 392.356	1 747.583	28.142	3 405.822	1 754.918
Adj R²			0.892			0.005			0.048		
Sobel Z				-2.092**	-1.376		-3.149***	-2.076**		-1.833*	-1.772*

注：***、**、*分别表示1%、5%、10%的显著性水平。其中，第（3）、（6）、（9）列括号内为参数估计量的t值，其余列括号内为参数估计量的z值。

4.6 ————————本章小结————————

本章是在第3章基础上的进一步研究。第3章检验了证监会随机抽查对公司违规的影响，本章则详细探究了随机抽查影响公司违规的作用机制。具体地，基于理论分析与假设提出、研究设计与实证结果，分别从公司治理水平、信息披露质量以及大股东行为三个方面深入研究二者的作用机制，研究框架图如图4-1所示。

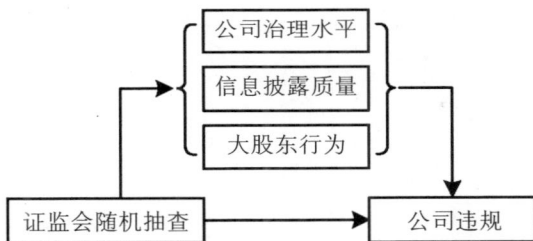

图 4-1 证监会随机抽查影响公司违规的中介机制研究框架图

利用2011—2020年沪深A股非金融类上市公司数据，通过构建中介效应模型，实证检验了证监会随机抽查对公司违规影响的作用机制，有如下研究发现：

第一，公司治理发挥了部分中介作用，随机抽查执法人员在现场检查过程中聚焦公司治理问题，深入分析公司的治理结构、决策流程，指出公司治理存在的缺陷，帮助公司及时发现并整改内部治理问题，从而提升公司治理水平，规范公司的生产经营行为，抑制公司违规行为的发生。

第二，信息披露在证监会随机抽查影响公司违规中发挥了部分中介作用。证监会随机抽查能够强化公司信息披露要求，改善信息披露环境，提升信息披露质量，减少公司通过复杂且隐蔽的方式进行违规的行为，最终降低公司的违规倾向。

第三，大股东行为在证监会随机抽查影响公司违规中存在部分中介效应。证监会随机抽查发挥了威慑效应，约束大股东寻求控制权私利的动机，降低大股东的利益侵占行为，抑制违规行为的发生。

　　基于上述研究发现，本书得到如下研究启示。作为一项外部监管制度，证监会随机抽查制度对改善公司内部治理行为具有重要的实践价值。研究发现，证监会随机抽查有助于提升公司治理水平、改善信息环境、约束大股东不当行为，从而抑制公司违规。随机抽查工作通过随机现场检查，增加了违规行为被发现的可能性，提高了公司遵守法规、改善治理结构的动力。因此，就监管机构来说，要充分重视并完善落实证监会随机抽查制度，确保其在资本市场中能够有效实施和执行，积极推进证监会随机抽查及时发现并抑制公司违规的外部监管作用，提升市场的透明度和公信力。就上市公司而言，也要加强内部治理，严格规范生产经营与信息披露行为，充分意识到证监会随机抽查所发挥的威慑作用，主动提高合规意识，减少公司不当行为，既有助于公司自身价值的提升，也会对资本市场的长远发展产生重要影响。

证监会随机抽查影响公司违规的异质性分析

5.1 ——————————— 问题的提出 ———————————

第3章研究发现证监会随机抽查抑制了公司违规，降低了违规严重程度，但是证监会随机抽查的效果是否会因为公司内部特征以及外部环境的不同而表现出差异化影响呢？为此，本章主要基于公司内部特征以及外部环境两个维度深入探究证监会随机抽查对公司违规的异质性影响。

就公司内部特征而言，首先，公司规模不同，其所受到的外部利益相关者的关注就不同。相对而言，大公司所受到的外部监管关注更多，更难以隐藏欺诈行为。其次，独立董事监督能力不同，对公司生产经营行为的影响也存在差异。相对而言，监督能力强的公司难以隐藏公司违规。再次，两权分离度不同，表明公司代理问题存在差异。相对而言，在两权分离度低的公司中，第二类代理问题较小，控股大股东掏空动机较弱，公司违规程度较轻。那么，证监会随机抽查对公司违规的影响是否显著存在于小规模公司、独立董事监督能力不足以及两权分离度高的公司中？

就外部环境而言，首先，市场化环境不同，执法效率不同，随机抽查制度执行效果可能存在差异，良好的法律环境保障了证监会随机抽查制度的实施效果。其次，当地证监局与上市公司之间的地理距离不同，也会带来监管效果上的差异。距公司越近，执法检查人员信息搜集成本越低，现场执法检查人员的工作效率越高。最后，公司是否为交叉上市公司，也会对证监会随机抽查与公司违规之间的关系产生影响。公司如果仅在沪深交易所上市，则只面临内地证券监管部门的单一监管。与面临双重监管的交叉上市公司相比，非交叉上市公司所置身的监管环境可能相对较弱。那么，证监会随机抽查对公司违规的影响是否在市场化程度高、监管距离近、非交叉上市公司中更显著？

有鉴于此，分别检验公司内部特征（公司规模、独立董事监督能力和两权分离度）以及外部环境（市场化程度、监管距离和交叉上市）是否会导致证监会随机抽查对公司违规表现出差异化影响。

5.2 ————————理论分析与研究假设————

5.2.1　公司内部特征的分析

（1）公司规模

由于不同规模的公司受到的监管关注度不同，对违规的影响也存在差异。在规模较大的公司中，机构持股比例较高，分析师覆盖面更广，会有更多的媒体关注以及外部投资者关注，其所受到的外部监管更强，使得大型公司在信息披露、财务透明度等方面更为完善，从而减少了违规行为，尤其是压缩了欺诈行为的隐蔽空间（Kong et al.，2019）。就大型公司而言，如果存在违规动机并转化为实际行为，即为大型欺诈行为。当其发生违规时，监管部门和外部市场参与者的敏感度较高，使得违规行为很难被完全掩盖。如此一来，证监会的监管调查等手段通常能够及时识别出违规行为，而随机抽查发挥的震慑作用相对有限，由此产生的增量监管效应较小。

相对而言，在小规模公司中，证监会随机抽查发挥了更强的监管威慑作用，可以有效地发现潜在的违规行为，增加管理层的合规压力。对于这些公司来说，证监会进行随机抽查现场检查可能是一个关键的外部压力源，能迫使它们更加注重合规性和信息透明度，减少违规的发生概率。因此，随机抽查在小规模公司中发挥的作用更加明显，能够产生更好的监管效果。根据上述分析，提出如下研究假设：

H5-1：与规模较大的公司相比，证监会随机抽查对公司违规的抑制作用显著存在于小规模公司中。

（2）独立董事监督

独立董事是公司治理制度安排中最重要的一部分，被认为是解决管理层和股东之间第一类代理问题的重要机制之一（Fama and Jensen，1983）。证监会在2001年发布的《关于在上市公司建立独立董事制度的指导意见》以及2022年公布的《上市公司独立董事规则》都明确指出，独立董事必须具备独立性，应当严格按照相关法律法规和公司章程的要求，有效地履行职责，维护公司的整体利益，重点是保障中小股东的合法权益不受侵害。

现有文献关于独立董事能否真正发挥监督作用，保护中小股东权益的研究尚存在争议。部分学者认为，独立董事难以发挥监督作用。由于独立董事受聘于管理层，很难在董事会会议上对管理者行为提出异议，即独立董事可能仅充当"橡皮图章"的作用，也被称为"花瓶董事"（陈运森，2012）。但也有研究表明，独立董事能够积极"发声"，充分发挥监督作用。Jiang，Wan和Zhao（2016）分析了独立董事的投票行为，发现独立董事出于对职业生涯的担忧，更倾向于与投资者利益保持一致，导致他们在董事会会议中投出非赞成票，这会让独立董事在市场中获得更多的职位机会以及面临更低的监管制裁风险，从而得到回报。叶康涛等（2011）也发现，在大多数情况下，独立董事不会对管理层的经营决策行为公开质疑，但是，当公司面临危机、出现业绩下滑时，独立董事能够积极地履行监督职能，缓解代理问题，提升公司价值。

早期文献仅利用独立董事比例探究其对公司业绩的影响，可能会存在遗漏变量导致的内生性问题，因此，有必要基于董事会实际决策过程深入考虑（叶康涛等，2011）。《关于在上市公司建立独立董事制度的指导意见》和《上市公司独立董事规则》都指出，独立董事就相关事项可发表以

153

下四类意见：同意、保留意见、反对意见、无法发表意见。另外，自2004年开始，上海证券交易所和深圳证券交易所强制要求上市公司公开披露独立董事针对董事会议案发表的具体意见，这为探讨独立董事的监督职能提供了条件。独立董事在投票时，若发表非"同意类"意见即为异议意见，能够体现独立董事履行监督职责。杜兴强、殷敬伟和赖少娟（2017）指出，独立董事发表异议意见属于典型的建言献策或者进谏行为，可作为独立董事独立履行监督职能的一种表现。独立董事对董事会议案提出异议，发表不同意见，说明独立董事具有独立性，其监督能力较强，从而增加管理层谋取私利的成本，降低公司的违规动机。在抑制公司违规层面，证监会随机抽查所发挥的外部监管效果与独立董事敢于发表异议意见所发挥的内部监督治理作用形成替代效应。为此，提出假设5-2：

H5-2：与独立董事监督能力强的公司相比，证监会随机抽查对公司违规的抑制作用显著存在于独立董事监督不足的公司中。

（3）两权分离度

不同于西方发达国家中公司股权结构高度分散的情形，实际控制人利用金字塔层级控制上市公司成为我国上市公司现代化治理的一个重要特征，导致控制权与所有权相互分离的现象较严重。这种现象被称为两权分离，最早是由La Porta，Lopez-De-Silanes和Shleifer（1999）提出，在随后的研究中得到了广泛关注和讨论。Claessens，Djankov和Lang（2000）发现，实际控制人可通过金字塔结构、交叉持股或者双重持股等复杂的股权结构实现两权分离。在两权分离的股权结构下，实际控制人可以通过较小的现金流获得对上市公司更大的控制权，为其获得私人收益提供了空间，实际控制人可利用金字塔层级攫取私利。一旦实际控制人做出转移资产的行为，其所获取的私人收益就会高于通过现金流权获得的共享收益（吴国鼎，2019），他们很有可能掏空上市公司（Fan and Wong，2002）。因此，中小股东普遍面临着被大股东侵占利益的风险。

关于两权分离度会加大控股大股东侵占中小股东利益的研究，现有文献已得出较为一致的结论。学者们普遍认为，两权分离度越高，控股大股东与中小股东之间的利益冲突越严重，即控制权与现金流权的分离加重了第二类代理问题，成为大股东掏空上市公司、损害中小股东利益的重要信号（Claessens et al.，2002；Jiang，Lee，and Yue，2010）。冯旭南和陈工孟（2011）研究表明，控制权与所有权分离较严重的公司，信息披露违规的可能性越大。这种现象反映出，在两权分离的股权结构下，公司的治理透明度较低，管理层或控股股东有较大的空间进行违规操作，给监管机构带来了更大的监管挑战。

鉴于两权分离带来的公司治理风险，证监会的监管作用变得尤为重要。随机抽查作为证监会的一项创新监管手段，已成为一种事前预防性监管方式，而不仅仅依赖传统的事后惩罚。通过随机抽查，证监会能够对公司治理结构、信息披露、财务透明度等方面进行更为直接的检查，从而及时发现潜在的违规行为。尤其是在两权分离度较高的公司中，证监会的随机抽查能够有效抑制控股股东的侵占行为，减少违规的发生。基于上述分析，提出本章第三个研究假设：

H5-3：与两权分离度较低的公司相比，证监会随机抽查对公司违规的抑制作用显著存在于两权分离度较高的公司中。

5.2.2　公司外部环境的分析

（1）市场化环境

我国幅员辽阔，地区间经济发展水平、金融市场发展程度以及地方政府干预程度等存在较大差异，所表现出的市场化发展水平不同。市场化发展水平的差异不仅影响资本市场的有效性，还对证监会随机抽查监管措施的实施效果产生重要影响。为此，有必要研究不同的市场化环境下，证监会随机抽查对公司违规的影响。

在市场化程度低的地区，经济发展相对落后，地方政府由于经济发展的需求，出于地方保护主义，有强烈的动机干预执法活动，这种干预行为有时会削弱监管政策的独立性和执行力度，制度性的缺陷和执法低效率很难在短期内得到改善（潘越、潘健平、戴亦一，2015；周黎安，2004），导致相关法律法规难以发挥应有的监管治理作用。在此环境下，证监会的监管措施可能面临外部阻力，甚至可能因地方政府的介入难以发挥威慑作用。即使证监会采取了监管措施，地方政府对本地区企业的监管可能仍然存在"放松监管"或"庇护企业"的情况，监管效果很难最大化。

相反，市场化程度较高的地区政府干预程度较低，法治建设较为完善，司法程序更加公开透明，执法效率更为高效（Xu et al.，2021）。这种良好的市场化环境不仅能为资本市场提供更加公平、透明的运行机制，也能为证监会采取监管措施提供更加坚实的支持。在市场化程度较高的地区，证券监管措施能够在更高效的司法体系下得到执行，执法过程更加公开和透明，能够有效降低制度执行的阻力，进一步提升监管效果。

证监会作为资本市场上重要的监管机构，其相关制度的执行依赖于外部宏观环境，制度的具体落实需要外部良好的制度环境作为支撑。在市场化程度较低的地区，制度执行低效率难以保障随机抽查制度实施效果达到最大化，削弱了随机抽查制度的实施效果，使得资本市场的规范化程度难以提高。而在良好的市场化环境中，制度的配套措施较为完备，能够为随机抽查制度的实施提供保障，有效地发挥随机抽查的监管效果，对上市公司违规的抑制作用更明显。根据上述分析，提出研究假设H5-4：

H5-4：与市场化程度较低的地区相比，证监会随机抽查对公司违规的抑制作用显著存在于市场化程度较高的地区中。

（2）监管距离

地理邻近性属于地理经济学领域重点关注的话题之一。在资本市场中，监管距离成为影响微观经济主体的重要因素。肖红军、阳镇和凌鸿程（2021）指出，证券监管部门对上市公司的监管效应除了取决于监管强度与监管资源的配置效率外，还和监管主体与监管对象之间的地理距离密切相关。公共监管理论也认为，在证券监管主体监管强度与监管资源既定的条件下，监管部门与被监管主体之间的地理距离成为影响监管效果的重要因素（Jun-Koo and Jin-Mo，2008；Kubick and Lockhart，2016）。即使在信息高速传播的今天，信息不对称问题依然普遍存在，地理距离会阻碍资本市场中公司与投资者之间的信息传递，尤其是"软信息"的传递（Stein，2002）。对规范上市公司行为发挥重要作用的证券监管机构，在监管过程中面临较为严重的信息不对称，难以综合、全面地掌握资本市场中上市公司的生产经营信息。根据地理距离衰减效应理论，地理距离与信息不对称程度密切相关，各地证监局与微观经济主体之间地理邻近可以降低信息搜寻成本，获取及时、准确的信息（John，Knyazeva，and Knyazeva，

2011）。

证监会随机抽查作为一种重要的外部治理机制，需要对上市公司进行实地检查，这样可以更加全面地了解公司的经营情况和潜在风险。在地理距离较远的地区，监管部门与上市公司之间的互动成本较高，信息搜寻成本和监管成本也会随之增加。随机抽查工作可能无法充分发挥监管效果，甚至可能错失发现潜在违规行为的机会，难以有效发挥对公司违规行为的抑制作用。

相反，当证监会及其下属地方证监局与上市公司距离较近时，监管部门可以便捷地进行现场检查和数据收集，减少了远距离导致的时间成本和信息搜集成本。证监会随机抽查工作需要执法检查人员到公司现场进行实地检查，深入了解公司的生产经营行为，及时发现公司存在的问题。因此，当地证监局与上市公司距离越近，信息搜寻成本和监管成本越低，随机抽查越能发挥较好的监管效果，对公司违规的抑制作用越明显。根据上述分析，提出研究假设5-5：

H5-5：与当地证监局和上市公司间地理距离较远的组相比，证监会随机抽查对公司违规的抑制作用显著存在于监管距离较近的组中。

（3）交叉上市

交叉上市又称为跨境上市，是指同一公司在内地资本市场上市的同时又在境外市场上市。我国的交叉上市公司以A+H股为主，即在沪深证券交易所上市的同时也在香港证券交易所上市。这种上市方式使得公司在两种不同的法律制度和监管环境下受到双重监管，特别是在中国内地和香港的法律体系之间形成了重要的监管交织。在内地上市的公司仅受到大陆法系的监管，而在中国内地和香港同时上市的公司，要同时受到大陆法系和英美法系的影响。英美法系更强调私人产权保护与契约的执行效率（郭道扬，2002），能够为投资者提供更好的保护。香港地区的法律法规体系较为完善、资本市场发展更为成熟，对公司的监管更为严格。与仅在沪深两市上市的公司相比，在中国内地和香港同时上市的公司会面临强有力的制度约束与监管环境，除了受到中国证券监督管理委员会的监管，还受到香港证券与期货事务检查委员会、香港注册会计师协会等部门的监管。因此，A+H股交叉上市的公司受到两种法律体系的共同监管，所面临的法律监管和投资者保护更为严格。基于交叉上市的绑定假说（Stulz，1999），如果公司在外部环境更为严格的地方上市，则会加大对中小股东的利益保护，约束管理层和控股股东谋取私利的动机，抑制盈余管理等不当行为（贾巧玉、周嘉南，2016），提升公司价值。总之，交叉上市的公司由于面临更强的监管，会向投资者传递公司治理水平高、发展空间大、持续经营能力强的高质量发展信号，公司违规的可能性较小；而非交叉上市的公司由于仅面临内地监管部门的监管，所受到的外部监管强度较低，发生违规行为的可能性相对较大。

证监会的随机抽查制度在一定程度上发挥了监管威慑作用，对于抑制公司违规行为具有重要作用。对于 A+H 股交叉上市的公司而言，虽然证监会随机抽查仍然是其所面临监管的一部分，但由于这些公司已经面临香港证券市场更为严格的监管要求，其违规行为的发生概率相对较低。香港证券市场的监管要求较高，信息披露质量较好，且上市公司受到多方监管，通常会促使这些公司自觉提高合规性，避免出现违法违规行为。相比之下，非交叉上市的公司仅面临中国内地的监管，其受到的外部监管压力较小。这些公司缺乏来自其他市场的约束或监管激励，有可能在公司治理、信息披露等方面出现漏洞或失误，甚至出现不当行为，如财务造假、内幕交易等。对于这种类型的公司，证监会的随机抽查尤为重要，这是因为它能够通过外部治理和监管威慑，迫使公司加强合规性，减少违规行为的发生。基于上述分析，证监会随机抽查通过发挥监管威慑效应更能抑制非交叉上市的公司违规行为。为此，提出假设 5-6：

H5-6：与交叉上市的公司相比，证监会随机抽查对公司违规的抑制作用显著存在于非交叉上市的公司中。

5.3 研究设计

5.3.1 样本选择与数据来源

以 2011—2020 年沪深 A 股上市公司数据为初始研究样本，由于证监会随机抽查制度最早于2016年实施，为了满足利用双重差分模型估计研究样本的平衡性，所以选择2011年作为样本起始年。此外，在2021年年初，证监会修订了《随机抽查事项清单》相关内容，若包含后续年份，则可能会增加不确定因素，不能保证抽查政策的一致性与稳定性。并且已有研究表明，公司违规从动机转变为行为，再到被稽查出来往往需要2~3年的时间，选择最新年份可能出现遗漏样本的问题。为此，最终将样本结束期确定为2020年。

按照如下标准进行样本筛选：（1）剔除金融保险类上市公司；（2）剔除ST、*ST类上市公司；（3）剔除数据缺失的样本观测值。同时，为降低离群值的影响，对所有连续型变量在1%和99%的水平上进行Winsorize处理。

样本中证监会随机抽查的数据主要手工搜集自各地证监局官网所公布的年度上市公司随机抽查结果的公告。公司违规及其他财务数据与公司治理相关数据均来源于CSMAR数据库。市场化指数数据来自王小鲁、樊纲编写的《中国分省份市场化指数报告》。

5.3.2　模型构建与变量定义

为检验公司内部特征与外部环境对证监会随机抽查影响公司违规的异质性效果，主要对第3章模型（3–5）进行异质性分组检验。其中，分组变量定义如下：

（1）公司规模（*Size*）。采用期末总资产的自然对数衡量。

（2）独立董事监督能力（*Independ_sup*）。借鉴杜兴强、殷敬伟和赖少娟（2017）的做法，采用独立董事是否发表异议意见衡量独立董事监督能力。具体地，将独立董事在董事会会议中出具的保留意见、反对意见、无法发表意见、弃权以及提出异议五种意见类型，界定为异议意见，若在样本期间内，独立董事发表过上述意见，则将*Independ_sup*赋值为1，表示独立董事监督能力强，否则赋值为0，表示独立董事监督不足。

（3）两权分离度（*Separation*）。采用实际控制人控制权与现金流权的比例之差衡量。

（4）市场化程度（*Market*）。采用市场化环境指数中"市场中介组织发育和法律制度环境评分"指数作为市场化程度的替代指标。

（5）监管距离（*Distance*）。首先，手工搜集整理各地证监局地理位置的经纬度信息，并在 CSMAR 数据库中整理上市公司办公地经纬度信息。然后，利用 Stata 软件中"Geodist"命令计算上市公司与当地证监局之间的地理距离，作为监管距离的衡量指标。

（6）交叉上市（*Cross*）。该变量为虚拟变量，若公司在 A 股和 H 股实现挂牌上市，则将该公司定义为 A+H 股交叉上市公司，*Cross* 赋值为 1，否则为 0。

5.4 ———————实证结果与分析———————

5.4.1 基于公司内部特征的异质性检验结果

（1）公司规模

为检验公司规模的异质性特征对证监会随机抽查影响公司违规的作用，按照行业、年度公司规模的均值将样本分成公司规模大、小两组，分组检验不同的公司规模影响随机抽查对违规的作用效果。表 5-1 第（1）、（2）列结果显示，在小规模公司中，变量 *Treat* 对公司是否违规（*Fraud*）、公司违规严重程度（*Degree*）的影响均显著为负，而在第（3）、（4）列大规模公司中，该系数为负，但不显著。上述结果表明，与大规模公司相比，证监会开展随机抽查工作的效果在小规模公司中更好，对抑制公司违规、降低违规严重程度的作用更明显，验证了假设 H5-1。

（2）独立董事监督能力

为考察独立董事的监督能力对证监会随机抽查影响公司违规的异质性效果，根据独立董事是否发表异议意见分组检验模型（3-5）。据表 5-2 可知，在第（1）、（2）列独立董事监督能力强的公司中，*Treat* 的估计系数为负，但不显著；而在第（3）、（4）列独立董事监督不足的公司中，变量

表5-1　基于公司规模分组检验证监会随机抽查对公司违规影响的实证结果

	小规模公司		大规模公司	
	（1）	（2）	（3）	（4）
	Fraud	*Degree*	*Fraud*	*Degree*
Treat	−0.519***	−0.290***	−0.268	−0.014
	（−3.30）	（−2.93）	（−1.42）	（−0.12）
Size	−0.357***	−0.093	−0.937***	−0.341***
	（−3.41）	（−1.47）	（−6.66）	（−4.27）
Lev	−0.674**	−0.299*	0.897	0.477
	（−2.11）	（−1.65）	（1.64）	（1.64）
Growth	0.025	0.025	0.331***	0.097**
	（0.35）	（0.63）	（3.69）	（2.03）
Roa	−1.401***	−0.968***	−2.226**	−0.958**
	（−2.69）	（−3.43）	（−2.51）	（−2.32）
SOE	0.100	−0.030	−0.252	−0.232
	（0.42）	（−0.21）	（−0.80）	（−1.19）
*Top*1	0.297	0.002	1.117	0.264
	（0.46）	（0.01）	（1.34）	（0.58）
Dual	0.142	0.079	0.263	0.152*
	（1.22）	（1.16）	（1.64）	（1.78）
Boardsize	1.311***	1.111***	1.302**	0.845***
	（3.02）	（4.58）	（2.39）	（2.60）
Independ	0.737	1.794**	0.972	1.096
	（0.55）	（2.32）	（0.59）	（1.12）
Vio_before	3.025***	2.574***	4.539***	3.848***
	（27.92）	（29.64）	（22.13）	（22.87）

	小规模公司		大规模公司	
	(1)	(2)	(3)	(4)
	Fraud	*Degree*	*Fraud*	*Degree*
Turnover	0.022*	0.018**	0.008	0.015
	(1.83)	(2.56)	(0.41)	(1.35)
Volatility	0.653	0.134	−0.528	−0.525
	(1.22)	(0.43)	(−0.78)	(−1.41)
Firm FE	Yes	Yes	Yes	Yes
Year FE	Yes	Yes	Yes	Yes
N	6 485	6 485	5 486	5 486
Chi^2	1 506.564	992.869	1 706.739	616.594
Pseudo R^2	0.303		0.414	

注：***、**、*分别表示1%、5%、10%的显著性水平。括号内为参数估计量的z值。

Treat 在 1% 的水平上与 *Fraud*、*Degree* 显著负相关（估计系数分别为 −0.482、−0.232，z值分别为−4.00、−3.09）。这表明，在独立董事监督不足的公司中，独立董事发挥的监督作用有限，在内部监管不到位的情况下，证监会随机抽查可以发挥替代效应，通过发挥外部监督作用抑制公司违规行为，最终表现为证监会随机抽查对公司违规的抑制作用显著存在于独立董事监督不足的公司中，从而验证了假设H5-2。

表5-2 基于独立董事监督能力分组检验证监会随机抽查对公司违规影响的实证结果

	独立董事监督能力强		独立董事监督不足	
	(1)	(2)	(3)	(4)
	Fraud	*Degree*	*Fraud*	*Degree*
Treat	−0.419	−0.135	−0.482***	−0.232***
	(−1.37)	(−0.79)	(−4.00)	(−3.09)

	独立董事监督能力强		独立董事监督不足	
	（1）	（2）	（3）	（4）
	Fraud	*Degree*	*Fraud*	*Degree*
Size	0.207	0.163**	−0.369***	−0.088**
	（1.39）	（2.26）	（−5.83）	（−2.36）
Lev	−1.260**	−0.270	0.073	0.071
	（−2.21）	（−1.05）	（0.26）	（0.45）
Growth	0.127	−0.004	0.131**	0.042
	（0.98）	（−0.06）	（2.29）	（1.36）
Roa	−2.798***	−1.535***	−1.533***	−0.863***
	（−2.87）	（−3.26）	（−3.26）	（−3.52）
SOE	−0.558	−0.159	0.128	−0.098
	（−1.31）	（−0.65）	（0.66）	（−0.86）
*Top*1	1.175	0.593	0.815*	0.206
	（1.07）	（0.95）	（1.76）	（0.74）
Dual	0.190	0.142	0.175*	0.115**
	（0.81）	（1.22）	（1.84）	（2.12）
Boardsize	1.077	0.965**	1.301***	0.838***
	（1.32）	（2.46）	（3.79）	（4.16）
Independ	0.357	2.407**	0.665	0.437
	（0.15）	（2.08）	（0.64）	（0.69）
Vio_before	4.327***	3.769***	3.407***	2.874***
	（13.07）	（13.25）	（36.72）	（38.66）
Turnover	−0.022	0.002	0.028***	0.022***
	（−0.79）	（0.16）	（2.64）	（3.62）

续表

	独立董事监督能力强		独立董事监督不足	
	（1）	（2）	（3）	（4）
	Fraud	*Degree*	*Fraud*	*Degree*
Volatility	0.323	−0.493	0.253	−0.091
	（0.31）	（−0.90）	（0.59）	（−0.37）
Firm FE	Yes	Yes	Yes	Yes
Year FE	Yes	Yes	Yes	Yes
N	1 751	1 751	11 557	11 557
Chi^2	5 72.498	224.643	2 985.014	1 668.581
Pseudo R^2	0.403		0.340	

注：***、**、*分别表示1%、5%、10%的显著性水平。括号内为参数估计量的z值。

（3）两权分离度

两权分离度在一定程度上体现了公司内部的代理问题，两权分离度越高，表明代理问题可能越严重。为此，考察不同的两权分离度对证监会随机抽查影响公司违规的异质性结果。具体地，将两权分离度变量按照行业、年度中位数分成高、低两组，分组检验模型（3-5）。表5-3中，第（1）、（2）列结果显示，在两权分离度低的组中，*Treat*的估计系数不显著，而在第（3）、（4）列两权分离度高的组中，*Treat*的估计系数均在1%的水平上与*Fraud*和*Degree*显著负相关。上述结果表明，两权分离度加剧了公司的代理问题，在两权分离度高的组中，公司代理问题较严重，内部治理水平下降，证监会随机抽查可以发挥外部监管作用，在现场检查过程中指出公司治理存在的问题，提升内部治理水平，抑制违规的发生。因此，相对于两权分离度较低的公司，证监会随机抽查对公司违规的抑制作用显著存在于两权分离度较高的公司中，即假设H5-3成立。

表5-3 基于两权分离度分组检验证监会随机抽查对公司违规影响的实证结果

	两权分离度低		两权分离度高	
	（1）	（2）	（3）	（4）
	Fraud	*Degree*	*Fraud*	*Degree*
Treat	−0.188	−0.151	−0.572***	−0.308***
	（−1.51）	（−1.38）	（−3.53）	（−3.12）
Size	−0.085**	−0.125**	−0.298***	−0.096*
	（−2.12）	（−2.19）	（−3.39）	（−1.96）
Lev	−0.059	−0.213	−0.022	−0.019
	（−0.28）	（−0.90）	（−0.06）	（−0.10）
Growth	0.098	0.061	0.161**	0.045
	（1.30）	（1.28）	（2.21）	（1.24）
Roa	−2.246***	−0.791**	−1.566***	−0.974***
	（−4.12）	（−2.21）	（−2.69）	（−3.24）
SOE	−0.185**	0.004	0.150	−0.071
	（−2.17）	（0.02）	（0.55）	（−0.44）
*Top*1	−0.454*	−0.409	2.333***	0.962**
	（−1.74）	（−0.91）	（3.54）	（2.37）
Dual	0.224***	0.149*	0.055	0.048
	（2.79）	（1.93）	（0.43）	（0.68）
Boardsize	0.406*	0.993***	1.348***	0.930***
	（1.76）	（3.65）	（2.78）	（3.33）
Independ	0.246	1.365*	−0.069	0.343
	（0.34）	（1.73）	（−0.04）	（0.39）
Vio_before	3.588***	2.729***	3.575***	3.050***
	（31.98）	（27.87）	（26.16）	（27.67）

165

	两权分离度低		两权分离度高	
	（1）	（2）	（3）	（4）
	Fraud	*Degree*	*Fraud*	*Degree*
Turnover	0.000	0.008	0.033**	0.021**
	（0.02）	（1.03）	（2.16）	（2.43）
Volatility	0.520	−0.278	0.896	0.253
	（1.05）	（−0.78）	（1.61）	（0.81）
Firm FE	Yes	Yes	Yes	Yes
Year FE	Yes	Yes	Yes	Yes
N	6 035	6 035	6 069	6 069
Chi^2	2 355.855	871.386	1 629.311	871.425
Pseudo R^2	0.315		0.352	

注：***、**、*分别表示1%、5%、10%的显著性水平。括号内为参数估计量的z值。

5.4.2　基于公司外部环境的异质性检验结果

（1）市场化环境

为了检验不同的市场化环境对证监会随机抽查影响公司违规的结果，按照行业、年度中位数将市场化指数分成高、低两组，分组检验模型（3-5），相关实证结果列于表5-4。第（1）、（2）列结果显示，在市场化程度低的组中，*Treat*的估计系数不显著，而在第（3）、（4）列市场化程度高的组中，*Treat*的估计系数在1%的水平上与公司是否违规、违规严重程度显著负相关。上述结果说明，在市场化程度高的地区，法治建设较为完备，执法效率高效，为证监会随机抽查工作提供了保证。因此，与市场化程度低的地区相比，证监会随机抽查对公司违规的抑制作用显著存在于市场化程度高的地区中，从而验证了假设H5-4。

表5-4 基于市场化程度分组检验证监会随机抽查对公司违规影响的实证结果

	市场化程度低		市场化程度高	
	（1）	（2）	（3）	（4）
	Fraud	*Degree*	*Fraud*	*Degree*
Treat	−0.296	−0.050	−0.582***	−0.330***
	(−1.63)	(−0.44)	(−3.94)	(−3.62)
Size	−0.341***	−0.047	−0.279***	−0.060
	(−3.87)	(−0.95)	(−3.44)	(−1.29)
Lev	0.219	0.133	−0.542	−0.213
	(0.59)	(0.67)	(−1.58)	(−1.12)
Growth	0.104	−0.001	0.192**	0.081**
	(1.42)	(−0.03)	(2.48)	(1.98)
Roa	−1.457**	−0.887***	−1.755***	−1.110***
	(−2.28)	(−2.61)	(−3.04)	(−3.81)
SOE	−0.072	−0.129	0.102	−0.083
	(−0.30)	(−0.91)	(0.39)	(−0.53)
*Top*1	1.232**	0.624*	0.660	0.171
	(1.97)	(1.67)	(1.07)	(0.47)
Dual	0.158	0.127*	0.146	0.073
	(1.18)	(1.70)	(1.24)	(1.08)
Boardsize	1.901***	1.163***	0.536	0.580**
	(3.99)	(4.19)	(1.22)	(2.35)
Independ	2.017	1.458*	−1.577	−0.079
	(1.39)	(1.67)	(−1.19)	(−0.11)
Vio_before	3.824***	3.329***	3.265***	2.677***
	(25.20)	(26.50)	(28.90)	(30.15)

	市场化程度低		市场化程度高	
	（1）	（2）	（3）	（4）
	Fraud	*Degree*	*Fraud*	*Degree*
Turnover	−0.006	0.007	0.043***	0.029***
	（−0.38）	（0.77）	（3.30）	（3.80）
Volatility	0.221	−0.403	0.109	−0.019
	（0.37）	（−1.22）	（0.20）	（−0.06）
Firm FE	Yes	Yes	Yes	Yes
Year FE	Yes	Yes	Yes	Yes
N	6 057	6 057	6 854	6 854
Chi^2	1 681.767	791.386	1 735.439	10 44.575
Pseudo R^2	0.363		0.332	

注：***、**、*分别表示1%、5%、10%的显著性水平。括号内为参数估计量的z值。

（2）监管距离

证监会随机抽查对公司违规的影响也可能受到监管距离的影响。各地证监局与上市公司之间距离越近，越便于随机抽查执法检查人员在现场获取相关信息，降低信息搜寻成本。为此，根据当地证监局与上市公司间地理距离的差异性，分组检验证监会随机抽查对公司违规的影响。具体做法是，若公司与当地证监局相距大于100千米，定义为监管距离远，否则，定义为监管距离近。然后，分组考察监管距离对证监会随机抽查影响公司违规的效果，实证结果列于表5-5。可以发现，在第（1）、（2）列监管距离近的组中，*Treat*的估计系数在1%的水平上与公司是否违规、违规严重程度显著负相关，而在第（3）、（4）列监管距离远的组中，*Treat*的估计系数不显著。上述结果表明，当地证监局与上市公司相距较近，便于随机抽查执法检查人员到现场获取更多的信息，有利于发挥抑制公司违规的监管效果。也就是说，与监管距离远的组相比，证监会随机抽查抑制公司违规的效果显著存在于监管距离近的组中，验证了假设H5-5。

表5-5　基于监管距离分组检验证监会随机抽查对公司违规影响的实证结果

	监管距离近		监管距离远	
	（1）	（2）	（3）	（4）
	Fraud	*Degree*	*Fraud*	*Degree*
Treat	−0.693***	−0.368***	−0.252	−0.042
	（−4.60）	（−3.95）	（−1.42）	（−0.39）
Size	−0.346***	−0.057	−0.310***	−0.043
	（−3.99）	（−1.19）	（−3.49）	（−0.83）
Lev	−0.338	−0.127	0.002	−0.082
	（−1.00）	（−0.72）	（0.00）	（−0.37）
Growth	0.072	0.014	0.165**	0.048
	（0.99）	（0.38）	（2.10）	（1.11）
Roa	−1.228**	−0.732***	−2.397***	−1.409***
	（−2.18）	（−2.59）	（−3.58）	（−3.95）
SOE	−0.174	−0.034	0.358	−0.207
	（−0.70）	（−0.24）	（1.34）	（−1.27）
*Top*1	1.372**	0.514	1.108*	0.473
	（2.14）	（1.38）	（1.77）	（1.26）
Dual	0.221*	0.158**	0.203	0.091
	（1.89）	（2.45）	（1.44）	（1.14）
Boardsize	1.338***	0.930***	1.338***	0.930***
	（3.18）	（4.01）	（2.67）	（3.12）
Independ	−1.012	0.241	2.877*	1.937**
	（−0.80）	（0.33）	（1.86）	（2.10）

	监管距离近		监管距离远	
	（1）	（2）	（3）	（4）
	Fraud	*Degree*	*Fraud*	*Degree*
Vio_before	3.589***	2.938***	3.420***	2.991***
	（29.84）	（31.58）	（24.85）	（26.00）
Turnover	0.019	0.015**	0.022	0.025***
	（1.48）	（2.02）	（1.41）	（2.63）
Volatility	0.099	−0.103	0.379	−0.217
	（0.19）	（−0.34）	（0.61）	（−0.61）
Firm FE	Yes	Yes	Yes	Yes
Year FE	Yes	Yes	Yes	Yes
N	7 720	7 720	5 277	5 277
Chi^2	2 085.391	1 125.032	1 393.853	774.680
Pseudo R^2	0.353		0.347	

注：***、**、*分别表示1%、5%、10%的显著性水平。括号内为参数估计量的z值。

（3）交叉上市

进一步考察交叉上市对证监会随机抽查与公司违规之间关系的影响。根据公司是否为A+H股交叉上市公司，将样本分为两组，分组检验模型（3-5），相关实证结果列于表5-6。其中，前两列为非交叉上市公司组的回归结果，发现变量 *Treat* 的估计系数分别为−0.472、−0.219，z值分别为−4.21、−3.18，均在 1% 的水平上与 *Fraud* 和 *Degree* 显著负相关，而在（3）、（4）列交叉上市组中，*Treat* 的估计系数不显著。上述结果表明，交叉上市公司受到中国内地和香港的双重监管，导致证监会随机抽查抑制公司违规的增量效应减弱。因此，证监会随机抽查对公司违规的抑制作用仅在非交叉上市的公司中显著，研究结果支持了假设H5-6。

表5-6 基于交叉上市分组检验证监会随机抽查对公司违规影响的实证结果

	非交叉上市		交叉上市	
	（1）	（2）	（3）	（4）
	Fraud	*Degree*	*Fraud*	*Degree*
Treat	−0.472***	−0.219***	0.592	0.265
	（−4.21）	（−3.18）	（0.50）	（0.30）
Size	−0.261***	−0.028	−3.013**	−1.271*
	（−4.55）	（−0.87）	（−2.49）	（−1.74）
Lev	−0.259	−0.062	7.694	3.920
	（−1.05）	（−0.47）	（1.63）	（1.35）
Growth	0.138***	0.037	−1.618	−1.350
	（2.64）	（1.36）	（−1.07）	（−1.51）
Roa	−1.782***	−1.029***	−2.781	4.107
	（−4.23）	（−4.76）	（−0.24）	（0.64）
SOE	0.023	−0.110	0.975	0.536
	（0.13）	（−1.07）	（0.20）	（0.18）
*Top*1	0.922**	0.323	−8.183	−6.575
	（2.16）	（1.28）	（−0.93）	（−1.17）
Dual	0.180**	0.116**	−0.038	−0.107
	（2.05）	（2.36）	（−0.04）	（−0.19）
Boardsize	1.230***	0.892***	5.357	2.393
	（3.89）	（4.97）	（1.45）	（0.93）
Independ	0.511	0.857	13.486	6.741
	（0.53）	（1.54）	（1.59）	（1.05）
Vio_before	3.476***	2.942***	5.247***	4.346***
	（39.07）	（41.01）	（4.31）	（4.08）

	非交叉上市		交叉上市	
	（1）	（2）	（3）	（4）
	Fraud	*Degree*	*Fraud*	*Degree*
Turnover	0.022**	0.019***	0.018	0.016
	（2.22）	（3.33）	（0.13）	（0.21）
Volatility	0.295	−0.133	1.754	1.156
	（0.75）	（−0.60）	（0.36）	（0.35）
Firm FE	Yes	Yes	Yes	Yes
Year FE	Yes	Yes	Yes	Yes
N	13 100	13 100	208	208
Chi^2	3 457.420	1 887.221	83.013	29.900
Pseudo R^2	0.344		0.588	

注：***、**、*分别表示1%、5%、10%的显著性水平。括号内为参数估计量的 z值。

5.5　稳健性检验

5.5.1　改变公司违规变量的衡量方式

为了保证上述结论的稳健性，主要采用替换公司违规变量的衡量方式进行稳健性检验。具体地，将公司违规定义为违规总次数和违规频率。违规总次数（*Vio_Fre*）采用被证券监管部门等查处的公司违规次数之和，违规频率（*lnViofre*）是对违规次数加1再取自然对数进行衡量。然后，分别根据公司内部特征以及外部环境相关变量分组检验被替换公司违规变量后的模型（3-5）。

表5-7为根据公司内部特征进行异质性检验的结果，其中第（1）~（4）列为根据公司规模分组检验的结果，发现*Treat*的估计系数仅在小规

模公司中显著为负，而在大规模公司中，该系数不显著，表明与大规模公司相比，证监会随机抽查对公司违规的影响仅在小规模公司中显著，再次验证了假设H5-1。

第（5）～（8）列为根据独立董事监督能力分组的检验结果，发现在（5）～（6）列中，在独立董事监督能力强的公司中，*Treat*的估计系数不显著，而在（7）～（8）列中，*Treat*的估计系数在1%的水平上显著为负。实证结果表明，相较于独立董事监督能力强的公司，证监会随机抽查对公司违规的抑制作用显著存在于独立董事监督不足的公司中，再次说明假设H5-2成立。

根据两权分离度的差异分组检验证监会随机抽查对公司违规的影响，实证结果见第（9）～（12）列，发现在两权分离度低的组中，*Treat*的估计系数不显著，而在两权分离度高的组中，*Treat*的估计系数在1%的水平上与*Vio_Fre*和*lnViofre*显著负相关。上述结果表明，与两权分离度低的公司相比，证监会随机抽查对公司违规的抑制作用显著存在于两权分离度高的公司中，实证结果支持了假设H5-3。

基于公司外部环境的异质性检验结果列于表5-8。其中，第（1）～（4）列为根据市场化程度分组检验的结果，发现在市场化程度低的地区，*Treat*的估计系数不显著，而在市场化程度高的组中，变量*Treat*与*Vio_Fre*和*lnViofre*显著负相关。这表明，相较于市场化程度低的地区，证监会随机抽查抑制公司违规的影响显著存在于市场化程度高的地区中，实证结果支持了假设H5-4。

第（5）～（8）列为根据监管距离分组检验证监会随机抽查对公司违规影响的实证结果，可以看出，在当地证监局与上市公司距离近的组中，*Treat*的估计系数在1%的水平上显著为负，而在监管距离远的组中，*Treat*的估计系数不显著。上述结果表明，与监管距离远的组相比，证监会随机抽查对公司违规的抑制作用显著存在于监管距离近的组中，从而验证了假设H5-5。

第（9）～（12）列是根据公司是否为交叉上市公司分组检验的结果，发现在非交叉上市的公司中，*Treat*的估计系数分别在5%、1%的水平上与公司是否违规显著负相关，说明证监会随机抽查能够显著抑制公司违规。而在交叉上市组，*Treat*的估计系数不显著。结果表明，相比于交叉上市公司，证监会随机抽查对公司违规的抑制作用显著存在于非交叉上市公司中，再次验证了假设H5-6。

表5-7　改变公司违规变量衡量方式后基于公司内部特征的异质性检验结果

	小规模公司		大规模公司		独立董事监督能力强		独立董事监督不足		两权分离度低		两权分离度高	
	(1)	(2)	(3)	(4)	(5)	(6)	(7)	(8)	(9)	(10)	(11)	(12)
	Vio_Fre	$lnViofre$	Vio_Fre	$lnViofre$	Vio_Fre	$lnViofre$	Vio_Fre	$lnViofre$	Vio_Fre	$lnViofre$	Vio_Fre	$lnViofre$
Treat	-0.183**	-0.045**	-0.024	-0.025	-0.040	-0.039	-0.192***	-0.043***	-0.046	-0.019	-0.241***	-0.060***
	(-1.96)	(-2.08)	(-0.24)	(-1.18)	(-0.26)	(-0.99)	(-2.70)	(-2.92)	(-0.45)	(-0.86)	(-2.66)	(-2.96)
Size	-0.057	-0.000	-0.270***	-0.030**	0.196***	0.047***	-0.057	-0.008	-0.148***	-0.016	-0.037	-0.002
	(-0.93)	(-0.02)	(-3.58)	(-2.08)	(2.81)	(2.63)	(-1.58)	(-1.17)	(-2.66)	(-1.38)	(-0.79)	(-0.21)
Lev	-0.297	-0.079*	0.617**	0.119*	-0.073	-0.082	0.219	0.047	-0.012	0.013	0.117	0.020
	(-1.64)	(-1.79)	(2.29)	(1.92)	(-0.29)	(-1.07)	(1.42)	(1.41)	(-0.05)	(0.26)	(0.66)	(0.44)
Growth	0.008	0.000	0.087**	0.029***	-0.061	-0.013	0.065**	0.015**	0.096**	0.014	0.042	0.017*
	(0.20)	(0.04)	(2.08)	(2.65)	(-0.99)	(-0.75)	(2.18)	(2.02)	(2.06)	(1.25)	(1.19)	(1.70)
Roa	-0.862***	-0.314***	-1.286***	-0.546***	-1.386***	-0.589***	-0.883***	-0.321***	-0.746***	-0.335***	-1.016***	-0.370***
	(-3.19)	(-4.09)	(-3.40)	(-5.06)	(-3.06)	(-4.02)	(-3.70)	(-5.18)	(-2.15)	(-3.70)	(-3.56)	(-4.45)
SOE	-0.054	-0.005	-0.016	-0.055	-0.256	-0.092*	-0.015	-0.001	-0.157	-0.030	0.059	0.037
	(-0.39)	(-0.13)	(-0.09)	(-1.42)	(-1.06)	(-1.70)	(-0.14)	(-0.06)	(-0.87)	(-0.63)	(0.38)	(1.02)

	小规模公司		大规模公司		独立董事监督能力强		独立董事监督不足		两权分离度低		两权分离度高	
	(1)	(2)	(3)	(4)	(5)	(6)	(7)	(8)	(9)	(10)	(11)	(12)
	Vio_Fre	$lnViofre$	Vio_Fre	$lnViofre$	Vio_Fre	$lnViofre$	Vio_Fre	$lnViofre$	Vio_Fre	$lnViofre$	Vio_Fre	$lnViofre$
$Top1$	0.134	0.020	0.841**	-0.005	0.398	0.117	0.336	-0.008	-0.450	-0.163*	1.215***	0.190**
	(0.34)	(0.24)	(2.00)	(-0.06)	(0.64)	(0.85)	(1.24)	(-0.14)	(-1.02)	(-1.88)	(3.07)	(2.42)
$Dual$	0.180***	0.032**	0.091	0.014	0.160	0.048	0.140***	0.021*	0.177**	0.038**	0.080	0.006
	(2.76)	(2.05)	(1.16)	(0.78)	(1.43)	(1.61)	(2.69)	(1.87)	(2.38)	(2.29)	(1.21)	(0.38)
$Boardsize$	1.241***	0.245***	0.531*	0.121**	0.479	0.135	0.820***	0.161***	1.085***	0.157***	0.633***	0.220***
	(5.02)	(4.30)	(1.69)	(2.15)	(1.22)	(1.33)	(4.11)	(4.19)	(4.00)	(2.91)	(2.33)	(3.71)
$Independ$	1.927**	0.242	0.506	0.126	1.509	0.227	0.366	0.038	1.447*	0.079	-0.665	0.074
	(2.49)	(1.37)	(0.55)	(0.73)	(1.29)	(0.71)	(0.60)	(0.32)	(1.86)	(0.47)	(-0.77)	(0.40)
Vio_before	2.462***	0.374***	3.632***	0.388***	3.722***	0.442***	2.800***	0.363***	2.686***	0.369***	2.917***	0.385***
	(29.62)	(35.26)	(23.74)	(35.87)	(13.56)	(20.75)	(38.68)	(49.83)	(27.94)	(35.14)	(27.79)	(36.06)
$Turnover$	0.021***	0.004**	-0.001	0.001	0.006	-0.002	0.017***	0.003***	0.006	-0.000	0.020**	0.005**
	(3.00)	(2.12)	(-0.08)	(0.42)	(0.49)	(-0.44)	(2.85)	(2.64)	(0.69)	(-0.11)	(2.33)	(2.52)

续表

	小规模公司		大规模公司		独立董事监督能力强		独立董事监督不足		两权分离度低		两权分离度高	
	(1)	(2)	(3)	(4)	(5)	(6)	(7)	(8)	(9)	(10)	(11)	(12)
	Vio_Fre	lnViofre	Vio_Fre	lnViofre	Vio_Fre	lnViofre	Vio_Fre	lnViofre	Vio_Fre	lnViofre	Vio_Fre	lnViofre
Volatility	0.120	0.015	−0.029	−0.007	−0.202	0.074	0.108	−0.019	−0.299	0.006	0.416	0.031
	(0.41)	(0.20)	(−0.08)	(−0.09)	(−0.38)	(0.52)	(0.46)	(−0.37)	(−0.86)	(0.07)	(1.42)	(0.42)
Constant		−0.590*		0.360		−1.394***		−0.181		0.059		−0.550*
		(−1.77)		(0.98)		(−2.96)		(−0.94)		(0.20)		(−1.96)
Firm FE	Yes	Yes	Yes	Yes	Yes	Yes	Yes	Yes	Yes	Yes	Yes	Yes
Year FE	Yes	Yes	Yes	Yes	Yes	Yes	Yes	Yes	Yes	Yes	Yes	Yes
N	6 531	6 531	5 600	5 600	1 751	1 751	11 557	11 557	6 035	6 035	6 153	6 153
F/Chi²	1 032.798	71.986	688.486	75.002	262.701	27.845	1 723.346	140.074	895.155	71.424	937.323	75.836
Adj R²		0.079		0.126		0.175		0.122		0.099		0.109

注：***、**、*分别表示1%、5%、10%的显著性水平。奇数列括号内为参数估计量的z值，偶数列括号内为参数估计量的t值。

表5-8　改变公司违规变量衡量方式后基于子公司外部环境的异质性检验结果

	市场化程度低		市场化程度高		监管距离近		监管距离远		非交叉上市		交叉上市	
	(1)	(2)	(3)	(4)	(5)	(6)	(7)	(8)	(9)	(10)	(11)	(12)
	Vio_Fre	$lnViofre$	Vio_Fre	$lnViofre$	Vio_Fre	$lnViofre$	Vio_Fre	$lnViofre$	Vio_Fre	$lnViofre$	Vio_Fre	$lnViofre$
Treat	−0.134	−0.027	−0.214**	−0.057***	−0.238***	−0.063***	−0.078	−0.011	−0.159**	−0.042***	0.485	−0.058
	(−1.26)	(−1.30)	(−2.52)	(−2.92)	(−2.79)	(−3.40)	(−0.77)	(−0.52)	(−2.45)	(−2.99)	(0.57)	(−0.59)
Size	−0.042	−0.001	0.003	0.000	−0.031	−0.004	0.005	0.004	−0.001	0.003	−1.183	−0.100
	(−0.87)	(−0.07)	(0.07)	(0.02)	(−0.66)	(−0.36)	(0.11)	(0.36)	(−0.02)	(0.40)	(−1.61)	(−1.47)
Lev	0.184	0.058	0.003	−0.015	0.103	0.012	0.045	0.035	0.098	0.016	4.204	0.502*
	(0.94)	(1.27)	(0.02)	(−0.35)	(0.60)	(0.28)	(0.20)	(0.72)	(0.75)	(0.53)	(1.51)	(1.71)
Growth	0.014	0.005	0.069*	0.018*	0.021	0.003	0.059	0.014	0.041	0.010	−1.354	−0.124*
	(0.37)	(0.54)	(1.76)	(1.74)	(0.57)	(0.33)	(1.43)	(1.33)	(1.54)	(1.48)	(−1.53)	(−1.76)
Roa	−1.195***	−0.330***	−0.904***	−0.398***	−0.799***	−0.306***	−1.464***	−0.468***	−1.062***	−0.379***	6.837	0.463
	(−3.59)	(−3.84)	(−3.27)	(−4.96)	(−2.92)	(−4.00)	(−4.33)	(−5.23)	(−5.06)	(−6.64)	(1.14)	(0.59)
SOE	−0.073	−0.024	−0.045	−0.010	0.026	−0.036	−0.135	0.011	−0.056	−0.021	0.706	−0.036
	(−0.53)	(−0.76)	(−0.30)	(−0.30)	(0.18)	(−1.14)	(−0.89)	(0.33)	(−0.57)	(−0.92)	(0.19)	(−0.24)

续表

	市场化程度低		市场化程度高		监管距离近		监管距离远		非交叉上市		交叉上市	
	(1)	(2)	(3)	(4)	(5)	(6)	(7)	(8)	(9)	(10)	(11)	(12)
	Vio_Fre	lnViofre	Vio_Fre	lnViofre	Vio_Fre	lnViofre	Vio_Fre	lnViofre	Vio_Fre	lnViofre	Vio_Fre	lnViofre
Top1	0.675*	0.046	0.157	-0.032	0.712**	0.105	0.190	-0.032	0.396	0.024	-8.064	-0.454
	(1.82)	(0.63)	(0.45)	(-0.42)	(2.03)	(1.41)	(0.50)	(-0.44)	(1.61)	(0.47)	(-1.35)	(-1.02)
Dual	0.128*	0.023	0.116*	0.020	0.179***	0.031**	0.138*	0.028*	0.149***	0.026**	0.130	0.029
	(1.79)	(1.44)	(1.78)	(1.34)	(2.89)	(2.18)	(1.83)	(1.66)	(3.15)	(2.42)	(0.24)	(0.35)
Boardsize	1.201***	0.206***	0.329	0.115**	0.809***	0.181***	0.761***	0.147***	0.788***	0.163***	1.486	-0.043
	(4.34)	(3.91)	(1.36)	(2.16)	(3.52)	(3.72)	(2.62)	(2.61)	(4.42)	(4.49)	(0.61)	(-0.19)
Independ	1.463*	0.190	-0.661	-0.131	0.704	0.100	0.495	0.057	0.670	0.076	3.167	0.091
	(1.70)	(1.14)	(-0.90)	(-0.81)	(1.00)	(0.67)	(0.55)	(0.32)	(1.22)	(0.67)	(0.55)	(0.15)
Vio_before	3.144***	0.376***	2.669***	0.372***	2.857***	0.380***	2.946***	0.370***	2.873***	0.374***	4.293***	0.322***
	(26.78)	(36.66)	(30.43)	(37.68)	(31.83)	(41.15)	(25.92)	(34.09)	(41.15)	(53.58)	(4.03)	(6.63)
Turnoner	0.001	0.001	0.026***	0.005***	0.017**	0.003*	0.011	0.002	0.015***	0.003**	0.025	0.007
	(0.17)	(0.55)	(3.48)	(2.70)	(2.38)	(1.94)	(1.24)	(0.96)	(2.75)	(2.18)	(0.32)	(0.81)

续表

	市场化程度低		市场化程度高		监管距离近		监管距离远		非交叉上市		交叉上市	
	(1)	(2)	(3)	(4)	(5)	(6)	(7)	(8)	(9)	(10)	(11)	(12)
	Vio_Fre	lnViofre	Vio_Fre	lnViofre	Vio_Fre	lnViofre	Vio_Fre	lnViofre	Vio_Fre	lnViofre	Vio_Fre	lnViofre
Volatility	0.059	-0.022	0.192	0.018	0.055	-0.005	0.037	-0.001	0.089	0.002	-1.001	0.018
	(0.19)	(-0.29)	(0.63)	(0.25)	(0.20)	(-0.07)	(0.11)	(-0.02)	(0.42)	(0.04)	(-0.30)	(-0.05)
Constant		-0.515**		-0.192		-0.375		-0.416		-0.444**		2.357
		(-1.96)		(-0.73)		(-1.49)		(-1.50)		(-2.49)		(1.42)
Firm FE	Yes	Yes	Yes	Yes	Yes	Yes	Yes	Yes	Yes	Yes	Yes	Yes
Year FE	Yes	Yes	Yes	Yes	Yes	Yes	Yes	Yes	Yes	Yes	Yes	Yes
N	6 074	6 074	6 874	6 874	7 742	7 742	5 305	5 305	13 100	13 100	208	208
F/Chi²	845.454	76.245	1 108.254	83.890	1 180.249	95.828	799.093	68.175	1 980.545	163.725	32.381	3.977
Adj R²		0.124		0.116		0.121		0.128		0.128		0.167

注：***、**、*分别表示1%、5%、10%的显著性水平。奇数列括号内为参数估计量的z值，偶数列括号内为参数估计量的t值。

179

综上所述，在替换公司违规变量衡量方式后，基于公司内部特征与外部环境检验证监会随机抽查抑制公司违规的异质性影响结果依然存在，说明结论具有稳健性。

5.5.2 更改模型估计方法

为了进一步验证研究结论，采用更改回归模型的估计方法进行稳健性检验。具体地，当采用公司是否违规（*Fraud*）衡量公司违规时，由于该变量为二值选择变量，除了采用Logit固定效应模型回归外，还采用Probit回归进行稳健性检验。当采用公司违规严重程度（*Degree*）衡量公司违规时，由于该变量为计数变量，采用负二项固定效应回归进行稳健性检验。

表5-9为更换模型估计方法后，根据公司内部特征分组检验证监会随机抽查对公司违规的影响。首先，（1）~（4）列为根据公司规模分组检验的结果，可以发现，在小规模公司组，*Treat*的估计系数至少在5%的水平上与公司是否违规（*Fraud*）、公司违规严重程度（*Degree*）显著负相关，而在大规模公司组，*Treat*的估计系数不显著。该结果表明，与大规模公司相比，证监会随机抽查对公司违规的抑制作用在小规模公司中更显著，研究结论支持了假设H5-1。

其次，分析独立董事监督能力对证监会随机抽查与公司违规之间关系的异质性影响。根据（5）~（8）列可知，在（5）、（6）列独立董事监督能力强的公司中，*Treat*的估计系数不显著，而在（7）、（8）列独立董事监督不足的公司中，*Treat*的估计系数显著为负。结果表明，与独立董事监督能力强的公司相比，证监会随机抽查对公司违规的抑制作用显著存在于独立董事监督不足的公司中，假设H5-2得证。

最后，考察两权分离度对证监会随机抽查影响公司违规的结果。（9）~（12）列结果显示，*Treat*的估计系数仅在（11）、（12）列两权分离度高的公司中显著为负。实证结果说明，与两权分离度较低的公司相比，证监会随机抽查制度对公司违规的抑制作用在两权分离度较高的公司中显著，从而支持了假设H5-3。

改变模型估计方法后，重新实证检验公司外部环境对证监会随机抽查抑制公司违规的异质性影响，实证结果列于表5-10。

表5-9　更改模型估计方法后基于公司内部特征的异质性检验结果

	小规模公司		大规模公司		独立董事监督能力强		独立董事监督不足		两权分离度低		两权分离度高	
	(1)	(2)	(3)	(4)	(5)	(6)	(7)	(8)	(9)	(10)	(11)	(12)
	Fraud	Degree	Fraud	Degree	Fraud	Degree	Fraud	Degree	Fraud	Degree	Fraud	Degree
Treat	-0.134**	-0.301***	-0.039	-0.016	-0.079	-0.131	-0.111**	-0.225***	-0.117	-0.153	-0.137**	-0.281***
	(-2.08)	(-2.93)	(-0.54)	(-0.15)	(-0.61)	(-0.76)	(-2.20)	(-2.91)	(-1.60)	(-1.36)	(-2.12)	(-2.86)
Size	-0.033	-0.084	-0.176***	-0.356***	0.019	0.174**	-0.057***	-0.077**	-0.047**	-0.127**	-0.049**	-0.071
	(-1.17)	(-1.31)	(-5.97)	(-4.51)	(0.53)	(2.35)	(-3.66)	(-2.02)	(-2.12)	(-2.13)	(-2.46)	(-1.47)
Lev	-0.122	-0.305	0.230	0.418	-0.404**	-0.258	0.083	0.090	-0.062	-0.181	0.020	-0.008
	(-1.32)	(-1.63)	(1.63)	(1.50)	(-2.12)	(-0.98)	(1.00)	(0.56)	(-0.54)	(-0.75)	(0.18)	(-0.04)
Growth	0.035	0.022	0.165***	0.062	0.056	-0.004	0.064**	0.045	0.056	0.067	0.087**	0.041
	(0.92)	(0.56)	(3.55)	(1.40)	(0.83)	(-0.06)	(2.07)	(1.42)	(1.25)	(1.38)	(2.28)	(1.13)
Roa	-0.968***	-0.967***	-2.039***	-0.961**	-1.190**	-1.540***	-1.269***	-0.903***	-1.359***	-0.824**	-1.128***	-1.020***
	(-3.82)	(-3.35)	(-5.25)	(-2.42)	(-2.36)	(-3.22)	(-5.60)	(-3.57)	(-4.27)	(-2.24)	(-3.96)	(-3.41)
SOE	-0.183***	0.032	-0.159***	-0.208	-0.306***	-0.151	-0.173***	-0.048	-0.162***	0.080	-0.168***	-0.034
	(-4.18)	(0.23)	(-3.32)	(-1.11)	(-3.53)	(-0.61)	(-5.20)	(-0.42)	(-3.52)	(0.41)	(-3.56)	(-0.21)

	小规模公司		大规模公司		独立董事监督能力强		独立董事监督不足		两权分离度低		两权分离度高	
	(1)	(2)	(3)	(4)	(5)	(6)	(7)	(8)	(9)	(10)	(11)	(12)
	Fraud	Degree	Fraud	Degree	Fraud	Degree	Fraud	Degree	Fraud	Degree	Fraud	Degree
Top1	0.152	−0.194	0.073	0.316	0.379	0.527	0.095	0.112	−0.164	−0.602	0.225	0.826**
	(1.14)	(−0.46)	(0.50)	(0.71)	(1.39)	(0.84)	(0.93)	(0.39)	(−1.16)	(−1.30)	(1.64)	(2.03)
Dual	0.083**	0.066	0.030	0.122	0.078	0.148	0.072**	0.100*	0.123***	0.146*	0.028	0.042
	(2.08)	(0.94)	(0.57)	(1.49)	(0.90)	(1.25)	(2.16)	(1.79)	(2.75)	(1.84)	(0.62)	(0.60)
Boardsize	0.332***	1.081***	0.200	0.903***	0.278	0.962**	0.246***	0.833***	0.272**	0.983***	0.275**	0.928***
	(2.66)	(4.26)	(1.49)	(2.80)	(1.16)	(2.41)	(2.61)	(4.01)	(2.13)	(3.52)	(2.10)	(3.30)
Independ	0.140	1.685**	0.184	1.272	0.134	2.409**	0.065	0.473	0.018	1.549*	0.161	0.249
	(0.33)	(2.09)	(0.39)	(1.32)	(0.16)	(2.04)	(0.20)	(0.73)	(0.04)	(1.91)	(0.33)	(0.28)
Vio_before	1.966***	2.644***	2.504***	3.894***	2.558***	3.876***	2.112***	2.986***	2.094***	2.828***	2.183***	3.131***
	(40.53)	(28.50)	(32.52)	(21.86)	(19.11)	(12.62)	(52.62)	(36.79)	(38.33)	(26.67)	(38.26)	(26.13)
Turnover	0.007	0.014*	−0.001	0.013	−0.010	0.002	0.012**	0.019***	0.003	0.007	0.015**	0.018**
	(1.18)	(1.83)	(−0.13)	(1.23)	(−0.69)	(0.15)	(2.32)	(2.95)	(0.53)	(0.81)	(2.09)	(2.00)

续表

	小规模公司		大规模公司		独立董事监督能力强		独立董事监督不足		两权分离度低		两权分离度高	
	(1)	(2)	(3)	(4)	(5)	(6)	(7)	(8)	(9)	(10)	(11)	(12)
	Fraud	Degree	Fraud	Degree	Fraud	Degree	Fraud	Degree	Fraud	Degree	Fraud	Degree
Volatility	0.437*	0.157	-0.020	-0.576	0.227	-0.452	0.183	-0.087	0.341	-0.278	0.286	0.260
	(1.74)	(0.49)	(-0.07)	(-1.60)	(0.43)	(-0.81)	(0.91)	(-0.34)	(1.19)	(-0.75)	(1.08)	(0.83)
Constant	-2.266***	-1.866	0.964	5.600***	-3.458***	-7.106***	-1.637***	-1.118	-1.648***	0.006	-2.051***	-1.395
	(-3.39)	(-1.22)	(1.30)	(2.64)	(-3.42)	(-3.16)	(-4.01)	(-1.05)	(-2.92)	(0.00)	(-3.65)	(-0.98)
Firm FE	Yes	Yes	Yes	Yes	Yes	Yes	Yes	Yes	Yes	Yes	Yes	Yes
Year FE	Yes	Yes	Yes	Yes	Yes	Yes	Yes	Yes	Yes	Yes	Yes	Yes
N	6 531	6 531	5 600	5 600	1 751	1 751	11 557	11 557	6 035	6 035	6 153	6 153
Chi^2	1 741.229	918.788	1 166.323	563.040	387.979	206.057	2 949.485	1 526.432	1 604.294	800.488	1 557.340	788.122

注：***、**、*分别表示示1%、5%、10%的显著性水平。括号内为参数估计量的z值。

表5-10 更改模型估计方法后基于公司外部环境的异质性检验结果

	市场化程度低		市场化程度高		监管距离近		监管距离远		非交叉上市		交叉上市	
	(1)	(2)	(3)	(4)	(5)	(6)	(7)	(8)	(9)	(10)	(11)	(12)
	Fraud	*Degree*	*Fraud*	*Degree*	*Fraud*	*Degree*	*Fraud*	*Degree*	*Fraud*	*Degree*	*Fraud*	*Degree*
Treat	-0.111	-0.054	-0.116*	-0.314***	-0.165***	-0.354***	-0.028	-0.035	-0.106**	-0.213***	-0.109	0.343
	(-1.55)	(-0.47)	(-1.88)	(-3.35)	(-2.67)	(-3.72)	(-0.38)	(-0.32)	(-2.25)	(-3.00)	(-0.25)	(0.39)
Size	-0.027	-0.044	-0.059***	-0.041	-0.053***	-0.045	-0.025	-0.038	-0.041***	-0.017	0.030	-1.449*
	(-1.34)	(-0.86)	(-3.01)	(-0.86)	(-2.86)	(-0.90)	(-1.13)	(-0.73)	(-2.80)	(-0.51)	(0.30)	(-1.95)
Lev	-0.075	0.149	0.063	-0.206	0.076	-0.082	-0.012	-0.074	0.018	-0.043	-1.088	3.996
	(-0.67)	(0.73)	(0.62)	(-1.06)	(0.77)	(-0.45)	(-0.10)	(-0.34)	(0.24)	(-0.32)	(-1.12)	(1.42)
Growth	0.036	0.001	0.121***	0.085**	0.064	0.017	0.066	0.050	0.066**	0.040	-0.372	-1.489
	(0.90)	(0.03)	(2.97)	(2.05)	(1.64)	(0.44)	(1.57)	(1.16)	(2.35)	(1.42)	(-0.86)	(-1.59)
Roa	-1.317***	-0.910***	-1.302***	-1.133***	-0.984***	-0.760***	-1.526***	-1.367***	-1.247***	-1.066***	-4.428	4.585
	(-4.26)	(-2.63)	(-4.69)	(-3.80)	(-3.66)	(-2.59)	(-4.65)	(-3.87)	(-6.05)	(-4.78)	(-1.28)	(0.70)
SOE	-0.220***	-0.093	-0.138***	-0.050	-0.202***	0.011	-0.169***	-0.161	-0.185***	-0.072	0.066	0.535
	(-5.06)	(-0.66)	(-3.07)	(-0.31)	(-4.93)	(0.08)	(-3.52)	(-1.01)	(-5.95)	(-0.69)	(0.21)	(0.17)

续表

	市场化程度低		市场化程度高		监管距离近		监管距离远		非交叉上市		交叉上市	
	(1)	(2)	(3)	(4)	(5)	(6)	(7)	(8)	(9)	(10)	(11)	(12)
	Fraud	Degree	Fraud	Degree	Fraud	Degree	Fraud	Degree	Fraud	Degree	Fraud	Degree
Top1	0.020	0.564	0.190	0.058	0.141	0.350	0.053	0.437	0.136	0.228	0.329	−8.548
	(0.15)	(1.49)	(1.48)	(0.16)	(1.14)	(0.93)	(0.35)	(1.15)	(1.43)	(0.88)	(0.31)	(−1.49)
Dual	0.091*	0.115	0.060	0.064	0.095**	0.145**	0.072	0.085	0.070**	0.105**	0.366	−0.065
	(1.86)	(1.52)	(1.50)	(0.92)	(2.32)	(2.17)	(1.49)	(1.06)	(2.26)	(2.07)	(1.05)	(−0.12)
Boardsize	0.384***	1.162***	0.093	0.568**	0.325***	0.925***	0.131	0.894***	0.235***	0.886***	1.259*	3.277
	(3.04)	(4.08)	(0.76)	(2.25)	(2.88)	(3.86)	(0.93)	(2.99)	(2.67)	(4.78)	(1.73)	(1.23)
Independ	−0.215	1.530*	0.246	−0.065	−0.150	0.150	0.487	1.926**	0.093	0.866	−0.912	7.786
	(−0.49)	(1.72)	(0.59)	(−0.08)	(−0.39)	(0.20)	(1.00)	(2.09)	(0.31)	(1.51)	(−0.37)	(1.17)
Vio_before	2.293***	3.434***	2.086***	2.778***	2.200***	3.101***	2.125***	3.033***	2.154***	3.058***	2.739***	4.427***
	(36.76)	(25.22)	(41.87)	(28.75)	(43.11)	(29.71)	(35.93)	(25.12)	(56.20)	(38.99)	(5.64)	(4.10)
Turnover	−0.001	0.005	0.014**	0.024***	0.010	0.012	0.009	0.022**	0.009**	0.016***	0.028	0.027
	(−0.09)	(0.53)	(2.17)	(3.13)	(1.57)	(1.53)	(1.15)	(2.36)	(1.98)	(2.70)	(0.65)	(0.35)

	市场化程度低		市场化程度高		监管距离近		监管距离远		非交叉上市		交叉上市	
	(1)	(2)	(3)	(4)	(5)	(6)	(7)	(8)	(9)	(10)	(11)	(12)
	Fraud	*Degree*	*Fraud*	*Degree*	*Fraud*	*Degree*	*Fraud*	*Degree*	*Fraud*	*Degree*	*Fraud*	*Degree*
Volatility	0.150	-0.417	0.105	0.015	0.207	-0.098	0.286	-0.213	0.229	-0.122	-0.781	0.804
	(0.54)	(-1.24)	(0.41)	(0.05)	(0.84)	(-0.33)	(0.97)	(-0.59)	(1.21)	(-0.53)	(-0.44)	(0.24)
Constant	-2.417***	-2.838*	-1.220**	-0.883	-1.898***	-2.139	-2.190***	-1.738	-2.003***	-2.619***	-5.282	23.987
	(-4.49)	(-1.95)	(-2.30)	(-0.66)	(-3.89)	(-1.64)	(-3.59)	(-1.05)	(-5.22)	(-2.78)	(-1.54)	(1.28)
Firm FE	Yes	Yes	Yes	Yes	Yes	Yes	Yes	Yes	Yes	Yes	Yes	Yes
Year FE	Yes	Yes	Yes	Yes	Yes	Yes	Yes	Yes	Yes	Yes	Yes	Yes
N	6 074	6 074	6 874	6 874	7 742	7 742	5 305	5 305	13 100	13 100	208	208
Chi^2	1 428.779	724.394	1 865.068	956.187	1 979.203	1 009.099	1 381.291	726.236	3 353.541	1 719.368	44.510	29.900

注：***、**、*分别表示1%、5%、10%的显著性水平。括号内为参数估计量计算的z值。

首先，根据市场化环境考察证监会随机抽查对公司违规的影响。根据第（1）～（4）列可知，*Treat*的估计系数仅在市场化程度高的组中显著为负，表明证监会随机抽查对公司违规的抑制作用显著存在于市场化程度高的组中，实证研究结果支持了假设H5-4。

其次，根据监管距离分组检验证监会随机抽查对公司违规的影响。第（5）～（8）列实证结果显示，在监管距离近的组中，*Treat*的估计系数均在1%的水平上与*Fraud*、*Degree*显著负相关，而在监管距离远的组中，*Treat*的估计系数不显著，表明与监管距离远的组相比，证监会随机抽查对公司违规的抑制作用仅在监管距离近的组中显著，研究结论支持了假设H5-5。

最后，考察交叉上市对证监会随机抽查与公司违规之间关系的异质性影响。第（9）～（12）列实证结果显示，*Treat*的估计系数仅在非交叉上市公司中显著为负，而在交叉上市公司中，该系数不显著。结果表明，与交叉上市公司相比，证监会随机抽查对公司违规的抑制作用显著存在于非交叉上市公司中，假设H5-6得证。

总之，在改变模型估计方法后，基于公司内部特征与外部环境分组检验证监会随机抽查对公司违规的异质性影响的研究结论依然成立，说明实证结果具有一定的稳健性。

5.6 ——————本章小结——————

本章是在第3章的基础上进一步考察公司内部特征以及外部环境对证监会随机抽查抑制公司违规的异质性影响。其中，公司内部特征包括公司规模、独立董事监督能力和两权分离度，外部环境包括市场化程度、监管距离和交叉上市。研究框架图如图5-1所示。

利用2011—2020年沪深A股非金融类上市公司数据，从公司内部特征以及外部环境两个方面实证检验证监会随机抽查抑制公司违规的异质性影响。具体地，有如下研究发现：

证监会随机抽查对公司违规的影响研究

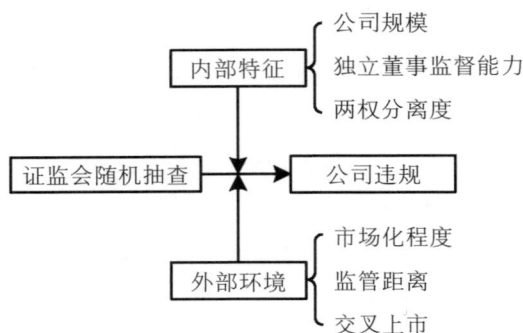

图5-1　证监会随机抽查影响公司违规的异质性分析研究框架图

第一，基于公司内部特征视角，研究发现：（1）与大规模公司相比，证监会随机抽查对公司违规的抑制作用在小规模公司中显著。这可能是因为大规模公司面临着较多的监管关注，难以隐藏违规行为，证监会随机抽查所发挥的监管增量效应有限。（2）相较于独立董事监督能力强的公司，证监会随机抽查对公司违规的抑制作用在独立董事监督不足的公司中显著。独立董事积极发表异议意见，是其履行监督职能的一种表现，因此，独立董事积极发声，表明监督能力强，公司难以实施违规。证监会随机抽查作为外部监管机制，与内部的独立董事监督治理之间存在替代效应，仅对独立董事从未发表过异议意见的公司的违规行为发挥显著的抑制作用。（3）与两权分离度低的公司相比，证监会随机抽查对公司违规的抑制作用在两权分离度高的公司中更显著。可能的解释为，两权分离度越高，公司的代理问题越严重，控股大股东对中小股东的利益侵占效应越强，越容易掏空上市公司，出现违规的可能性越大，而证监会随机抽查可以发挥外部监管职能，对两权分离度高的公司的违规行为抑制作用更明显。

第二，基于外部环境视角，研究发现：（1）与市场化程度低的地区相比，证监会随机抽查对公司违规的抑制作用在市场化程度高的地区更显著。原因在于，市场化程度高的地区，法治建设较完善，较高的市场化程度为执法高效率提供了保障，有助于保障随机抽查工作的实施效果，更容易发挥抑制公司违规的外部监管效应。（2）与监管距离远的组相比，证监会随机抽查对公司违规的抑制作用在当地证监局与公司地理距离近的组中显著。这可能是因为当地证监局与公司地理距离近，降低了随机抽查执法检查人员获取信息的成本，也便于检查人员到现场实地调研。为此，证监会随机抽查对于距离当地证监局地理位置较近的公司的违规行为抑制作用更明显。（3）相较于交叉上市公司，证监会随机抽查对公司违规的抑制作用在非交叉上市公司中显著。可能的解释为，A+H 股的上市公司面临着中国内地和香港相关法律法规的双重监管，证监会随机抽查工作所发挥的监管增量效应较小，仅对非交叉上市公司的违规行为产生显著的抑制作用。

　　基于上述研究发现，有如下研究启示：证监会随机抽查工作的实施效果在一定程度上依赖于公司内部特征以及外部环境。因此，各地证监局在实施随机抽查工作时可以综合考虑这些因素，以确保监管的针对性和有效性。就内部特征而言，各地证监局可以关注公司规模、独立董事监督能力以及两权分离度等方面，重点关注小规模公司、独立董事监督不足的公司以及两权分离度高的公司；从外部环境来看，各地证监局在现场检查过程中可结合市场化程度、监管距离以及交叉上市等方面，重点考虑位于市场化程度低的地区、监管距离远以及非交叉上市公司。通过有针对性的检查，最大化发挥随机抽查的监管效应，进一步提高资本市场的透明度和规范性。

证监会随机抽查影响公司违规的经济后果

6.1 ——————问题的提出——————

第3章研究发现，证监会随机抽查抑制了公司违规，降低了违规严重程度。那么，随机抽查抑制公司违规又会带来哪些经济后果？尤其是在降低公司风险、促进公司发展层面，证监会随机抽查能够发挥良好的外部治理效果吗？

首先，基于公司风险视角。公司违规行为是违规收益与成本权衡后的结果，只有当违规收益高于违规成本时，公司才会违规。但公司违规必然会承担一定的风险，如声誉受损、融资成本增加以及被监管机构处罚的风险等，从而对公司盈利能力造成影响，导致公司经营风险加大。加之公司违规手段多样化，违规方式具有隐蔽性，公司隐藏违规的坏消息难以被发现。当负面消息累积到一定程度后集中释放时，会对股价造成冲击，增加股价崩盘风险。证监会随机抽查作为外部监管的有效机制，发挥监管职能，抑制公司违规行为，能否进一步降低公司的经营风险与股价崩盘风险？

其次，基于公司发展视角。公司违规往往是内部治理不完善、代理问题较严重的表征，管理层与控股大股东都存在机会主义行为，谋求私利，攫取公司利益，可能导致公司资源配置不合理，生产效率低下，既不利于公司价值的提升，也不利于公司的长远发展。各地证监局在随机抽查现场检查过程中，能够及时发现并指出公司内部治理与信息披露方面的问题，提升治理效率，降低信息不对称。同时，随机抽查还可以对大股东不当行为构成威慑，降低大股东的掏空动机，抑制公司的不当生产经营行为，促进资源合理配置。那么，证监会随机抽查抑制公司违规能否改善资源配置效率，促进生产发展，提升公司价值呢？

　　基于上述分析，本章对证监会随机抽查抑制公司违规行为能否降低公司风险、促进公司发展进行深入研究。具体地，从公司经营风险与股价崩盘风险视角考察随机抽查抑制公司违规导致风险降低的经济后果，从全要素生产率以及公司价值视角探究随机抽查抑制公司违规促进公司发展的经济后果。

6.2 ————————理论分析与研究假设————————

6.2.1　降低公司风险

　　基于公司风险视角，分别从公司自身经营风险以及市场风险两个层面阐述证监会随机抽查对公司违规影响的经济后果。具体地，探究随机抽查抑制公司违规对公司经营风险以及股价崩盘风险的影响后果。

　　（1）经营风险

　　在高度竞争且复杂的经济环境中，风险关乎企业持续生存与发展。风险是企业经营的核心指标，不仅与微观企业的持续经营有关，影响企业的战略计划与生产决策，还会对股东等利益相关者产生影响。经营风险是在内外部因素共同作用下，企业在日常生产经营过程中所面临的不确定性和挑战，会对公司盈利能力造成影响（Jo and Na，2012）。那么，抑制公司违规能否有效管理和控制经营风险，成为提升公司竞争力和可持续发展的关键？

证监会随机抽查对公司违规的影响研究

公司违规是违规收益与违规成本比较后失衡的结果。在某些情况下，管理层认为通过违规行为能够获得短期收益，甚至认为违规成本可控，因此会选择冒险违规。但违规行为必然要承担一定的风险，这些风险不仅涉及法律处罚、监管处罚等外部风险，还包括对公司财务造成负面影响等内部风险，如融资成本增加、声誉损失以及资源浪费等。因此，违规行为增加了公司的经营风险，影响了公司正常的盈利能力和持续经营。

具体而言，违规公司信息透明度较低，违规的方式隐蔽、手段复杂且多样化，其违规行为增加了监管难度，难以被监管机构及时发现，也加大了市场的不确定性和投资者的风险预期，导致公司的经营风险变大。此外，公司出现违规行为也暴露出内部控制存在缺陷。良好的内部控制体系可以规范企业生产经营流程，增加财务报告准确性。但内部控制缺陷会使公司失去原本有效的管理和约束机制，增加经营风险。内部控制缺陷与公司经营风险密切相关，可能导致公司经营失败，增加未来现金流的不确定性与不可预测性，直接影响了公司的财务健康和长期可持续发展潜力（Ogneva，Subramanyam，and Raghunandan，2007）。另外，公司违规还反映了较为严重的内部代理问题。代理问题的存在使公司治理结构变得松散，管理层存在掏空上市公司的机会主义动机，极易损害外部股东的利益，一旦做出不利于公司长期发展的决策，会加剧公司的经营风险。

证监会作为外部监管机构，其监管工作尤为重要。证监会在随机抽查现场检查过程中通过识别公司治理方面存在的问题，引导公司优化治理结构，提高内部控制质量，约束管理层的机会主义动机，减少他们为攫取公司利益而进行违规的行为。在检查过程中，证监会及时发现公司存在的管理漏洞或财务报表不真实等问题，要求企业进行整改，提升内部治理水平，降低信息不对称程度，抑制公司违规，进而提升资源配置效率，达到防范和化解企业风险的目的，有效防范公司风险。为此，提出假设H6-1：

H6-1：证监会随机抽查抑制公司违规能够降低公司经营风险。

（2）股价崩盘风险

公司内部治理不完善与信息不对称程度较高是导致违规行为的重要因素。内部治理不完善意味着公司在管理结构、决策机制和内部监督等方面存在漏洞，这为管理层故意隐藏负面消息、掩盖财务问题提供了基础。当公司面临业绩下滑或其他负面情况时，管理层可能会选择延迟披露这些坏消息，甚至采取各种手段隐瞒问题，以避免对股价造成影响。这种做法在短期内可能会避免股价波动，缓解公司面临的压力，但从长期来看，隐藏负面消息的行为会加剧信息不对称，引发股价崩盘风险，甚至可能导致更严重的后果。

当信息不对称程度较高时，外部投资者很难及时察觉到公司隐瞒的负面消息，导致投资者对公司前景的判断失误，可能在一段时间内做出不利决策。随着时间的推移，隐藏负面消息的难度逐渐增加。一旦公司无法再继续隐瞒这些消息，使得负面消息被揭露出来或者集中爆发时，将在资本市场快速传播，对股价造成较大冲击，引发股价快速下跌。这种现象屡见不鲜。当公司出现欺诈违规、管理层不当行为或其他重大财务问题被披露时，投资者的信任可能会受到极大打击，公司股价往往会迅速下跌，引发市场恐慌，形成股价崩盘，给股东和市场带来巨大的损失（沈华玉、吴晓晖，2017）。

为了解决这一问题，外部监管的作用尤为重要。良好的外部监管可发挥治理效应，达到抑制公司违规、降低股价崩盘风险的效果。证监会作为资本市场的核心监管部门，承担着强化市场监管、保护投资者权益的重要责任。证监会随机抽查工作由传统的事后处罚性监管转向事前预防式监管。传统的监管方式主要依靠事后处罚，对违规行为进行惩治，但这种方式通常在问题发生后才介入，难以做到及时有效地防止问题的扩大。而随机抽查则通过事前的预防性监管，在现场检查过程中聚焦公司治理以及信息披露层面，及时查找并发现问题，降低公司隐藏负面消息进行违规的可能，提升财务报告质量（汶海等，2020）。财务报告信息质量的改善有助于提高公司信息透明度，增强投资者对公司未来发展的信心，减少市场对负面信息的过度反应，可有效降低股价大幅下降引发的股价崩盘风险（Defond et al.，2015）。

因此，证监会的随机抽查事前监管措施具有显著的预防作用，能够提高公司治理和信息披露的透明度，降低公司隐瞒坏消息的动机，抑制公司违规行为，提升财务报告质量，降低股价崩盘风险，推动资本市场更加健康、有序发展。有鉴于此，提出研究假设 H6-2：

H6-2：证监会随机抽查抑制公司违规能够降低股价崩盘风险。

6.2.2 促进公司发展

在公司收益层面，从促进公司高质量发展视角探究证监会随机抽查对公司违规影响的经济后果。具体地，分别探究随机抽查抑制公司违规对全要素生产率以及公司价值的影响后果。

（1）全要素生产率

当前，我国经济增长方式已经由高速增长转变为高质量发展。在这一背景下，宏观经济增长不再仅依赖于传统数量的扩大，更离不开微观企业全要素生产率的提升。全要素生产率是衡量在现有资源配置下企业产出效率的核心指标，代表企业的生产力水平及资源利用的高效性。然而，在当前的企业治理环境中，内外部因素常常使得企业难以实现全要素生产率的提升，尤其是代理问题严重影响了企业资源的高效配置。代理问题通常表现为管理层和控股大股东存在自利动机。在企业治理结构不完善的情况下，管理层可能会产生机会主义动机，谋求个人私利，而不顾及公司的长远利益。这种行为不仅会损害公司整体利益，还可能通过不合理的资源配置、决策失误等方式直接影响企业的产出效率。此外，控股大股东也存在利益侵占动机。他们通常拥有较大的话语权，可以凭借股权优势进行利益侵占，操控公司生产经营决策，进一步加剧了大股东和中小股东的利益冲突。控股大股东还可能运用关联交易等手段，损害公司整体经营效益，使得公司在生产效率、技术创新等方面的潜力未能得到充分发挥。总之，代理问题引发的管理层和大股东追求私利的行为不利于公司整体效率的提升。

在此情境下，良好的外部监管制度显得尤为重要。有效的监管能够监督管理层和大股东的行为，降低他们攫取私利的机会，优化公司内部治理结构。外部监管机构能够从更高的层面审视公司生产运营，可以有效地发现并遏制公司不当生产经营行为，促使公司管理层与大股东切实从提升产出效率的角度出发，采取有利于公司长期发展的经营管理措施，例如合理配置资源、加大研发投入、促进创新产出等，从而有效提升全要素生产率，推动企业向高质量发展方向迈进。郭金花和杨瑞平（2020）基于外部监管视角，发现国家审计能够促进国有企业完善内部控制制度，减少内部控制缺陷，提升组织管理效率，实现全要素生产率的增长。这一研究表明，有效的外部监管能够帮助企业完善内部控制和治理结构，确保管理层和控股大股东的行为符合公司利益和市场规则，推动企业高效运营和长远发展。

证监会作为资本市场的核心监管部门，扮演着重要的监管角色。在随机抽查现场检查过程中，执法检查人员及时指出公司内部治理存在的问题，有针对性地提出改进建议，促使管理层从提升公司效率视角进行经营决策。例如，证监会在现场检查时能揭示公司治理中的薄弱环节，发现公司治理方面的问题，要求企业尽快改善，优化资源配置，这些措施有助于提高公司整体生产效率和市场竞争力。此外，证监会的监管工作不局限于直接对企业的检查，还通过公开曝光、强化信息披露等方式提高监管的透明度，进一步增加企业违规的压力。

更为重要的是，证监会随机抽查工作还会产生监管溢出效应，吸引新闻媒体、投资者以及公众的关注（刘金洋、沈彦杰，2021），公司任何微小的不合规问题都有可能被过度放大，受到社会和市场的广泛关注。这种监管溢出效应对公司产生了外部压力，迫使管理层和大股东更加注重合规性，降低机会主义动机，抑制公司违规行为。正是由于证监会随机抽查这种外部强监管的存在，管理层和大股东不得不以更高的标准严格要求自己，改善公司的资源配置效率和产出效率，降低公司违规的可能，最终促进公司高质量发展。据此，提出假设 H6-3：

H6-3：证监会随机抽查抑制公司违规有助于提升全要素生产率。

（2）公司价值

公司违规行为通常产生于管理层自利动机做出的不理性决策，违规行为的成本和收益之间的权衡决定了管理层是否做出违规的决策。具体而言，潜在的违规收益高于违规成本，可能激发违规动机，管理层可能会选择忽视合规的要求，冒险进行违规操作。这种选择往往基于对违规行为后果的低估或者存在侥幸心理。一旦将违规动机转化为实际违规行为，所产的负面后果就会直接影响公司价值。

现有多项研究表明，违规行为与公司价值之间存在显著的负相关关系。蒋先玲和赵一林（2017）指出，违规行为一旦被披露，就会对公司股价造成负面影响。通过分析违规公告事件，实证发现违规公告的发布被市场解读为一种坏消息，市场反应表现为股价下跌，导致公司累计超额收益率显著为负。这说明，公司违规导致投资者预期未来的收益下降，股东财富受损。徐晗叶等（2020）进一步指出，环境违规行为会引发外部社会责任压力，使公司面临较大的经营风险与财务风险，降低企业价值。陈运森、袁薇和兰天琪（2020）则从资本市场法律环境的视角，利用事件研究法研究发现，新《证券法》的出台使资本市场对违规行为的市场反应变得更加敏感。新《证券法》强化了对违规行为的法律约束和处罚力度，尤其是对高风险公司的市场反应更加剧烈。总之，违规行为的发生会对公司价值产生负面影响，无论是股东价值的直接损失，还是财务风险、经营风险以及法律风险等，最终都表现为公司价值下降。

随着监管力度的加强，证监会的随机抽查工作逐渐成为遏制公司违规行为的重要手段。证监会随机抽查将检查结果与社会信用体系相衔接，并将违规行为直接纳入市场主体的社会信用记录，这一做法加大了对公司违规的处罚力度，使公司不得不面临较高的违规成本。证监会实施随机抽查工作有效增强了资本市场对公司违规行为的监管力度。公司在进行生产经营决策时会更加注重合规风险，遵守监管规定，加强合规管理，从而降低违规动机。因此，证监会随机抽查提升了公司违规成本，对公司违规发挥了威慑作用，减少了公司违规行为，有助于公司价值的提升。

此外，证监会随机抽查通过强化监管机制，促进了公司治理结构的完善。在随机抽查工作中，很多企业暴露出治理层面的缺陷，尤其是在治理结构等方面存在的问题。证监会通过现场检查的反馈，督促公司进行整改，经过整改的公司往往能够改善公司治理结构，提升治理水平。同时，证监会随机抽查工作还有助于提高公司信息披露质量。公司违规行为的发生往往是由于信息不对称或者信息披露不及时、不全面，证监会通过随机抽查能够及时发现这些问题，有助于在强监管压力下不断推动公司加强信息披露，提升信息披露的完整性和透明度，增强公司的合规性。总之，证监会随机抽查有助于公司提升治理水平，提升信息披露质量，抑制公司违规行为，进而提升公司价值。根据上述分析，提出研究假设 H6-4：

H6-4：证监会随机抽查抑制公司违规有助于提升公司价值。

6.3 ———————————研究设计———————————

6.3.1　样本选择与数据来源

利用2011—2020年沪深A股上市公司数据为初始研究样本。之所以选择2011年作为样本起始年，是因为证监会随机抽查制度最早于2016年实施，这样做可保证利用双重差分模型估计研究样本满足平衡性的要求。以2020年作为样本终止年份主要是出于两个方面的考虑。一方面，2021年年初，证监会修订了《随机抽查事项清单》相关内容，若包含后续年份则可能会增加不确定因素，不能保证抽查政策的一致性与稳定性。另一方面，已有研究表明，公司违规从动机转变为行为，再到被稽查出来往往需要2~3年的时间，考虑到选择最新年份可能出现遗漏样本的问题，最终将样本结束期确定为2020年。

按照如下标准进行样本筛选：（1）剔除金融保险类上市公司；（2）剔除ST、*ST类上市公司，因为这类企业的财务状况和盈利情况可能存在异常、会影响研究结果；（3）剔除数据缺失的样本观测值。同时，为降低离群值的影响，对所有连续型变量在1%和99%的水平上进行Winsorize处理。

对于样本中证监会随机抽查的数据，主要通过手工方式，从各地证监局官网公布的年度上市公司随机抽查结果公告中搜集而来。公司违规以及其他财务数据与公司治理相关数据均来源于CSMAR数据库。

6.3.2　模型构建与变量定义

为检验证监会随机抽查对公司违规影响的经济后果，构造如下模型：

$$Consequence = \varphi_0 + \varphi_1 Treat + \varphi_2 Violation + \varphi_3 Treat \times Violation + \varphi_i Controls + \sum Industry + \sum Year + \varepsilon \tag{6-1}$$

其中，被解释变量 $Consequence$ 包括经营风险、股价崩盘风险、全要素生产率以及公司价值；$Treat$ 为是否被证监会随机抽查的变量；$Violation$

为公司违规变量，包括公司是否违规（*Fraud*）和公司违规严重程度（*Degree*）。*Controls* 为一系列控制变量，具体变量定义详见表3-1。另外，模型中还控制了行业和年度虚拟变量。模型（6-1）中，主要关注交乘项（*Treat×Violation*）的估计系数 φ_3。当被解释变量为公司经营风险和股价崩盘风险时，若 φ_3 显著为负，表明证监会随机抽查抑制公司违规可降低公司经营风险和股价崩盘风险；当被解释变量为全要素生产率和公司价值时，若 φ_3 显著为正，则表明证监会随机抽查抑制公司违规提升了全要素生产率和公司价值。

四个被解释变量的具体定义如下。

（1）经营风险。采用两种方式衡量公司的经营风险。一种是营业收入的波动性（σ_{sale}），余明桂、李文贵和潘红波（2013）以及张军、周亚虹和于晓宇（2021）认为，收益的标准差是风险的传统衡量指标，公司经营风险水平最终体现为收入的波动性。为此，借鉴张川和张涛（2019）的做法，采用年度内季度主营业务收入的波动程度作为经营风险的衡量指标。具体地，先将营业收入除以 10^9 进行标准化处理，再计算标准差。

另一种是Z指数，借鉴李建军和韩珣（2019）以及翟胜宝等（2014）的做法，采用 Altman（1968）提出的Z指数作为经营风险的替代指标。具体计算公式如下：

$$zscore = 1.2 \times \frac{营运资金}{总资产} + 1.4 \times \frac{留存收益}{总资产} + 3.3 \times \frac{息税前利润}{总资产} +$$
$$0.6 \times \frac{股票总市值}{负债账面价值} + 0.999 \times \frac{销售收入}{总资产} \tag{6-2}$$

该指数包含多个指标，如营运资金、留存收益、息税前利润、股票总市值、销售收入、总资产以及总负债等方面的相关信息，相较于单一指标的衡量方式，Z指数综合性较强，更符合新兴资本市场环境下上市公司的财务状况（黄贤环、吴秋生、王瑶，2018）。该指数用来衡量公司陷入危机的可能性，其值越大，表明公司的经营风险越小。为保证实证结果解释的一致性，将 *zscore* 取相反数（*Zscore*），作为经营风险的最终衡量指标。

需要注意的是，用 *Zscore* 值衡量公司的经营风险可能存在一定的不足。例如，指标构建年份与现在相距较远，难以准确衡量当前资本市场中上市公司的经营风险。另外，由于我国资本市场仍处于不断完善的过程中，与国外发达的资本市场尚存在一定差距，该指标也可能难以衡量我国上市公司的经营风险水平。为此，现有研究广泛采用经过年度和行业均值调整后的公司盈利指标未来五年的滚动标准差衡量公司经营风险（赖黎等，2019；John，Litov，and Yeung，2008），但这一指标由于需要使用未来五年的盈利指标数据，计算结果会损失大量研究样本。因此，本研究并未采用这种方式衡量公司经营风险。

（2）股价崩盘风险

借鉴许年行等（2012）以及 Chen，Hong 和 Stein（2001）的方法，用两种方法衡量上市公司的股价崩盘风险。具体度量方式如下：

首先，利用如下模型计算股票的收益率：

$$R_{i,t} = \phi_0 + \phi_1 R_{m,t-2} + \phi_2 R_{m,t-1} + \phi_3 R_{m,t} + \phi_4 R_{m,t+1} + \phi_5 R_{m,t+2} + \varepsilon_{i,t} \tag{6-3}$$

其中，$R_{i,t}$ 为股票 i 在第 t 周考虑现金红利再投资的年个股回报率，$R_{m,t}$ 为 A 股上市公司所有股票在第 t 周经流通市值加权平均的收益率。$\varepsilon_{i,t}$ 为模型估计的残差项，利用残差项，可估计出股票 i 在第 t 周的特有收益率（$W_{i,t}$）：

$$W_{i,t} = \ln(1 + \varepsilon_{i,t}) \tag{6-4}$$

其次，基于特有收益率进一步构建两个股价崩盘风险变量。第一个衡量股价崩盘风险的指标为负收益偏态系数（*Ncskew*），具体计算公式为：

$$Ncskew_{i,t} = -\frac{n(n-1)^{\frac{3}{2}} \sum W_{i,t}^3}{(n-1)(n-2)\left(\sum W_{i,t}^2\right)^{\frac{3}{2}}} \tag{6-5}$$

其中，n 为年度内股票 i 的交易周数，*Ncskew* 值越大，表明偏态系数负的程度越大，股价崩盘风险越严重。

第二个衡量股价崩盘风险的指标为收益上下波动比率（*Duvol*），表示股价上升和下降阶段的波动比率。具体地，先根据股票 i 在第 t 周的特有收益率（$W_{i,t}$）是否大于年度平均收益率将样本划分为上升（*Up*）和下降（*Down*）两个子样本，然后，利用如下公式进行计算：

$$Duvol_{i,t} = \ln \frac{(n_u - 1) \sum_{Down} W_{i,t}^2}{(n_d - 1) \sum_{Up} W_{i,t}^2} \tag{6-6}$$

n_u、n_d 分别表示年度内股票 i 的周特有收益率大于、小于年平均收益率的周数。$Duvol$ 的数值越大，表明收益率分布越倾向于左偏，股价崩盘风险越大。

（3）全要素生产率（TFP）

借鉴赵健宇和陆正飞（2018）的研究，采用 OP 法计算全要素生产率（Olley and Pakes，1996），该种方法基于柯布—道格拉斯生产函数，通过对如下模型进行 OLS 回归提取残差计算得到。

$$\begin{aligned}\ln Y = &\xi_0 + \xi_1 \ln K + \xi_2 \ln L + \xi_3 Age + \xi_4 SOE + \xi_5 Exit + \\ &\sum Industry + \sum Year + \sum Province + \varepsilon_{i,t}\end{aligned} \tag{6-7}$$

具体地，模型（6-7）中各个变量定义的详情如下：

总产出（Y）用主营业务收入度量。

状态变量包括公司上市年龄（Age）和资本投入（K），分别用上市年限和固定资产净额衡量。

控制变量为产权属性（SOE）和公司是否参与出口活动（$Exit$）。

代理变量为公司的投资额（I），用资本性支出表示，等于购建固定资产、无形资产和其他长期资产支付的现金与处置固定资产、无形资产和其他长期资产收回的现金之差。

自由变量为劳动力投入（L），用公司员工人数衡量。其余自由变量为行业（$Industry$）、年度（$Year$）、省份（$Province$）固定效应。

退出变量则根据公司生存情况判定（ST）。

对上述变量回归后，得到的残差即为全要素生产率（TFP）变量。

（4）公司价值（$TobinQ$）

使用托宾 Q 值作为公司价值的替代指标，该值以资本市场价值为基础，反映资本市场对公司未来现金流以及成长能力的预期情况。数值越大，表明公司在股票市场中的表现越好。

6.4 ——————实证结果与分析——————

6.4.1　证监会随机抽查抑制公司违规对公司风险影响的实证结果

表6-1列示了证监会随机抽查抑制公司违规对公司经营风险影响的实证结果。其中，第（1）～（2）列是采用主营业务收入的波动性衡量经营风险的回归结果，发现交乘项（$Treat \times Fraud$、$Treat \times Degree$）的估计系数分别为−0.370、−0.258，且均在1%的水平上显著为负。第（3）～（4）列是被解释变量为Z指数的回归结果，结果显示，在第（3）列中，当采用公司是否违规虚拟变量衡量公司违规时，$Treat \times Fraud$ 的估计系数为−0.278，在10%的水平上与公司经营风险显著负相关。在第（4）列中，当采用公司违规严重程度衡量公司违规时，$Treat \times Degree$ 的估计系数为−0.265，t值为−2.61，在1%的水平上与公司经营风险显著负相关。上述结果表明，证监会随机抽查发挥了外部监管效果，抑制了管理层机会主义动机，减少了公司违规行为，从而降低了公司经营风险，假设H6−1得以验证。

表6-1　证监会随机抽查抑制公司违规对公司经营风险影响的实证结果

	σ_{sale}		$Zscore$	
	（1）	（2）	（3）	（4）
$Treat$	0.307***	0.302***	−0.028	−0.053
	（4.07）	（4.08）	（−0.30）	（−0.59）
$Fraud$	−0.079*		0.100*	
	（−1.87）		（1.67）	
$Treat \times Fraud$	−0.370***		−0.278*	
	（−3.28）		（−1.77）	
$Degree$		−0.009		−0.038
		（−0.36）		（−1.09）

	σ_{sale}		Zscore	
	（1）	（2）	（3）	（4）
Treat×Degree		−0.258***		−0.265***
		（−3.50）		（−2.61）
Size	1.477***	1.475***	0.650***	0.650***
	（42.20）	（42.08）	（27.27）	（27.28）
Lev	0.276*	0.279*	9.370***	9.369***
	（1.93）	（1.96）	（72.68）	（72.66）
Growth	0.257***	0.257***	0.181***	0.182***
	（8.11）	（8.11）	（4.07）	（4.10）
Roa	1.188***	1.201***	−7.009***	−7.066***
	（4.45）	（4.50）	（−20.39）	（−20.51）
SOE	−0.114	−0.113	−0.374***	−0.380***
	（−1.10）	（−1.09）	（−7.26）	（−7.37）
Top1	0.624***	0.633***	−0.201	−0.206
	（2.65）	（2.68）	（−1.28）	（−1.31）
Dual	0.051	0.050	0.003	0.005
	（1.03）	（1.02）	（0.05）	（0.09）
Boardsize	0.729***	0.720***	0.105	0.112
	（4.32）	（4.26）	（0.74）	（0.79）
Independ	2.997***	2.999***	−0.903*	−0.906*
	（5.75）	（5.75）	（−1.88）	（−1.89）
Vio_before	−0.166***	−0.197***	−0.095*	−0.019
	（−4.49）	（−5.52）	（−1.79）	（−0.38）
Turnover	0.010*	0.010*	0.113***	0.113***
	（1.80）	（1.79）	（15.22）	（15.28）
Volatility	−0.949***	−0.950***	−4.135***	−4.132***
	（−4.13）	（−4.13）	（−13.95）	（−13.94）

	σ_{sale}		Zscore	
	（1）	（2）	（3）	（4）
Constant	−33.063***	−33.000***	−20.866***	−20.897***
	（−37.31）	（−37.16）	（−32.62）	（−32.68）
Industry FE	Yes	Yes	Yes	Yes
Year FE	Yes	Yes	Yes	Yes
N	13 308	13 308	13 308	13 308
Adj R²	0.147	0.147	0.542	0.542

注：***、**、*分别表示1%、5%、10%的显著性水平。括号内为参数估计量的t值。

进一步从股价崩盘风险视角考察证监会随机抽查对公司违规影响的经济后果。据表6-2可知，第（1）、（2）列为公司违规采用公司是否违规变量（Fraud）衡量的结果，发现随机抽查与是否违规交乘项（Treat×Fraud）的估计系数分别为−0.084、−0.065，均与被解释变量Ncskew、Duvol显著负相关。后两列为采用公司违规严重程度（Degree）衡量公司违规的结果，可以看出交乘项（Treat×Degree）的估计系数依然与被解释变量Ncskew、Duvol显著负相关（估计系数分别为−0.048、−0.042，t值分别为−1.67、−2.19）。上述结果表明，证监会随机抽查降低了公司隐藏负面消息进行违规的可能，进而能够有效降低股价大幅下降引发的股价崩盘风险，即假设H6-2成立。

表6-2　证监会随机抽查抑制公司违规对股价崩盘风险影响的实证结果

	（1）	（2）	（3）	（4）
	Ncskew	Duvol	Ncskew	Duvol
Treat	−0.030	−0.015	−0.023	−0.012
	（−1.15）	（−0.89）	（−0.93）	（−0.75）
Fraud	0.036**	0.021*		
	（2.14）	（1.86）		
Treat×Fraud	−0.084*	−0.065**		
	（−1.86）	（−2.19）		

	（1）	（2）	（3）	（4）
	Ncskew	Duvol	Ncskew	Duvol
Degree			0.033***	0.015**
			（3.35）	（2.35）
Treat×Degree			−0.048*	−0.042**
			（−1.67）	（−2.19）
Size	−0.062***	−0.050***	−0.062***	−0.049***
	（−9.40）	（−11.30）	（−9.37）	（−11.28）
Lev	0.020	0.008	0.017	0.006
	（0.54）	（0.33）	（0.45）	（0.26）
Growth	0.036***	0.013	0.036***	0.012
	（2.83）	（1.50）	（2.81）	（1.49）
Roa	−0.047	−0.054	−0.029	−0.047
	（−0.48）	（−0.84）	（−0.30）	（−0.72）
SOE	−0.088***	−0.057***	−0.087***	−0.056***
	（−6.00）	（−5.83）	（−5.94）	（−5.80）
Top1	−0.069	−0.030	−0.066	−0.028
	（−1.55）	（−1.01）	（−1.47）	（−0.95）
Dual	−0.004	0.003	−0.004	0.003
	（−0.27）	（0.32）	（−0.29）	（0.31）
Boardsize	0.000	−0.002	0.001	−0.001
	（0.00）	（−0.07）	（0.03）	（−0.03）
Independ	−0.049	0.006	−0.044	0.009
	（−0.35）	（0.07）	（−0.32）	（0.10）
Vio_before	0.010	0.008	0.006	0.008
	（0.69）	（0.82）	（0.42）	（0.87）

续表

	（1）	（2）	（3）	（4）
	Ncskew	*Duvol*	*Ncskew*	*Duvol*
Turnover	−0.027***	−0.017***	−0.027***	−0.017***
	（−13.04）	（−12.51）	（−13.08）	（−12.53）
Volatility	0.025	−0.054	0.028	−0.052
	（0.29）	（−0.96）	（0.33）	（−0.94）
Constant	1.297***	1.026***	1.286***	1.020***
	（7.25）	（8.69）	（7.19）	（8.64）
Industry FE	Yes	Yes	Yes	Yes
Year FE	Yes	Yes	Yes	Yes
N	13 308	13 308	13 308	13 308
Adj R²	0.052	0.058	0.053	0.058

注：***、**、*分别表示1%、5%、10%的显著性水平。括号内为参数估计量的t值。

6.4.2　证监会随机抽查抑制公司违规对公司发展影响的实证结果

从全要素生产率视角进一步研究证监会随机抽查抑制公司违规的经济后果，实证结果见表6-3。其中，第（1）列是用*Fraud*衡量公司违规的结果，发现随机抽查与公司是否违规交乘项（*Treat×Fraud*）的估计系数为0.062，t值为2.26，在5%的水平上与全要素生产率显著正相关。第（2）列为用*Degree*衡量公司违规的结果，发现交乘项（*Treat×Degree*）依然与被解释变量（*TFP*）显著正相关。上述结果说明，证监会随机抽查改善了公司治理，降低了公司违规倾向，提升了公司的产出效率，有助于公司高质量发展，即假设H6-3成立。

最后，考察证监会随机抽查抑制公司违规对公司价值的影响，实证检验结果见表6-4。可以看出，随机抽查与公司违规变量交乘项（*Treat×Fraud*、*Treat×Degree*）的估计系数分别为0.091、0.088，t值分别为1.77、2.67，均与公司价值（*TobinQ*）显著正相关。这表明，证监会随机抽查抑

表6-3 证监会随机抽查抑制公司违规对全要素生产率影响的实证结果

	（1）	（2）
	TFP	*TFP*
Treat	0.109***	0.104***
	（6.13）	（5.97）
Fraud	−0.016	
	（−1.62）	
Treat×Fraud	0.062**	
	（2.26）	
Degree		−0.000
		（−0.03）
Treat×Degree		0.030*
		（1.69）
Size	0.356***	0.357***
	（46.97）	（47.03）
Lev	0.249***	0.249***
	（7.23）	（7.23）
Growth	0.184***	0.183***
	（24.04）	（24.01）
Roa	1.075***	1.081***
	（16.69）	（16.75）
SOE	−0.031	−0.031
	（−1.24）	（−1.24）
*Top*1	−0.318***	−0.318***
	（−5.64）	（−5.64）
Dual	−0.039***	−0.039***
	（−3.30）	（−3.32）

	（1）	（2）
	TFP	*TFP*
Boardsize	0.047	0.044
	（1.15）	（1.08）
Independ	0.187	0.185
	（1.48）	（1.46）
Vio_before	−0.004	−0.012
	（−0.40）	（−1.34）
Turnover	0.004***	0.004**
	（2.58）	（2.56）
Volatility	−0.049	−0.049
	（−0.87）	（−0.88）
Industry FE	Yes	Yes
Year FE	Yes	Yes
N	13 308	13 308
Adj R^2	0.266	0.266

注：***、**、*分别表示1%、5%、10%的显著性水平。括号内为参数估计量的t值。

制了公司违规行为，规范了公司的生产经营运作，最终提升了公司价值，即假设H6-4成立。

表6-4　证监会随机抽查抑制公司违规对公司价值影响的实证结果

	（1）	（2）
	TobinQ	*TobinQ*
Treat	0.108***	0.119***
	（3.65）	（4.16）
Fraud	−0.048**	
	（−2.46）	

	（1）	（2）
	TobinQ	*TobinQ*
Treat×Fraud	0.091[*]	
	（1.77）	
Degree		0.011
		（1.00）
Treat×Degree		0.088***
		（2.67）
Size	−0.445***	−0.444***
	（−59.08）	（−58.97）
Lev	0.168***	0.167***
	（4.03）	（4.00）
Growth	−0.015	−0.016
	（−1.04）	（−1.12）
Roa	1.479***	1.499***
	（13.30）	（13.45）
SOE	0.067***	0.069***
	（3.99）	（4.11）
*Top*1	−0.369***	−0.369***
	（−7.27）	（−7.27）
Dual	−0.002	−0.003
	（−0.14）	（−0.20）
Boardsize	−0.070	−0.075
	（−1.54）	（−1.63）

	（1）	（2）
	TobinQ	*TobinQ*
Independ	0.536***	0.535***
	（3.45）	（3.44）
Vio_before	0.049***	0.018
	（2.89）	（1.12）
Turnover	−0.050***	−0.050***
	（−20.98）	（−21.00）
Volatility	1.900***	1.899***
	（19.75）	（19.75）
Constant	11.110***	11.104***
	（54.74）	（54.69）
Industry FE	Yes	Yes
Year FE	Yes	Yes
N	13 308	13 308
Adj R²	0.416	0.415

注：***、**、*分别表示1%、5%、10%的显著性水平。括号内为参数估计量的t值。

6.5 ———————稳健性检验———————

为了进一步验证证监会随机抽查抑制公司违规行为从而降低公司风险、促进公司发展结论的稳健性，主要从替换公司违规变量衡量方式的角度再次进行实证检验。稳健性检验采用两种方式衡量公司违规：一种是利用违规公司当年被证券监管机构查处的违规总次数（*Vio_Fre*）

衡量；另一种是将违规次数加1后取自然对数（$lnViofre$），用于衡量违规频率。替换公司违规变量后，重新对模型（6-1）回归，实证结果列于表6-5。

第（1）～（4）列为证监会随机抽查抑制公司违规对经营风险影响的实证结果。其中，第（1）、（2）列是被解释变量为营业收入的波动性（σ_{sale}）的回归结果，发现交乘项（$Treat \times Vio\_Fre$、$Treat \times lnViofre$）的估计系数分别为-0.185、-0.396，t值分别为-3.14、-3.40，均在1%的水平上与经营风险显著负相关。第（3）、（4）列是被解释变量为$Zscore$的回归结果，可以看出，交乘项的估计系数均在10%的水平上与$Zscore$显著负相关。上述实证结果表明证监会随机抽查抑制公司违规最终降低了公司经营风险，支持了研究假设H6-1。

第（5）～（8）列为证监会随机抽查抑制公司违规对股价崩盘风险影响的实证结果。其中，第（5）、（6）列为公司违规采用违规次数衡量的结果，发现$Treat \times Vio\_Fre$的估计系数分别为-0.040、-0.032，均与股价崩盘风险变量显著负相关。第（7）、（8）列为公司违规采用违规频率衡量的结果，同样发现随机抽查与公司违规的交乘项（$Treat \times lnViofre$）分别在10%、5%的水平上与$Ncskew$、$Duvol$显著负相关。结果表明，在替换公司违规变量后，证监会随机抽查抑制公司违规显著降低了股价崩盘风险，再次验证了假设H6-2。

第（9）～（10）列为证监会随机抽查抑制公司违规对全要素生产率影响的实证结果。第（9）列结果显示，随机抽查与公司违规交乘项（$Treat \times Vio\_Fre$）的估计系数为正，但不显著，而在第（10）列中，交乘项（$Treat \times lnViofre$）的估计系数显著为正（系数为0.052，t值为1.84）。总体来看，实证结果表明，证监会随机抽查抑制公司违规提升了全要素生产率，假设H6-3成立。

第（11）～（12）列为证监会随机抽查抑制公司违规对公司价值影响的实证结果。可以发现，随机抽查与公司违规交乘项（$Treat \times Vio\_Fre$、$Treat \times lnViofre$）的估计系数为正，但仅在第（12）列中显著，基本上可以说明证监会随机抽查抑制了公司违规，最终提升了公司价值，在一定程度上验证了假设H6-4。

表6-5　证监会随机抽查抑制公司违规的经济后果的稳健性检验结果

	经营风险				股价崩盘风险				全要素生产率		公司价值	
	(1)	(2)	(3)	(4)	(5)	(6)	(7)	(8)	(9)	(10)	(11)	(12)
	σ_{sale}	σ_{sale}	Zscore	Zscore	Ncskew	Duvol	Ncskew	Duvol	TFP	TFP	TobinQ	TobinQ
Treat	0.287***	0.307***	-0.185**	-0.148*	-0.025	-0.012	-0.026	-0.014	0.101***	0.106***	0.099***	0.105***
	(3.93)	(4.11)	(-2.12)	(-1.65)	(-1.00)	(-0.72)	(-1.03)	(-0.80)	(5.83)	(5.99)	(3.52)	(3.64)
Vio_Fre	-0.024		0.043		0.034***	0.017***			-0.004		0.001	
	(-1.05)		(1.38)		(3.79)	(2.89)			(-0.71)		(0.14)	
Treat×Vio_Fre	-0.185***		-0.141*		-0.040*	-0.032**			0.019		0.036	
	(-3.14)		(-1.73)		(-1.74)	(-2.12)			(1.31)		(1.35)	
Degree		-0.059		0.118*			0.060***	0.030**		-0.011		-0.020
		(-1.30)		(1.88)			(3.31)	(2.53)		(-1.01)		(-0.98)
Treat×lnViofre		-0.396***		-0.288*			-0.078*	-0.065**		0.052*		0.087*
		(-3.40)		(-1.78)			(-1.68)	(-2.12)		(1.84)		(1.66)
Size	1.477***	1.477***	0.610***	0.610***	-0.062***	-0.049***	-0.062***	-0.049***	0.357***	0.357***	-0.445***	-0.445***
	(42.12)	(42.15)	(26.53)	(26.22)	(-9.38)	(-11.29)	(-9.38)	(-11.28)	(47.04)	(47.02)	(-59.00)	(-59.03)
Lev	0.280**	0.279*	9.243***	9.441***	0.014	0.005	0.016	0.006	0.250***	0.250***	0.168***	0.169***
	(1.96)	(1.95)	(73.30)	(73.29)	(0.37)	(0.19)	(0.45)	(0.25)	(7.24)	(7.24)	(4.02)	(4.05)

	经营风险				股价崩盘风险				全要素生产率		公司价值	
	(1)	(2)	(3)	(4)	(5)	(6)	(7)	(8)	(9)	(10)	(11)	(12)
	σ_{sale}	σ_{sale}	$Zscore$	$Zscore$	$Ncskew$	$Duvol$	$Ncskew$	$Duvol$	TFP	TFP	$TobinQ$	$TobinQ$
Growth	0.256***	0.256***	0.210***	0.208***	0.036***	0.012	0.036***	0.012	0.183***	0.183***	−0.016	−0.015
	(8.09)	(8.09)	(4.69)	(4.69)	(2.81)	(1.48)	(2.81)	(1.48)	(24.01)	(24.01)	(−1.10)	(−1.08)
Roa	1.180***	1.179***	−7.015***	−6.817***	−0.024	−0.042	−0.032	−0.047	1.078***	1.076***	1.496***	1.485***
	(4.42)	(4.41)	(−20.30)	(−19.82)	(−0.24)	(−0.66)	(−0.33)	(−0.72)	(16.70)	(16.68)	(13.42)	(13.33)
SOE	−0.115	−0.114	−0.345***	−0.360***	−0.086***	−0.056***	−0.087***	−0.056***	−0.032	−0.031	0.068***	0.067***
	(−1.12)	(−1.10)	(−6.74)	(−6.98)	(−5.87)	(−5.73)	(−5.91)	(−5.76)	(−1.26)	(−1.25)	(4.08)	(4.02)
Top1	0.630***	0.626***	−0.031	−0.107	−0.067	−0.029	−0.068	−0.029	−0.318***	−0.318***	−0.369***	−0.370***
	(2.67)	(2.65)	(−0.20)	(−0.68)	(−1.49)	(−0.97)	(−1.52)	(−0.99)	(−5.64)	(−5.64)	(−7.26)	(−7.28)
Dual	0.053	0.052	0.010	0.003	−0.005	0.002	−0.005	0.003	−0.039***	−0.039***	−0.003	−0.003
	(1.08)	(1.06)	(0.19)	(0.06)	(−0.34)	(0.27)	(−0.32)	(0.28)	(−3.28)	(−3.28)	(−0.18)	(−0.16)
Boardsize	0.733***	0.732***	0.278*	0.199	−0.002	−0.003	−0.001	−0.002	0.046	0.047	−0.073	−0.072
	(4.35)	(4.34)	(1.96)	(1.41)	(−0.04)	(−0.10)	(−0.03)	(−0.09)	(1.14)	(1.15)	(−1.60)	(−1.57)
Independ	3.004***	3.004***	−0.881*	−0.816*	−0.048	0.007	−0.048	0.007	0.186	0.187	0.533***	0.535***
	(5.76)	(5.76)	(−1.83)	(−1.70)	(−0.35)	(0.08)	(−0.35)	(0.08)	(1.47)	(1.48)	(3.43)	(3.44)

续表

	经营风险				股价崩盘风险				全要素生产率		公司价值	
	(1)	(2)	(3)	(4)	(5)	(6)	(7)	(8)	(9)	(10)	(11)	(12)
	σ_{sale}	σ_{sale}	Zscore	Zscore	Ncskew	Duvol	Ncskew	Duvol	TFP	TFP	TobinQ	TobinQ
Vio_before	-0.191***	-0.181***	-0.076	-0.112**	0.005	0.007	0.003	0.006	-0.010	-0.007	0.023	0.033**
	(-5.44)	(-4.99)	(-1.55)	(-2.21)	(0.33)	(0.72)	(0.23)	(0.61)	(-1.15)	(-0.85)	(1.43)	(2.01)
Turnover	0.010*	0.010	0.108***	0.107***	-0.027***	-0.017***	-0.027***	-0.017***	0.004**	0.004**	-0.050***	-0.050***
	(1.77)	(1.79)	(14.55)	(14.50)	(-13.04)	(-12.50)	(-13.04)	(-12.50)	(2.55)	(2.57)	(-20.99)	(-20.99)
Volatility	-0.949***	-0.947***	-4.627***	-4.180***	0.023	-0.055	0.024	-0.055	-0.049	-0.049	1.897***	1.899***
	(-4.13)	(-4.12)	(-15.71)	(-14.07)	(0.27)	(-0.98)	(0.28)	(-0.98)	(-0.88)	(-0.87)	(19.72)	(19.74)
Constant	-33.074***	-33.082***	-19.881***	-19.889***	1.301***	1.027***	1.298***	1.026***	-1.611***	-1.608***	11.111***	11.109***
	(-37.24)	(-37.27)	(-32.64)	(-31.72)	(7.27)	(8.70)	(7.26)	(8.69)	(-8.04)	(-8.03)	(54.72)	(54.72)
Industry FE	Yes	Yes	Yes	Yes	Yes	Yes	Yes	Yes	Yes	Yes	Yes	Yes
Year FE	Yes	Yes	Yes	Yes	Yes	Yes	Yes	Yes	Yes	Yes	Yes	Yes
N	13 308	13 308	13 308	13 308	13 308	13 308	13 308	13 308	13 308	13 308	13 308	13 308
Adj R²	0.147	0.147	0.531	0.540	0.053	0.058	0.053	0.058	0.266	0.266	0.415	0.415

注：***、**、*分别表示1%、5%、10%的显著性水平。括号内为参数估计量的t值。

综合上述实证结果发现，证监会随机抽查能够抑制公司违规行为，进而降低公司的经营风险与股价崩盘风险，提升全要素生产率与公司价值，表明研究结论具有一定的稳健性。

6.6 ————————本章小结————————

本章是在第3章的基础上，进一步考察证监会随机抽查抑制公司违规的经济后果。具体地，从降低公司风险与促进公司发展两个维度进行研究。基于公司风险层面，从经营风险与股价崩盘风险展开；基于公司发展视角，从全要素生产率和公司价值进行分析。图6-1为本章研究框架图。

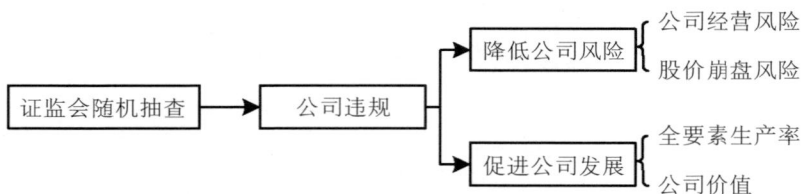

图6-1 证监会随机抽查影响公司违规的经济后果研究框架图

利用2011—2020年沪深A股非金融类上市公司数据，从公司风险与公司发展两个层面实证检验了证监会随机抽查抑制公司违规的经济后果，有如下研究发现：

第一，证监会随机抽查抑制公司违规降低了公司风险。一方面，证监会随机抽查通过发挥外部监管职能，可以改善内部治理水平，规范公司的正常生产经营，抑制违规行为，降低公司经营风险。另一方面，由于公司违规行为隐蔽且难以被发现，负面消息的积累会引发股价崩盘风险，随机抽查能够及时发现信息披露存在的问题，降低公司隐藏违规等负面消息的可能，从而抑制股价崩盘风险。

第二，证监会随机抽查抑制公司违规促进了公司发展。一方面，公司违规表明内部代理问题较严重，管理层存在机会主义行为，不利于公司的发展。随机抽查可以发挥外部监管作用，改善公司效率，促进公司合理配置资源，从而提升全要素生产率。另一方面，公司的违规行为会损害公司价值，证监会随机抽查可发挥威慑作用，规范公司的生产经营行为，抑制公司违规，最终提升公司价值。

根据上述研究发现，有如下研究启示：

就上市公司而言，应该充分认识到违规行为不仅会加剧公司的法律风险、声誉风险和财务风险，还可能导致资本市场的不信任，进而影响公司的融资能力和股价表现，严重时甚至可能导致公司经营危机，阻碍公司发展。只有规范生产经营行为，严格遵守相关法规，减少或避免违规行为的发生，才能降低公司风险，促进公司长远发展。

就证券监管机构而言，充分发挥外部监管作用是推动资本市场健康发展的重要保障。证监会随机抽查作为一种有效的监管手段，能够及时发现并规范上市公司在生产经营、信息披露等方面的违规行为，应继续实施并推进证监会随机抽查工作，进一步完善抽查机制和执法程序，确保其在规范公司生产经营、抑制违规行为、降低公司风险与促进公司发展等方面发挥积极作用。

研究结论与政策启示

本章首先总结证监会随机抽查对公司违规的影响、作用机制、异质性分析与经济后果的研究结论；其次，围绕上述研究发现，对证券监管部门落实随机抽查制度以及上市公司规范生产经营提出相关政策建议；最后，阐述本书的研究不足以及对未来的研究展望。

7.1 ——————————研究结论——————————

证监会随机抽查制度是对传统监管方式的创新，是基于最优执法理论的科学设计，在执法过程中对执法对象以及执法人员进行"双随机"抽取，将抽查情况及查处结果"一公开"，既避免了传统的选择性执法行为，确保了公平公正执法，又提升了监管效率，降低了企业寻租空间。证监会随机抽查是新时期监管执法模式创新的一项重要举措，对于规范监管执法、提升监管效能具有重要的现实意义。本书以证监会随机抽查制度为准自然实验，以2011—2020年沪深A股非金融类上市公司数据为研究样本，实证检验证监会随机抽查对公司违规的影响、作用机制、异质性分析与经济后果。整体来看，有如下研究发现：

（1）证监会随机抽查对公司违规的影响

第一，证监会随机抽查抑制了公司违规，降低了违规严重程度。随机抽查作为证监会创新监管方式的新举措，能够发挥监管威慑效力，提升公司违规被稽查的概率以及加重对违规的处罚力度，增加公司的违规成本，降低违规收益，抑制违规倾向。另外，证监会随机抽查工作能够吸引外部利益相关者的关注，从而增加外部群体的监督作用，降低公司的违规行为。基于舞弊三角理论，证监会随机抽查在现场检查过程中，通过对公司治理以及信息披露的关注，降低公司的违规动机、减少违规机会，使公司难以找到合理的借口将违规动机转化为违规事实，最终抑制公司违规行为。

第二，围绕证监会随机抽查制度的相关特点，进一步研究发现：①随机抽查制度具有三种效应。就长期效应而言，证监会随机抽查能够抑制未来两年内的公司违规。威慑效应表明，相较于非重复抽查组，在"有放回式"的重复抽查组中，随机抽查抑制公司违规的影响效果更显著。另外，证监会随机抽查还具有溢出效应，能够降低同地区以及同行业的公司违规行为。②检验随机抽查现场检查工作结束后披露检查公告的细分特征对公司违规的影响发现，首先，在随机抽查工作结束后，披露检查公告对公司违规的抑制作用更显著。其次，不同类型的检查公告对公司违规表现出差异性，相对于监管函和警示函，证监会出具责令改正和行政处罚决定的公告更能抑制公司违规。再次，检查公告内容越详细、检查出公司不当行为的问题数量越多，对抑制违规的影响越大。最后，在检查公告中指出公司存在监管指引、内幕信息以及其他问题类型对公司违规的影响有限，而公告中涉及信息披露、公司治理以及财务核算方面的问题时，更能够抑制公司违规。

第三，进一步考察证监会随机抽查对公司违规细分特征的影响发现：其一，与公司领导违规相比，随机抽查能够显著抑制信息披露违规和经营违规。其二，详细区分每一种违规类型后发现，随机抽查能够抑制的违规类型为虚构利润、虚假记载（误导性陈述）、推迟披露、重大遗漏、擅自改变资金用途、占用公司资产、一般会计处理不当以及其他类型的不当行为。同时，根据违规处罚的类别检验随机抽查对每一类具体的违规严重程度的影响，发现该制度对警告类、罚款类以及其他处罚类型的公司违规具有显著抑制作用。其三，考虑潜在违规的影响后发现，随机抽查抑制了公司违规倾向，提升了违规被稽查的概率。

（2）证监会随机抽查影响公司违规的作用机制

第一，公司治理发挥了部分中介作用，随机抽查执法人员在现场检查过程中聚焦公司治理问题，指出公司治理不足，帮助公司及时整改，从而提升公司治理水平。良好的内部治理水平能够规范公司的生产经营行为，减少违规动机，最终抑制公司违规行为。

第二，信息披露在随机抽查影响公司违规的关系中发挥了部分中介作用。证监会随机抽查工作能够强化公司信息披露要求，改善信息披露环境，提升信息披露质量，减少公司通过复杂且隐蔽的方式进行违规的可能，最终降低公司违规倾向。

第三，大股东行为在随机抽查和公司违规之间存在部分中介效应。证监会随机抽查发挥了威慑效应，约束大股东寻求控制权私利的行为，降低大股东的掏空动机，从而抑制公司违规。

（3）证监会随机抽查影响公司违规的异质性分析

第一，基于公司内部特征视角，研究发现：①与大公司相比，证监会随机抽查对公司违规的抑制作用在小公司中显著。这可能是因为大公司面临着较多的监管关注，难以隐藏违规行为，随机抽查工作所发挥的监管增量效应有限，因此，对公司违规的抑制作用仅在小公司中显著。②相较于独立董事监督能力强的公司，随机抽查对公司违规的抑制作用在独立董事监督不足的公司中显著。原因在于独立董事积极发表异议意见，是其履行监督职能的一种表现。因此，独立董事积极"发声"，表明其监督能力强，公司难以实施违规。证监会随机抽查作为外部监管机制，与内部独立董事监督治理存在替代效应，显著降低了独立董事从未发表过异议意见的公司的违规行为。③与两权分离度低的公司相比，证监会随机抽查对公司违规的抑制作用在两权分离度高的公司中更显著。可能的解释为，两权分离度越高，公司的代理问题越严重，控股大股东对中小股东利益侵占效应越强，越容易掏空上市公司，出现违规的可能性越大，而随机抽查可发挥外部监管职能，对两权分离度较高的公司的违规行为抑制作用更显著。

第二，基于外部环境视角，研究发现：①与市场化程度低的地区相比，证监会随机抽查对公司违规的抑制作用在市场化程度高的地区中更显著。原因在于市场化程度高的地区，法治建设较完善，较高的市场化程度为执法高效率提供了保障，有助于随机抽查工作的实施，对公司违规的抑制作用更明显。②与监管距离远的组相比，随机抽查对公司违规的抑制作用在当地证监局与上市公司地理距离较近的组显著。这可能是因为当地证监局与公司地理距离较近，降低了随机抽查执法检查人员获取信息的成本，也便于检查人员到现场实地调研。为此，随机抽查更能够抑制与当地证监局地理位置较近的公司的违规行为。③相较于交叉上市公司，随机抽查对公司违规的抑制作用在非交叉上市公司中显著。可能的解释为，对于 A+H 股的上市公司来说，面临着中国内地和香港地区相关法律法规的双重监管，随机抽查工作所发挥的监管增量效应较小，仅对非交叉上市公司的违规行为产生显著的抑制作用。

（4）证监会随机抽查抑制违规的经济后果

第一，证监会随机抽查抑制公司违规降低了公司风险。一方面，证监会随机抽查可以改善内部治理水平，规范公司正常生产经营，抑制违规行为，降低了公司经营风险。另一方面，由于公司违规行为隐蔽，难以被发现，负面消息的积累会引发股价崩盘风险，随机抽查能够及时发现公司信息披露存在的问题，减少公司隐藏违规等负面消息的可能，从而降低股价崩盘风险。

第二，证监会随机抽查抑制公司违规促进了公司发展。一方面，公司违规表明内部代理问题较严重，管理层存在机会主义行为，不利于公司发展。随机抽查可发挥外部监管职能，改善公司效率，有助于公司合理配置资源，从而提升全要素生产率。另一方面，公司违规行为会损害公司价值，证监会随机抽查可发挥威慑作用，规范公司的生产运营行为，抑制公司违规，最终提升公司价值。

7.2 ————————————— **政策启示**—————————————

第一，证券监管主体应继续落实随机抽查制度，加强随机抽查制度在资本市场中的应用。随机抽查是证券监管部门创新监管方式、加强事中事后监管的新举措，其重要特征在于随机选择上市公司进行现场检查，能够有效降低监管成本，提升监管效率，及时发现并遏制公司违规行为，降低公司违规严重程度。这对于促进资本市场发展、保障资本市场平稳运行具有重要作用，也为证券监管部门提供了一种提升上市公司违规治理效率的新思路。因此，监管机构要高度重视随机抽查监管的重要性，在资本市场的实践中落实随机抽查制度，尤其是在监管资源不足、公司主体自律性不高、市场环境多变的情况下，积极推进随机抽查工作，提升执法检查效率，确保资本市场健康发展。证监会还应该加强随机检查执法力度，以形成有效威慑，让每个企业头上都悬着一把"达摩克利斯之剑"，使企业增强守法的自觉性，依法依规生产经营，减少违规行为的发生。

第二，进一步补充修订与完善证监会随机抽查制度设计的相关内容。当前随机抽查制度发挥了一定的积极效果，但该制度中的部分规定仍存在完善的空间。首先，部分地区的证监局在随机抽查工作实施方案中对抽查对象的选择规定"最近三年已接受过随机抽查的公司将不再列入抽查范围"，这种非放回式随机抽取上市公司的做法会降低随机抽查的威慑力。因此，应考虑有放回式地逐年进行随机抽查。其次，尽管随机抽查制度要求将抽查情况及查处结果及时向社会公开，但是，在检查结果公开方面的工作尚不到位，有相当一部分抽查结果并未在官网发布公告，这种选择性信息披露公告会直接影响随机抽查工作的效果。为此，证监会及各地证监局要进一步落实此项工作，将检查结果全部公开。再次，建议在随机抽查的制度设计中增加"对上市公司进行财务核算"维度的检查。理由在于，通过梳理随机抽查后披露的检查公告发现，各地证监局除了关注抽查对象的信息披露及公司治理相关问题外，还会重点关注财务核算领域的问题，并且财务核算也会影响抽查对象的生产经营行为。为此，建议证监会对上市公司的随机抽查内容修改为"对上市公司信息披露、公司治理以及财务核算等规范运作情况进行监督检查"。

第三，证监会执法检查人员在现场检查时应主要关注并重点检查公司治理、信息披露等规范运作情况。研究随机抽查影响公司违规的作用机制发现，证监会随机抽查通过提升公司治理水平、改善信息环境、规范大股东行为三条路径，抑制上市公司违规。首先，随机抽查能够及时发现治理结构中的缺陷，促使公司进行整改，提升治理效能。其次，随机抽查能够降低信息不对称，增强信息透明度，提升信息披露质量。再次，证监会随机抽查能够有效制约大股东的不当行为，减少他们侵占中小股东利益的可能性。因此，在监管资源有限的情况下，证券执法检查人员需要合理配置资源，应有侧重地对上市公司进行现场检查，确保检查工作能够最大限度地发挥效能，切实提升监管检查效率。

第四，证监会随机抽查工作的实施效果在一定程度上还依赖于公司内部特征以及外部环境。各地证监局在进行随机抽查时，应根据不同的公司内部特征和外部市场环境灵活调整监管策略，以实现最佳的监管效果。就内部特征而言，要关注公司规模、独立董事监督以及两权分离度等方面。首先，较大规模的公司通常会面临更多的外部关注和监管压力，违规行为更容易被发现，因此，监管力度和频次可以适度降低。随机抽查可重点关注规模较小的公司。其次，独立董事的监督作用不能忽视。在随机抽查时，应特别关注独立董事监督不足的公司，确保其能发挥应有的补充作用。最后，两权分离度较高的公司往往存在控股股东侵占中小股东利益的风险，对这类公司应进行重点检查，避免大股东通过不正当手段转移资产或损害公司整体利益。就外部环境而言，可结合市场化程度、监管距离以及交叉上市等方面考虑，以充分发挥随机抽查的监管效应。首先，市场化程度较高的地区，法治环境和资本市场机制更加完善，证券监管部门的工作可以更顺利地推进，有助于随机抽查工作的开展。其次，监管距离会影响监管效果。证监会与上市公司之间的地理距离越近，信息搜寻和监管成本越低，检查效果越显著。最后，非交叉上市公司受到的外部监管压力较小，可能缺乏来自市场的约束，为此，随机抽查工作应重点关注非交叉上市公司。

第五，上市公司应该规范生产经营行为，减少违规的发生。规范生产经营是上市公司长期健康发展的基础。公司的不当生产经营行为，不仅不利于自身长远发展，严重的还会影响资本市场健康发展。公司应该充分认识到违规行为带来的风险，包括法律风险和声誉受损风险等，这些都可能限制公司发展并对资本市场产生不良影响。只有规范生产经营行为，减少或者不发生违规行为，才能够降低公司风险，促进公司长远发展。为此，上市公司要加强内部治理，强化信息披露，规范生产经营，确保遵守监管要求，减少公司不当行为。如果被证监会随机抽查现场检查发现存在违规问题，要积极配合，及时整改，并通过这一过程提升内部治理水平。即使当前不存在违规行为，也不要抱有侥幸心理，要继续保持合规性，充分意识到违规被稽查后给公司带来的负面影响，从而降低违规动机。总之，规范生产经营行为有助于公司自身风险的降低，也会对资本市场的健康发展起到重要作用，企业与监管机构的协同合作，能够推动市场向更高效、透明的方向发展。

7.3 ———————— 研究不足与未来展望————

7.3.1 研究不足

本书主要研究了证监会随机抽查对公司违规的影响，进一步探究了二者的作用机制、异质性影响以及经济后果，构建了证监会随机抽查对公司违规影响的研究框架，但可能仍存在以下不足之处。

第一，在研究设计上可能存在内生性问题。现阶段随机抽查对象的选择可能并非完全随机，部分地区的证监局在随机抽取检查对象时，可能会剔除部分"特殊对象"，包括但不限于过去三年曾经抽查过的公司。可见，这些地区并未做到真正意义上的完全随机抽取，仅属于无放回式的随机选择。因此，在某种程度上研究设计可能存在一定的内生性问题。

第二，无法完全排除同时期外部监管政策、制度的影响。在样本期间内利用双重差分模型重点检验了证监会随机抽查对公司违规的影响，但在同时期，可能会出现资本市场开放、问询函制度、融资融券制度等外部政策、制度与随机抽查制度共同治理的现象。同期的相关政策制度也可能发挥监管协同效应，导致公司违规行为减少，但现有研究设计无法完全排除上述制度对公司违规的影响。

第三，尚未探讨对公司潜在违规的影响。本研究中公司违规变量主要利用 CSMAR 数据库中已经被监管部门稽查发现的公司违规的数据进行检验，但可能会存在公司已经违规但尚未被稽查的情况。为此，无法检验证监会随机抽查对已经发生违规但尚未被处罚的公司违规的影响。

7.3.2　研究展望

针对上述研究不足以及潜在的研究机会，未来可能在以下四个方面进一步丰富研究内容。

第一，针对现在证监会随机抽查并不完全随机可能导致的内生性问题，未来可基于本研究，进一步采用多种方法加以解决。例如运用计量经济学中的前沿方法，包括但不限于对抽查对象进行熵平衡匹配法等，在保证不存在样本选择偏差的情况下解决内生性问题。

第二，进一步挖掘证监会随机抽查影响公司违规的作用机制。当前，仅发现证监会随机抽查会通过改善公司治理、强化信息披露以及规范大股东行为三个方面抑制公司违规行为，但可能仍存在随机抽查作用于公司违规的其他机制，需要进一步挖掘。

第三，未来可继续探究证监会随机抽查对公司潜在违规的影响。识别公司违规也是一项重要的研究课题，现在研究公司违规的文献绝大部分是利用已经被监管机构识别出的违规作为替代变量。但是，鉴于公司已经发生但尚未被稽查的违规行为对资本市场的危害较大，未来仍需要借助高科技手段以及大数据平台分析并找出公司潜在的违规事项，这项任务任重道远。

第四，证监会随机抽查作为证券监管部门实施的一项新举措，当前仅利用现有资料，在理论上探究其能够发挥抑制公司违规的作用。但是，各地证监局对于抽查对象以及抽检人员具体是如何选择的？在随机抽查现场检查时重点检查哪些内容？具体检查流程又是什么？类似这些问题，需要在将来进行实地考察，这将有助于我们在实践中认清这一问题，并结合理论研究，优化制度设计，以得出更加科学、严谨、可靠的研究结论。

主要参考文献

[1] 班旭, 姜英兵, 徐传鑫. 证监会随机抽查制度能抑制公司避税吗？[J]. 财贸研究, 2023, 34 (5)：67-80.

[2] 卜君, 孙光国. 投资者实地调研与上市公司违规：作用机制与效果检验 [J]. 会计研究, 2020 (5)：30-47.

[3] 陈良银, 黄俊, 陈信元. "广开言路"能抑制公司违规吗 [J]. 财贸经济, 2024, 45 (1)：89-105.

[4] 陈胜蓝, 马慧. 卖空压力与公司并购——来自卖空管制放松的准自然实验证据 [J]. 管理世界, 2017 (7)：142-156.

[5] 陈运森, 邓祎璐, 李哲. 证券交易所一线监管的有效性研究：基于财务报告问询函的证据 [J]. 管理世界, 2019, 35 (3)：169-185.

[6] 褚剑, 方军雄. "惩一"必然"儆百"吗？——监管处罚间接威慑失效研究 [J]. 会计研究, 2021 (1)：44-54.

[7] 戴亦一, 余威, 宁博, 等. 民营企业董事长的党员身份与公司财务违规 [J]. 会计研究, 2017 (6)：75-81.

[8] 戴治勇, 杨晓维. 间接执法成本、间接损害与选择性执法 [J]. 经济研究, 2006 (9)：94-102.

[9] 杜兴强, 张颖. 独立董事返聘与公司违规："学习效应"抑或"关系效应"？[J]. 金融研究, 2021 (4)：150-168.

[10] 何轩, 朱丽娜, 马骏. 中国上市公司违规行为：一项以制度环境为视角的

经验性研究 [J]. 管理工程学报，2019，33（4）：61-73.

[11] 何瑛，任立祺，于文蕾，等. 公司和高管特征与上市公司违规行为——基于机器学习的经验证据 [J]. 管理科学学报，2024，27（6）：43-68.

[12] 胡海峰，白宗航，王爱萍. 法治环境对公司欺诈行为的影响及作用机制 [J]. 学习与实践，2022（12）：78-90.

[13] 江新峰，张敦力，李欢. "忙碌"独董与企业违规 [J]. 会计研究，2020（9）：85-104.

[14] 蒋先玲，赵一林. 管理层权利结构、违规行为与企业价值——基于A股上市公司的经验研究 [J]. 山西财经大学学报，2017，39（5）：68-81.

[15] 李和中，刘孈毅. 选择性执法的成因及对策研究 [J]. 学习与实践，2015（8）：48-54.

[16] 李建发，袁璐，李文文，等. 政府财会监督与企业税收规避——来自财政部会计信息质量随机检查的证据 [J]. 管理世界，2023，39（8）：154-171.

[17] 李文贵，邵毅平. 监管信息公开与上市公司违规 [J]. 经济管理，2022，44（2）：141-158.

[18] 李晓溪，杨国超，饶品贵. 交易所问询函有监管作用吗？——基于并购重组报告书的文本分析 [J]. 经济研究，2019，54（5）：181-198.

[19] 梁上坤，徐灿宇，司映雪. 混合所有制程度与公司违规行为 [J]. 经济管理，2020，42（8）：138-154.

[20] 刘红霞，李继峥，马云飙. 随机现场检查与审计师谨慎性——基于证监会对上市公司现场检查的准自然实验 [J]. 审计研究，2022（2）：94-106.

[21] 刘金洋. 证监会行政监管与公司投资效率——基于随机抽查制度的准自然实验 [J]. 会计研究，2024（4）：126-136.

[22] 刘金洋，沈彦杰. 证监会随机抽查的监管效应：溢出还是替代？——基于交易所和审计师的视角 [J]. 审计研究，2021（4）：77-87.

［23］刘瑶瑶，路军伟，宁冲．证监会随机抽查能提高上市公司会计信息质量吗［J］．山西财经大学学报，2021，43（12）：111-126.

［24］柳光强，王迪．政府会计监督如何影响盈余管理——基于财政部会计信息质量随机检查的准自然实验［J］．管理世界，2021，37（5）：157-169.

［25］陆超，王宸．经济政策不确定性与公司违规行为［J］．中南财经政法大学学报，2022（3）：17-28.

［26］陆蓉，常维．近墨者黑：上市公司违规行为的"同群效应"［J］．金融研究，2018（8）：172-189.

［27］陆瑶，李茶．CEO对董事会的影响力与上市公司违规犯罪［J］．金融研究，2016（1）：176-191.

［28］马奔，杨耀武．视而不见？证券分析师与上市公司欺诈关系研究——基于考虑部分可观测的 Bivariate Probit 估计［J］．南开经济研究，2020（2）：92-113.

［29］马惠娴，刘文欣，马静茹，等．证监会随机监管能抑制大股东"掏空"行为吗？［J］．财经论丛，2024：1-12.

［30］马惠娴，刘文欣，吴烨伟．证监会随机抽查制度对企业创新的影响研究［J］．管理学报，2024，21（3）：408-416.

［31］马永强，陈伟忠，张正懿．监管执法公平促进企业高质量发展了吗？——基于证监会随机抽查制度的准自然实验［J］．证券市场导报，2024（4）：34-44.

［32］梅蓓蕾，郭雪寒，叶建芳．问询函的溢出效应——基于盈余管理视角［J］．会计研究，2021（6）：30-41.

［33］聂萍，潘再珍，肖红英．问询函监管能改善公司的内部控制质量吗？——来自沪深交易所年报问询的证据［J］．会计研究，2020（12）：153-170.

［34］冉明东，喻丽端，王佳媛．证监会全面检查会计师事务所能提高审计质量吗？——基于"双随机、一公开"的准自然实验［J］．审计研究，2023（6）：35-47.

［35］沈华玉，吴晓晖．上市公司违规行为会提升股价崩盘风险吗

[J]. 山西财经大学学报, 2017, 39 (1): 83-94.

[36] 石昕, 陈文瑞, 刘峰. 证券交易所问询监管与会计稳健性 [J]. 经济管理, 2021, 43 (12): 170-186.

[37] 宋云玲, 李志文, 纪新伟. 从业绩预告违规看中国证券监管的处罚效果 [J]. 金融研究, 2011 (6): 136-149.

[38] 孙德芝, 郭阳生. 巡视监督能够抑制公司的违规行为吗 [J]. 山西财经大学学报, 2018, 40 (12): 92-105.

[39] 滕飞, 夏雪, 辛宇. 证监会随机抽查制度与上市公司规范运作 [J]. 世界经济, 2022, 45 (8): 109-132.

[40] 万华林, 胡浔, 方宇. 监管问询函的制度溢出效应研究——基于内部控制视角的经验证据 [J]. 经济学动态, 2022 (5): 53-71.

[41] 汪昌云, 李运鸿, 王行健, 等. 监管强度预期与上市公司盈余管理——基于证监会随机抽查威慑作用的研究 [J]. 审计研究, 2023 (3): 123-135.

[42] 王敏, 何杰. 大股东控制权与上市公司违规行为研究 [J]. 管理学报, 2020, 17 (3): 447-455.

[43] 汶海, 高皓, 陈思岑, 等. 行政审计监管与股价崩盘风险——来自证监会随机抽查制度的证据 [J]. 系统工程理论与实践, 2020, 40 (11): 2769-2783.

[44] 吴国鼎. 两权分离与企业价值: 支持效应还是掏空效应 [J]. 中央财经大学学报, 2019 (9): 97-106.

[45] 吴世农, 陈韫妍, 王建勇, 等. 反腐倡廉、社会资本与公司违规——基于我国反腐建设的一个准自然实验 [J]. 厦门大学学报 (哲学社会科学版), 2021 (4): 57-70.

[46] 武龙, 周杨, 杨柳. 证监会随机抽查能提高资本市场信息效率吗? ——基于"双随机、一公开"的准自然实验 [J]. 珞珈管理评论, 2023 (3): 89-110.

[47] 肖奇, 沈华玉. 分析师关注、成长性与公司违规行为研究 [J]. 商业研究, 2017 (10): 116-125.

[48] 肖土盛, 金泽宇, 阳杰. 证监会随机抽查制度的监管溢出效

应——基于审计联结视角 [J]. 江西社会科学，2024，44（5）：46-59.

［49］辛宇，宋沛欣，徐莉萍，等. 经营投资问责与国有企业规范化运作——基于高管违规视角的经验证据 [J]. 管理世界，2022，38（12）：199-221.

［50］徐细雄，占恒，李万利. 卖空机制、双重治理与公司违规——基于市场化治理视角的实证检验 [J]. 金融研究，2021（10）：190-206.

［51］许年行，江轩宇，伊志宏，等. 分析师利益冲突、乐观偏差与股价崩盘风险 [J]. 经济研究，2012，47（7）：127-140.

［52］姚强强，王满. 证监会随机抽查与管理层业绩预告质量 [J]. 安徽大学学报（哲学社会科学版），2024，48（2）：176-188.

［53］叶康涛，刘金洋. 非财务信息与企业财务舞弊行为识别 [J]. 会计研究，2021（9）：35-47.

［54］于博，林龙斌，安邦. 证券市场监管处罚避免企业违规再犯了吗？[J]. 人文杂志，2022（5）：77-88.

［55］余海宗，朱慧娟，何娜. 地方证监局一线监管与审计师执业质量——基于"双随机、一公开"检查的证据 [J]. 财经论丛，2023（1）：69-78.

［56］张晨宇，武剑锋. 大股东股权质押加剧了公司信息披露违规吗？[J]. 外国经济与管理，2020，42（5）：29-41.

［57］张学志，李灿权，周梓洵. 员工持股计划、内部监督与企业违规 [J]. 世界经济，2022，45（3）：185-211.

［58］郑国坚，陈巧，马新啸. 政府会计监督与审计定价："治理效应"还是"标签效应" [J]. 审计研究，2023（4）：92-102.

［59］周冬华，曾庆梅. 随机现场检查能防止IPO企业"带病上市"吗？——基于会计信息质量的视角 [J]. 安徽大学学报（哲学社会科学版），2024，48（2）：155-166.

［60］周冬华，曾庆梅. IPO随机现场检查的审计质量溢出效应——基于审计联结的视角 [J]. 当代财经，2024（6）：153-164.

［61］周开国，应千伟，钟畅. 媒体监督能够起到外部治理的作用吗？——来自中国上市公司违规的证据 [J]. 金融研究，2016（6）：

193-206.

[62] 邹洋，张瑞君，孟庆斌，等. 资本市场开放能抑制上市公司违规吗？——来自"沪港通"的经验证据 [J]. 中国软科学，2019（8）：120-134.

[63] ARMSTRONG C S，JAGOLINZER A D，LARCKER D F. Chief executive officer equity incentives and accounting irregularities [J]. Journal of Accounting Research，2010，48（2）：225-271.

[64] BOZANIC Z，DIETRICH J R，JOHNSON B A. SEC comment letters and firm disclosure [J]. Journal of Accounting and Public Policy，2017，36（5）：337-357.

[65] CALL A C，KEDIA S，RAJGOPAL S. Rank and file employees and the discovery of misreporting：The role of stock options [J]. Journal of Accounting and Economics，2016，62（2）：277-300.

[66] CALL A C，MARTIN G S，SHARP N Y，et al. Whistleblowers and outcomes of financial misrepresentation enforcement actions [J]. Journal of Accounting Research，2018，56（1）：123-171.

[67] CHEN J，CUMMING D，HOU W，et al. Does the external monitoring effect of financial analysts deter corporate fraud in China？[J]. Journal of Business Ethics，2016，134（4）：727-742.

[68] DAVIDSON R，DEY A，SMITH A. Executives' "off-the-job" behavior，corporate culture，and financial reporting risk [J]. Journal of Financial Economics，2015，117（1）：5-28.

[69] DECHOW P M，GE W，LARSON C R，et al. Predicting material accounting misstatements [J]. Contemporary Accounting Research，2011，28（1）：17-82.

[70] DEFOND M L，HUNG M，LI S，et al. Does mandatory IFRS adoption affect crash risk？[J]. The Accounting Review，2015，90（1）：265-299.

[71] DING S，WU Z. Family ownership and corporate misconduct in U.S. small firms [J]. Journal of Business Ethics，2014，123（2）：183-195.

[72] DONG W, HAN H, KE Y, et al. Social trust and corporate misconduct: Evidence from China [J]. Journal of Business Ethics, 2018, 151 (2): 539-562.

[73] DYCK A, MORSE A, ZINGALES L. Who blows the whistle on corporate fraud? [J]. The Journal of Finance, 2010, 65 (6): 2213-2253.

[74] ERTIMUR Y, SLETTEN E, SUNDER J. Large shareholders and disclosure strategies: Evidence from IPO lockup expirations [J]. Journal of Accounting and Economics, 2014, 58 (1): 79-95.

[75] GHAFOOR A, ZAINUDIN R, MAHDZAN N S. Factors eliciting corporate fraud in emerging markets: Case of firms subject to enforcement actions in Malaysia [J]. Journal of Business Ethics, 2019, 160 (2): 587-608.

[76] GIANNETTI M, WANG T Y. Corporate scandals and household stock market participation [J]. The Journal of Finance, 2016, 71 (6): 2591-2636.

[77] HAß L H, MÜLLER M A, VERGAUWE S. Tournament incentives and corporate fraud [J]. Journal of Corporate Finance, 2015, 34: 251-267.

[78] HASS L H, TARSALEWSKA M, ZHAN F. Equity incentives and corporate fraud in China [J]. Journal of Business Ethics, 2016, 138 (4): 723-742.

[79] JENSEN M C, MECKLING W H. Theory of the firm: Managerial behavior, agency costs and ownership structure [J]. Journal of Financial Economics, 1976, 3 (4): 305-360.

[80] JIANG J, ZHANG Z, CHENG G. Corporate violations, traditional media and stock returns: Evidence from Chinese listed companies [J]. Finance Research Letters, 2024, 69 (Part A): 106051.

[81] JOHN K, KNYAZEVA A, KNYAZEVA D. Does geography matter? Firm location and corporate payout policy [J]. Journal of Financial Economics, 2011, 101 (3): 533-551.

[82] KAPTEIN M. From inaction to external whistleblowing: The influence of the ethical culture of organizations on employee responses to observed wrongdoing [J]. Journal of Business Ethics, 2011, 98 (3): 513-530.

[83] KE B, ZHANG X. Does public enforcement work in weak investor protection countries? Evidence from China [J]. Contemporary Accounting Research, 2021, 38 (2): 1231-1273.

[84] KHANNA V, KIM E H, LU Y. CEO connectedness and corporate fraud [J]. The Journal of Finance, 2015, 70 (3): 1203-1252.

[85] KOCH-BAYRAM I F, WERNICKE G. Drilled to obey? Ex-military CEOs and financial misconduct [J]. Strategic Management Journal, 2018, 39 (11): 2943-2964.

[86] KONG D, LIU C, YE W. Randomized inspection and firm's government subsidies: A natural experiment in China [J]. China Economic Review, 2023, 82: 102064.

[87] La PORTA R, LOPEZ-DE-SILANES F, SHLEIFER A, et al. Law and finance [J]. Journal of Political Economy, 1998, 106 (6): 1113-1155.

[88] LIU X. Corruption culture and corporate misconduct [J]. Journal of Financial Economics, 2016, 122 (2): 307-327.

[89] SHI W, AGUILERA R, WANG K. State ownership and securities fraud: A political governance perspective [J]. Corporate Governance: An International Review, 2020, 28 (2): 157-176.

[90] TROY C, SMITH K G, DOMINO M A. CEO demographics and accounting fraud: Who is more likely to rationalize illegal acts? [J]. Strategic Organization, 2011, 9 (4): 259-282.

[91] WIEDMAN C, ZHU C. The deterrent effect of the SEC whistleblower program on financial reporting securities violations [J]. Contemporary Accounting Research, 2023, 40 (4): 2711-2744.

[92] XIANG R, ZHU W. Academic independent directors and

corporate fraud: Evidence from China ［J］. Asia-Pacific Journal of Accounting & Economics，2023，30（2）：285-303.

［93］ XU R，XU X，ZHANG J，et al. Does legal protection affect firm value？ Evidence from China's stock market ［J］. Accounting and Finance，2021，61（1）：51-70.

索引

索引